Martina Seitz
Italien zwischen Zentralismus und Föderalismus

Martina Seitz

Italien zwischen Zentralismus und Föderalismus

Dezentralisierung und Nord-Süd-Konflikt

Mit einem Geleitwort von Prof. Dr. Detlev Albers

DUV **DeutscherUniversitätsVerlag**
GABLER·VIEWEG·WESTDEUTSCHER VERLAG

Die Deutsche Bibliothek – CIP-Einheitsaufnahme

Seitz, Martina:
Italien zwischen Zentralismus und Föderalismus : Dezentralisierung und Nord-Süd-Konflikt / Martina Seitz. Mit einem Geleitw. von Detlev Albers. –
Wiesbaden : Dt. Univ.-Verl., 1997
 (DUV : Sozialwissenschaft)
 Zugl.: Bremen, Univ., Diss., 1997
 ISBN 3-8244-4259-0

Alle Rechte vorbehalten
© Deutscher Universitäts-Verlag GmbH, Wiesbaden, 1997

Lektorat: Monika Mülhausen

Der Deutsche Universitäts-Verlag ist ein Unternehmen
der Bertelsmann Fachinformation GmbH.

Das Werk einschließlich aller seiner Teile ist urheberrechtlich geschützt. Jede Verwertung außerhalb der engen Grenzen des Urheberrechtsgesetzes ist ohne Zustimmung des Verlages unzulässig und strafbar. Das gilt insbesondere für Vervielfältigungen, Übersetzungen, Mikroverfilmungen und die Einspeicherung und Verarbeitung in elektronischen Systemen.

http://www.duv.de

Gedruckt auf säurefreiem Papier
Druck und Buchbinder: Rosch-Buch, Scheßlitz
Printed in Germany

ISBN 3-8244-4259-0

GELEITWORT

Martina Seitz hat sich mit ihrer Arbeit ein hohes Ziel gesetzt. Mit der Frage, wie Italien auf dem Weg zur "Zweiten Republik" aus seiner zentralstaatlichen Tradition herausfinden und zu einem föderalen Staatsaufbau gelangen kann, der seinen Regionen ein überzeugendes Maß an Autonomie einräumt, stellt sie sich einem Kernproblem der innenpolitischen Auseinandersetzung des Landes in den 90er Jahren. Aber damit nicht genug: leitendes Interesse ihrer Arbeit ist es zudem, einen Beitrag zur Erklärung und zumindest ansatzweise zur Überwindbarkeit des Nord-Süd-Gegensatzes zu leisten. Beide Fragestellungen werden schließlich hinsichtlich ihrer Entwicklungsperspektiven unter dem europäischen Blickwinkel der wachsenden EU-Integration untersucht.

Die Stärken und Verdienste der Arbeit liegen vor allem in der grundlegenden Auseinandersetzung mit den Entwicklungen im italienischen Staatssystem und ihre Rekonstruktion seit der italienischen Einigung in der Mitte des 19. Jahrhundert, und im Wechsel der Betrachtungsweise im zweiten Teil der Arbeit, der die beiden Regionen Kampanien und Lombardei in den Mittelpunkt der Untersuchung rückt. Im Rückgriff auf Fragestellungen und Fallstudien des von mir geleiteten EUREG-Projekt werden die Untersuchungsregionen zu Recht als typisch für den Norden wie den Süden des Landes behandelt und im Hinblick auf die Ausfüllung ihrer Kompetenzen sowie auf exemplarische Politikfelder analysiert.

Die vorgelegte Untersuchung erscheint mir insgesamt in bemerkenswerter Weise geeignet, den sozialwissenschaftlichen Diskussionsstand über die Reform der italienischen Staats- und Regionalstrukturen voranzubringen.

Prof. Dr. Detlev Albers

VORWORT

Bei der vorliegenden Arbeit handelt es sich um die überarbeitete Fassung meiner Dissertation, die aus meiner Mitarbeit an dem dreijährigen Forschungsprojekt "Regionale Strukturpolitik der Gewerkschaften unter den Bedingungen des Europäischen Binnenmarktes" (EUREG) erwachsen ist, das sich im Auftrag der EU-Kommission von 1991 bis 1994 mit der gewerkschaftlichen Regionalpolitik in Europa beschäftigte. Als Italien-Verantwortliche im Projekt hatte ich die Gelegenheit, vielfältige Kontakte zu knüpfen und Materialien zu sammeln, die sich als äußerst nützlich erwiesen, die grundlegenden Fragestellungen meiner Arbeit zu entwickeln und auf den spezifischen italienischen Fall anzuwenden.

Die Relevanz der Dezentralisierungs- und Föderalismusthemen liegt in der europäischen Entwicklung und der damit verbundenen Kohäsionsproblematik, die durch die deutsche Vereinigung neue Brisanz gewonnen hat. Italien eignet sich besonders für die Untersuchung der inneren Entwicklungsdisparitäten, da sie dort nicht nur besonders ausgeprägt sind, sondern gleichzeitig auf eine lange Tradition der interregionalen Solidarität und der strukturpolitischen Einflußnahme zurücksehen. Die Aktualität dieser Fragen besteht dabei in erster Linie in der derzeitigen Auflösung solcher Solidaritäts- und Umverteilungsstrukturen. In Italien erfolgt dies beispielhaft in den Versuchen der norditalienischen Ligen, den reichen und den "armen" Teil des Landes zu trennen. Das Spannungsverhältnis zwischen Zentralismus auf der einen, und Auflösung des bestehenden Staatsverbandes auf der anderen Seite ist deshalb im italienischen Modell des "Regionalstaates" besonders interessant.

Neben den institutionellen Aspekten dieser Problematik, also der "Verfaßtheit" des italienischen Staates, der Regionen und der Entwicklungsproblematik - und darin besteht das besondere meines Ansatzes - werden vor allem die Eigenverantwortung der regionalen Akteure für die Formulierung und Durchsetzung ihrer Interessen untersucht. Dabei werden besonders die Unterschiede zwischen den Nord- und den Südregionen analysiert, die - bei gleichen institutionellen Rahmenbedingungen - durch andere Faktoren bedingt sein müssen. Hier wird dem symbolischen Stellenwert der Region und der Wahrnehmung ihrer Relevanz als politischem Gestaltungsraum für die regionalen Akteure besondere Aufmerksamkeit gewidmet. In der Tat stellen sich diese Faktoren als äußerst wichtig für die Überwindung der entwicklungshemmenden Mechanismen heraus. Die Existenz einer starken regionalen *lea-*

dership und eine Verankerung politischer Interessen auf der regionalen Ebene erscheint deshalb im Ergebnis existentielle Rahmenbedingungen wirtschaftlicher und soziopolitischer Entwicklung in der Region. Eine grundlegende Reform der Regierungs- und Verwaltungssysteme der italienischen Regionen kann diesen mehr Funktionsfähigkeit garantieren - ob in einem föderalen oder weiterhin regionalen Staatssystem. Für die Ausnutzung der formalen Spielräume bleibt jedoch die Initiativfähigkeit der regionalen Akteure maßgeblich, diese mit Leben zu füllen.

Ich möchte mich bei allen bedanken, die das Entstehen dieser Arbeit möglich gemacht haben.

Martina Seitz

INHALTSVERZEICHNIS

EINLEITUNG 1

I. ZENTRALISMUS, FÖDERALISMUS, REGIONALISMUS: BEGRIFFLICHKEIT UND IDEENGESCHICHTLICHER HINTERGRUND 7

I.1. Zentralismus und Nationalstaatlichkeit 7

I.2. Institutionelle Verfaßtheit und Rolle von Regionen und Bundesländern im nationalstaatlichen System 10

I.3. Die Dynamik der Zentrum-Peripherie-Beziehungen 23

I.4. Politische Partizipation und regionale Identität 29

I.5. Ausblick 33

II. DER ITALIENISCHE NATIONALSTAAT: HISTORISCHE ENTWICKLUNG UND FÖDERALISTISCHE TRADITIONEN 35

II.1. Entstehung des Zentralstaates und des Föderalismusgedankens in Italien 35

II.2. Föderalismus, Nord-Süd-Problematik und "nationale Solidarität" in der geschichtlichen Entwicklung und in der theoretischen Diskussion 44

II.3. Ausblick 53

III. VOM FASCHISTISCHEN ZENTRALISMUS ZUM REGIONALSTAAT: ITALIEN NACH DEM ZWEITEN WELTKRIEG 55

III.1. Vom faschistischen Zentralstaat zur Regionalisierung der siebziger Jahre 55

III.2. Der Mezzogiorno im Regionalmodell 67

III.3. Ausblick 75

IV. AKTUELLE ENTWICKLUNGEN DER REGIONAL- UND DER FÖDERALISMUSDEBATTE 79

IV.1. Das Wiederaufleben der Föderalismusdiskussion durch neue soziale und politische Kräfte 79

IV.2. Die Reform der Regionalordnung in den neunziger Jahren 81

IV.3. Die aktuelle Situation der Süd- und der Regionenfrage 95

IV.4. Entwicklungstendenzen 103

V.	**DER ITALIENISCHE REGIONALSTAAT IN DER PRAXIS: AUTONOMIE UND FUNKTIONSFÄHIGKEIT DER ITALIENISCHEN REGIONEN AM BEISPIEL LOMBARDEI UND KAMPANIEN**	**109**
V.1.	Zielsetzung der Regionalstudien und Regionenauswahl	109
V.2.	Der historische, politische und sozio-ökonomische Kontext in den Untersuchungsregionen	110
V.3.	Autonomie und Relevanz regionalen politischen Handelns in bestimmten Politikfeldern: Die Industriepolitik	119
V.4.	Autonomie und Relevanz regionalen politischen Handelns in bestimmten Politikfeldern: Die Umweltpolitik	122
V.5.	Die Bedeutung der politischen Handlungsebene Region in den untersuchten Politikfeldern	137
VI.	**POLITISCHE IDENTITÄT UND AUTONOMIE IN DEN UNTERSUCHUNGSREGIONEN**	**141**
VI.1.	Regionale Identität und Perzeption der Regionb als soziopolitischem Handlungsfeld	141
VI.2.	Parteienzentralismus und regionale Politik	147
VI.3.	Charakteristiken der Zivilgesellschaft und Nord-Süd-Differenzierung der Elitenstruktur	153
VI.4.	Region und soziopolitisches Handeln in der Region aus nord- und südiťalienischer Sicht	166
VII.	**DIE PERSPEKTIVEN DES ITALIENISCHEN STAATES: MÖGLICHKEITEN EINER FÖDERALISTISCHEN ENTWICKLUNG UND GEFAHREN EINES NORDITALIENISCHEN SEZESSIONISMUS**	**169**
BIBLIOGRAPHIE		**185**

EINLEITUNG

ZIELSETZUNG DER UNTERSUCHUNG

Die europäische wie die deutsche Entwicklung haben in den letzten Jahren die Diskussion um Dezentralisierung und Föderalismus neu aufleben lassen. Die Frage, welche Form eine europäische Union annehmen solle, und insbesondere die Diskussion um das "Europa der Regionen" und das im Vertrag von Maastricht festgelegte Subsidiaritätsprinzip haben auf der europäischen Ebene dazu beigetragen (Clement 1991, 15ff.; Everling 1991; Franzmeyer 1991). In Deutschland wirkten dagegen vor allem die notwendige Reform der bundesstaatlichen Ordnung nach der Einigung (Einigungsvertrag Art.5 und 7; Stern/Schmidt-Bleibtreu 1990) sowie die Kritik an den unitarischen Tendenzen des bundesdeutschen Föderalismus (Lhotta 1993, Abromeit 1992) als Antriebskräfte, nicht zuletzt im Zuge der zunehmenden Kompetenzverlagerungen auf die europäische Ebene (Gerstenlauer 1995, 197ff.).

In der historischen Perspektive wurden Entwicklungsdisparitäten und föderale Strukturen in den europäischen Ländern meist als gegensätzlich betrachtet und Fördermaßnahmen eher auf übergeordneter Ebene verortet. Ausgehend vom Anspruch der Gleichheit der Lebensverhältnisse, der in der Bundesrepublik verfassungsrechtlich verankert ist und in ähnlicher Form zum Selbstverständnis der meisten europäischen Länder gehört, werden vor allem ein starker Zentralstaat, aber auch supranationale Instanzen wie die europäische Gemeinschaft als Garanten für Ausgleichs- und Fördermaßnahmen zugunsten der schwächeren Regionen angesehen. Heute zeichnet sich in der theoretischen Debatte allerdings immer stärker ein Paradigmenwechsel ab (EUREG 1994, 52ff.).

Gerade die Erfahrung mit der Strukturpolitik der Nationalstaaten wie der europäischen Gemeinschaft zeigt, daß eine übergeordnete Ausgleichpolitik zum Scheitern verurteilt ist, wenn die regionalen Akteure nicht in die Planung und Durchführung der Maßnahmen eingebunden werden. Diesem Wirkungszusammenhang trägt die Theorie immer mehr Rechnung, wie die zunehmende Relevanz des Konzepts der "endogenen Potentiale" zeigt. Zunehmend werden regioneninterne Bedingungen wie natürliche Standortvorteile, gewerbliche Traditionen oder spezifische Qualifikationen der Arbeitskräfte als relevante Faktoren einbezogen (Spreer 1980, 27f.). Die Beteiligung der Betroffenen und die Herstellung regionaler Konsense gewinnen einen immer wichtigeren Stellenwert in der Erarbeitung von innovativen wirtschaftspolitischen Orientierungsrahmen in der Region, deren breite Unterstützung ihre Durchsetzungsfähigkeit deutlich erhöht (Nohlen/Schultze 1985, 12).

Der staatliche Kontext der einzelnen Regionen bestimmt wesentlich ihre konkreten Kompetenzen und damit ihren Stellenwert für die sozialen und politischen Akteure in der Region (EUREG 1994, 68). Die europäischen Staaten sind heute sehr unterschiedlich strukturiert, vom zentralistischen Einheitsstaat bis hin zu föderalistischen Staatssystemen. Dezentralisierungen, soweit vorhanden, reichen von rein administrativen Aufgabenverlagerungen (wie es lange in Frankreich der Fall war) bis hin zu konkreten Übertragung politischer Kompetenzen an die untergeordnete Ebene, die den Regionen eine eigene politische Legitimität zuweisen (wie in Italien), oder sogar zu föderalen Untergliederungen, deren Status der Eigenstaatlichkeit bestehen bleibt (wie im Fall der deutschen Bundesländer).

Der italienische Regionalstaat stellt in diesem Panorama ein spezifisches Modell der Zentrum-Peripherie-Beziehungen dar, als Kompromiß zwischen zentralisiertem Einheitsstaat und dezentralisiertem Föderalstaat. Die Regionen verfügen zwar über verfassungsrechtlich gesicherte autonome Gestaltungsspielräume; diese sind jedoch eingebunden in zentralstaatliche Kontrollmechanismen und Beeinflussungen (Desideri 1995, 65ff.). Das Regionalmodell ist gleichzeitig ein Versuch, eine extrem diversifizierte Wirtschafts- und Ressourcenstruktur zwischen den einzelnen Landesteilen miteinander zu integrieren und in gleichartige institutionelle Strukturen - die 1970 eingerichteten Regionen - gleichberechtigt einzubinden. Die Untersuchung des italienischen Falls eignet sich deshalb besonders, um die Frage der internen Kohäsion und der Überwindung entwicklungshemmender Mechanismen, die aus der Existenz wirtschaftlich schwacher Regionen innerhalb übergeordneter Systeme resultieren, zu untersuchen und Möglichkeiten ihrer Überwindung aufzuzeigen. Diese Fragestellung hat auf der Ebene der Europäischen Union zentralen Stellenwert (Kommission der Europäischen Gemeinschaften 1989, 1991 a und b, 1993; hier sei nur daran erinnert, daß die Strukturförderung der EU das zweitgrößte Ausgabenkapitel nach der Agrarpolitik darstellt).

In der vorliegenden Arbeit soll untersucht werden, inwieweit die gleichberechtigte Einbindung der rückständigen Regionen in die staatlichen Entscheidungsstrukturen im italienischen Regionalmodell beabsichtigt und realisiert worden ist. Zentral ist dabei die Frage, welche regionalen Beteiligungsmöglichkeiten im italienischen Staat garantiert sind und inwieweit der sozioökonomische Ausgleich zwischen den Regionen (vergleichbar dem im Grundgesetz der Bundesrepublik Deutschland festgelegten Ziel eines Ausgleichs der Lebensverhältnisse) angestrebt wird. Dabei sollen die Funktionsmechanismen und die Effektivität dieser Beteiligungs- und Solidaritätsstrukturen sowie ihre potentiellen Reformmöglichkeiten untersucht werden.

Neben diesen äußeren institutionellen Bedingungen hat allerdings auch der symbolische Stellenwert, der dem regionalen Bezugsrahmen als politischem Gestaltungsraum von Seiten der regionalen Akteure selbst zugemessen wird, großen Einfluß auf seine Relevanz. Aus dem regionalen Bewußtsein und der Bereitschaft, sich mit der Region zu identifizieren und sie zum Rahmen des eigenen politischen Handelns zu machen, resultiert eine verbesserte Bündelungs- und damit Durchsetzungsfähigkeit der Interessen der Bevölkerung. Die regionale oder nationale Ausrichtung von Parteien, Institutionen und Interessengruppen gehörten deshalb zu den wichtigsten Bedingungen einer effektiven regionalen Interessensvertretung. Oft sind sie relevanter für die Erklärung von Handlungsmustern als die Kenntnis abstrakter Verfassungsmodelle. Diese regioneninternen Bedingungen sind ausschlaggebend für die Fähigkeit, förderpolitische Maßnahmen wirksam zu planen und durchzuführen. Die mangelnde Effektivität der italienischen Mezzogiornopolitik steht beispielhaft für den mißlungenen Versuch, Entwicklungsförderung ohne nennenswerte Berücksichtigung der endogenen Faktoren verwirklichen zu wollen.

Zentrale Arbeitshypothese der Untersuchung ist deshalb, daß eine funktionsfähige Ausgleichspolitik eine dezentralisierte Regierungsstruktur erfordert, bis hin zur föderalen Eigenständigkeit der regionalen Untergliederungen. Eine solche Struktur stellt die institutionelle Voraussetzung für eine eigenständige, regiozentrierte Interessenartikulation dar, und damit die Grundlage für eine Übernahme der Verantwortlichkeit der regionalen Akteure für die Entfaltung der eigenen wirtschaftspolitischen wie soziokulturellen Potentiale. Dies kann allerdings keineswegs heißen, den Zentralstaat oder andere übergeordnete Systeme aus ihrer Verantwortung zu entlassen, das Ziel des Ausgleichs struktureller Nachteile und der Verwirklichung der Gleichheit der Lebensverhältnisse über eine ausgewogene Förder- und Umverteilungspolitik zu gewährleisten.

VORGEHENSWEISE

Die Analyse der institutionellen und soziokulturellen Einflußfaktoren regionalen Wachstums (Staatsform und regionale Handlungs- und Bewußtseinsstrukturen) setzt die Untersuchung der Rolle der Regionen im italienischen Staatsmodell voraus. Die Herausarbeitung der autonomen Spielräume, die den Regionen eingeräumt werden, erfordert eine Auseinandersetzung mit den existierenden Zentrum-Peripherie-Modellen und der Einordnung des italienischen Modells zwischen den beiden Polen Zentralismus/Föderalismus.

Im ersten Kapitel der vorliegenden Arbeit wird deshalb eine Auseinandersetzung mit den theoretischen Hintergründen der Zentralismus-Föderalismusdebatte vorgenommen und die unterschiedlichen Ansätze staatlicher Organisation herausgearbeitet. Dies beinhaltet die Analyse der unterschiedlichen Modelle von Zentrum-Peripherie-Beziehungen, vom Zentralismus bis zum Konföderalismus, und der damit verbundenen politischen Zielsetzungen und Schwerpunkte. Dieser Rückgriff auf die Theoriegeschichte soll der Erarbeitung des begrifflichen Gerüstes der Untersuchung dienen. Zwar beanspruchte das zentralistische Staatsmodell nach französischem Vorbild, wie es aus der Revolution hervorgegangen war, lange die Verkörperung des Freiheits- und Gleichheitsgedankens als bürgerliche Grundprinzipien, die gegen die feudalistischen Partikularismen erst durchgesetzt werden mußten. Diesem Modell fehlten jedoch die wesentlichen Elemente der vertikalen Gewaltenteilung, die politischen und territorialen Pluralismus und gegenseitige Kontrolle der Macht erst ermöglichen. Föderale Modelle, wie sie beispielhaft im fernen Amerika entwickelt worden waren, konnten diese Ziele mit einer anderen, dezentralisierten Struktur des Staates durchaus vereinbaren. Darüberhinaus stellt die Beeinflussung des institutionellen Kontextes durch partizipative und identifikative Strukturen in der Region selbst einen wichtigen Faktor dar, der die Wahrnehmung "objektiver" politischer Kompetenzen und Funktionen nicht unwesentlich beeinflusst.

In Kap.II wird die historische Entfaltung des italienischen Zentralstaates analysiert und auf das Vorhandensein föderalistischer Traditionen und "historischer Alternativen" hin untersucht. Die kommunale und stadtstaatliche Vergangenheit, die das Land über Jahrhunderte geprägt hat und heute noch relevante Spuren im politischen Leben hinterläßt, hätte nach der italienischen Einigung 1860 eine föderale oder konföderale Struktur des Staates nahegelegt, die durchaus Befürworter bis hin in die Regierung fand. Dennoch setzte sich die zentralistische Option nach französischem Vorbild durch. Dies implizierte letztlich den Ausschluß Süditaliens aus einer gleichberechtigten Gestaltung der ökonomischen und politischen Modernisierung des Landes bis hin zum zweiten Weltkrieg.

In Kap.III wird die Entwicklung Italiens in der Nachkriegszeit vom Übergang zur republikanischen Staatsform bis zur Umsetzung der Regionalisierung in den 70er Jahren untersucht. Die Überwindung des faschistischen Staates, der die demokratischen und strukturellen Defizite des Zentralismus extrem verdeutlicht hatte, durch die Verfassungsoption von 1948 für eine politische Dezentralisierung des Landes stellte eine grundlegende Erneuerung des politischen Lebens und der Zentrum-Peripherie-Beziehungen dar. Mit dem Regionalstaat wählte Italien einen Weg, der eine Kompromiß zwischen den beiden Polen Föderalismus und Zentralismus darstellen und damit den zentralstaatlichen Funktionen (Garantie des Gleichheitsgebotes) wie den regionalen Interessen (politische Interessenvertretung auf einer demokratischeren Basis) gleichzeitig gerecht werden sollte.

In diesem Kapitel werden die ursprünglichen Zielsetzungen des Verfassungsmodells und seine Implikationen für die italienischen Zentrum-Peripherie-Beziehungen untersucht. In einem zweiten Schritt wird das Verfassungskonzept mit dem erst mehr als zwanzig Jahre später realisierten Regionalmodell der 70er Jahre abgeglichen und auf seine Implikationen für die Nord-Süd-Differenzierung hin untersucht. Diese Analyse macht deutlich, daß die mangelnde regionale Autonomie schwerwiegende negative Konsequenzen für die eigenständige Entwicklung des Südens mit sich gebracht hat. Die scheinbar gleichen Verhältnisse zwischen nord- und die süditalienischen Regionen weisen in Wirklichkeit erhebliche Unterschiede auf, die im konkreten politischen Geschehen die regionale Selbstbestimmung im Süden weit mehr erschweren als im Norden.

In Kap.IV wird schließlich auf die aktuellen Entwicklungsperspektiven des italienischen Regionalmodells eingegangen. Seine derzeitige Struktur und die unterschiedlichen Reformprojekte sollen auf ihre Wirksamkeit bezüglich des Gleichheitsgebotes überprüft werden, d.h. auf ihre Fähigkeit, den unterschiedlichen Regionen unabhängig vom sozio-ökonomischen Kontext, dem sie angehören, dieselben Entfaltungs- und Beteiligungsmöglichkeiten zu garantieren und Ausgleichsmaßnahmen zu verwirklichen. Insbesondere die Verpflichtung auf die Solidarität zwischen den Regionen, die einen konstitutiven Bestandteil eines demokratischen Staatsmodells darstellt, wird dazu herangezogen, um die verschiedenen Reformvorstellungen zu bewerten.

In Kap.V und VI wird die Frage nach der nationalstaatlichen Integration und der regionalen Autonomie aus der regionalen Perspektive selbst analysiert und anhand von zwei "Stellvertreterregionen" (Lombardei und Kampanien) empirisch hinterfragt. Nachdem in Kap.II-IV sozusagen die "objektiven Faktoren" dargestellt wurden, die die Rolle der italienischen Regionen im staatlichen Gesamtzusammenhang bestimmen, wird hier der "Regionalstaat in der Praxis", d.h. in der realen Ausprägung regionaler Politikgestaltung untersucht.

Trotz gleicher institutioneller Verfaßtheit gibt es zwischen den Nord- und den Südregionen durchaus Unterschiede in der Nutzung ihrer formalen Kompetenzen und ihrer autonomen Spielräume, in der Gestaltung ihrer eigenen Belange wie in den Möglichkeiten der Einflußnahme auf die politischen Entscheidungen auf der nationalen Ebene. Deshalb werden die regionale Verortung politisch-administrativer Maßnahmen in zwei spezifischen Politikfeldern (Kap.V) sowie das Vorhandensein und die Relevanz regionaler Identifikations- und Autonomiestrukturen für das Handeln der politischen Akteure (Kap.VI) herangezogen, um die effektive Aneignung der regionalen Ebene durch die Regionen selbst einzuschätzen. Als Politikbereiche wurde erstens die regionale Industrie- bzw. Strukturpolitik ausgewählt, da förderpolitische Maßnahmen[1] in Italien ein "klassisches" Thema des politischen Handelns darstellen, das sich seit der italienischen Einigung durch die Geschichte des Landes zieht. Sozusagen aus dem "umgekehrten Grund" wurde als zweites Politikfeld die Umweltpolitik ausgewählt, als ein Bereich, der noch nicht durch althergebrachte Mechanismen und Verfahrensregeln "verkrustet" ist, sondern neuen Ideen und Akteuren neue Handlungsmöglichkeiten eröffnet.

Die vergleichende Analyse zwischen den beiden Untersuchungsregionen dient dazu, eventuelle Unterschiede herausarbeiten und auf ihren jeweiligen strukturellen und kulturellen Kontext zurückzuführen. Zentral ist dabei die Frage, wie sich die Differenzierungen manifestieren, welche Faktoren diese unterschiedlichen Formen und Größenordnungen der Autonomie und der Beteiligung innerhalb des gleichen institu-

---

[1] Dabei ist zu berücksichtigen, daß die Mezzogiornopolitik hier nicht als eigenständige Thematik, sondern im spezifischen Zusammenhang mit der Regionenfrage behandelt wird.

tionellen Rahmens bedingen, und inwieweit dabei soziokulturelle Faktoren (regionale Identität und regionales Bewußtsein usw.) ausschlaggebend sind.

Im letzten Kapitel (Kap.VII) wird die Auswertung der Untersuchung vorgenommen und eine Gesamtabschätzung der Perspektiven des italienischen Staates, in seinen Möglichkeiten wie in den damit zusammenhängenden Risiken, innerhalb der verschiedenen möglichen Entwicklungsszenarien Italiens und Europas versucht.

I. ZENTRALISMUS, FÖDERALISMUS, REGIONALISMUS: BEGRIFFLICHKEIT UND IDEENGESCHICHTLICHER HINTERGRUND

In den letzten Jahren ist die Diskussion um Dezentralisierung und Föderalismus vor allem im Kontext der fortschreitenden europäischen Einigung und der damit zusammenhängenden Debatte um den zunehmenden Zentralismus und die Subsidiarität neu aufgelebt (Evers 1994). Die Aufwertung subnationaler Einheiten und die Idee des "Europa der Regionen" wurden immer mehr als Gegenpol zur tendentiellen Kompetenzverlagerung auf die europäische Ebene diskutiert (Gerstenlauer 1995, 197ff.).[1] Die Veränderungen auf der supranationalen Ebene und die daraus resultierenden strukturellen Anpassungsnotwendigkeiten der Mitgliedsstaaten konnten dabei nicht ohne Einfluß auf deren innere Struktur bleiben.

Diese Tatsache macht die regionalen Verhältnisse in einem Mitgliedstaat der EU, Italien, zu einem aussagekräftigen Untersuchungsgegenstand. Das italienische Modell des Regionalstaats ordnet sich zwischen die beiden Gegenpole Zentralismus und Föderalismus ein und ermöglicht deshalb seine Abgrenzung von anderen staatlichen Organisationstrukturen. Ziel der Untersuchung ist dabei, diese unterschiedlichen Staatsformen auf ihre Fähigkeit zu prüfen, eine effektive Integration von Gesellschaften zu bewirken und gleichzeitig gleichberechtigte politische Beteiligungs- und Einflußmöglichkeiten der subnationalen Gebietskörperschaften und ihrer Bevölkerungen zu leisten.

Diese Analyse stellt die Grundlage dafür dar, in einem zweiten Schritt die spezifische Rolle der italienischen Regionen im staatlichen und europäischen Kontext zu untersuchen. Dabei soll kritisch hinterfragt werden, inwieweit die "italienische Lösung" einem Staats- und Modernisierungsmodells entspricht, das den Regionen unabhängig von ihren spezifischen Charakteristiken und ihrer Nord-Süd-Kollokation gleichberechtigte Entwicklungs- und Partizipationsmöglichkeiten innerhalb der Nation zuerkennt.

I.1. ZENTRALISMUS UND NATIONALSTAATLICHKEIT

Der moderne Nationalstaat entsteht in zwei "verschiedenen, beinah widerstreitenden Modellen": dem "früheren, aber ferneren Vorbild" des amerikanischen Bundesstaates, das in Europa erst spät rezipiert wird, und das "nähere, aber mächtigere des französischen Unitarismus" (Evers 1994, 51). Der Funke der nationalstaatlichen Idee zündete in Europa mit der französischen Revolution. In Frankreich war der Zentralismus bereits im Absolutismus angelegt und stellte die monarchistische Variante der

---

[1] Zum "Europa der Regionen" siehe Bauer 1991, Bassand 1993, Hrbek/Weyand 1994.

Integration feudalistischer Partikularinteressen dar. Diese Tendenzen verbanden sich mit dem Modell des jakobinisch-demokratischen Zentralismus und mit wirtschaftlichen Antriebskräften, die den integrativen Tendenzen zusätzliche Schubkraft verliehen. Einheit der Nation hieß Schaffung einheitlicher Märkte für das aufstrebende Bürgertum und die einsetzende Massenproduktion der industriellen Revolution.

Zentralisierung stellte in diesem Zusammenhang die Überwindung der "Herrschaft von Teilinteressen" auf der Grundlage der "einen und unteilbaren Republik" dar (Voss 1990, 22), die gegen konservative regionalistische Oppositionen durchgesetzt und in der Verfassung von 1794 verwirklicht wurde. Dem unitarischen Ansatz lag das Konzept der ungeteilten Volkssouveränität der Rousseauschen *volonté générale* zugrunde.[2] Politische Macht und demokratische Legitimität waren das Monopol der nach allgemeinem Wahlrecht gewählten Volksversammlung, deren Willen mit dem der Mehrheit identifiziert wurde. Vertikale Gewaltenteilung in Form von Zwischenebenen zwischen dem Bürger und dem Staat war in diesem Modell nicht vorgesehen.

Die französische Revolution einte und stärkte den Staat und versah ihn durch das Konzept der Volkssouveränität mit einer neuen Basis. Die Autonomie des Staates und das "allgemeine Interesse" wurden gegen die konkurrierenden korporativen oder territorialen Interessen und Fraktionen gesetzt. Der Zentralismus wurde als Instrument der Verbreitung von Reform und Fortschritt angesehen, das die provinziellen Interessen durch den "nationalen Geist" ersetzen sollte. Die Verwaltungsstruktur wurden einheitlich strukturiert und Départements und Kommunen als Basiseinheiten der neuen Administration eingeführt. Unter Napoleon wurde dieser "fortschrittliche" Staat durch den Präfekten repräsentiert, der die Autorität der Regierung in den Provinzen verkörpern und als "Kanal" für die Propagierung der revolutionären Ideen wirken sollte.

Der liberale Gedanke und vor allem die politische Linke wurden lange durch diese Identifikation des Zentralismus mit Demokratie und Fortschritt gekennzeichnet. Diese Gleichstellung basierte auf einem spezifischen Verständnis von Autorität und Macht, das in der Aufklärung entwickelt und zur Grundlage der modernen Staatssysteme wurde (Keating 1988, 50). Dazu gehört insbesondere der Gleichheitsgedanke, der erstmalig den Anspruch formuliert, mit Hilfe des unitarischen Staates gleiche Standards für alle zu garantieren, unabhängig von ihren spezifischen geographischen oder sonstigen Charakteristiken. Die Zentralisierung der Macht, die Beseitigung der vorherigen Gesellschaftsordnung und die Abschaffung der alten aristokratischen und

---

2   Rousseau vertrat ein Modell der direkten (im Gegensatz zur repräsentativen) Demokratie, denn "die Souveränität kann (...) nicht vertreten werden" (Jean-Jacques Rousseau 1977, 103, zitiert nach Bobbio 1988, 35). Es basiert auf dem Bild einer zentripetalen Gesellschaft, in der es nur ein Machtzentrum gibt: die *volonté générale* der Bürger. Die Ablehnung der Gewaltenteilung zeichnet ebenfalls das bolschevistische Modell des Staates aus.

klerikalen Vorrechte sollten die Durchsetzung des Gleichheits- und Solidaritätsgebotes der französischen Revolution ermöglichen, die auf den allgemeinen Menschen- und Bürgerrechte beruhten. Gleichheit wurde zum Ordnungsprinzip der politischen Gemeinschaft und der staatsbürgerlichen Rechte innerhalb der Grenzen der Nation. Damit ging erstmalig in der Geschichte die Trennung zwischen Gesellschaft und Staat, zwischen Privatmensch und Staatsbürger, zwischen Mitglied der Zivilgesellschaft und politischem Subjekt einher.

Im Verständnis des 19. Jahrhunderts verkörperte der Nationalstaat die Befreiung der Individuen von den politischen und ökonomischen Institutionen des Feudalismus und des *ancien régime*, die Verwirklichung der kosmopolitischen, freiheitlichen und gleichheitlichen Ideale der Menschenrechtserklärung Ende des 18. Jahrhunderts, und die Grundlage der Solidarität zwischen starken und schwachen Regionen eines Landes.

Das französische Modell der Nationenbildung, der jakobinische Nationalismus[3], wurde im 19. Jahrhundert über Frankreich hinaus vor allem in Spanien und Italien zum Vorbild anderer "nationenbildenden Eliten" (Keating 1988, 48), die auf die Gründung politisch und ökonomisch geeinter, moderner und säkularisierter Staaten abzielten. So wie die großen nationalen Revolutionen des 17. und des 19. Jahrhunderts in Frankreich und in England den Unitarismus hervorgebracht hatte, so fand auch Italien 1861 auf unitarischer Basis zu seiner nationalstaatlichen Einheit.[4]

Die zentralistische Nationalstaatsidee diskreditierte sich erst durch die nationalistischen Entwicklungen und faschistischen Degenerationen des 20. Jahrhunderts, die den ursprünglich freiheitlichen und demokratischen Anspruch negierten (Hobsbawm 1990).[5] Andere Staatsmodelle, die stärker auf Gewaltenteilung, demokratische Kon-

---

[3] In der französischen Revolution setzten sich die zentralistisch ausgerichteten Jakobiner 1793 gegen die föderalistischen Girondisten durch, die graduale politische Veränderungsprozesse privilegiert hatten (Barbera 1994, 41).
[4] Deutschland dagegen fand 1871 auf föderaler Grundlage zu seiner Einheit. Ursächlich dafür waren die unterschiedlichen historischen Rahmenbedingungen in den beiden Ländern, der direktere und prägendere Einfluß der französischen Revolution in Italien, und die Tatsache, daß die zu entmachtenden Fürstenhäuser im Gegensatz zu Deutschland dort meist ausländischen Ursprungs waren. In Deutschland handelte es sich um eine unter viele Fürstentümer zersplitterte Nationalität, die unter preußischer Hegemonie eingebunden und vereint wurden (Evers 1995, 63).
[5] Unter Nationalismus - d.h. dem Konzept, auf dem auch der regionale Nationalismus basiert (vgl. Kap.I.1) - wird die Doktrin verstanden, die in Europa am Anfang des 19. Jahrhunderts mit der Nationenbildung entstand; sie hatte ihre Ursprünge in der Aufklärung und fand ihre demokratische Legitimation in der französischen Revolution (Kedourie 1966, 9; Keating 1988, 46). Begriffe wie Nation, Nationalstaat und Nationalismus bezeichnen damit - darin herrscht "weitgehende Übereinstimmung" in der Fachdebatte - Erscheinungen der Moderne, im Kontext von Entwicklung der bürgerlichen Gesellschaft und Industrialisierung, mit ihren sozialen, politischen und ökonomischen Konsequenzen, im Unterschied zur früheren Verwendungen des Begriff im Sinne von kleinen und lokal bestimmten Zweckverbänden oder Landsmannschaften (von Bredow 1995, 453).
Im Gegensatz zur in Deutschland vor allem durch den Nationalsozialismus geprägte Verwendung des Begriffs (von Bredow 1995, 456) hat dieser seine eigentliche historische und demokratische Wurzel in

trolle von Macht und damit Verhinderung von Machtmißbrauch orientiert waren, schienen einen besseren Schutz vor autoritativen Entwicklungen bieten zu können.

I.2. INSTITUTIONELLE VERFASSTHEIT UND ROLLE VON REGIONEN UND BUNDESLÄNDERN IM NATIONALSTAATLICHEN SYSTEM

Aus verfassungstheoretischer und verfassungsvergleichender Sicht können nichtzentralistische Staatssysteme in vier unterschiedliche Dezentralisierungsgrade unterschieden werden (v. Brünneck 1993, 291). Die unterste Ebene stellt die Stärkung der kommunalen Selbstverwaltung beispielsweise in Polen (Ciemniewski 1993, 59ff.) und Rußland dar (Stuby 1994); die zweite Ebene der Dezentralisierung ist der Regionalismus (Italien); die dritte Ebene bezeichnet den Föderalismus beispielsweise der USA (Rosenfeld 2994, 247ff.), der Schweiz (Aubert J.F. 1994, 281ff.), oder Australiens (Craven 1994, 267ff.); die vierte Stufe resultiert aus dem Umschlagen des Föderalismus in den Separatismus wie beispielsweise in Jugoslawien (Kristan 1994, 73ff., Nicolic 1994, 65ff.). Rückschlüsse auf die hier verfolgte Fragestellung nach der Funktionalität der staatlichen Organisation für den Ausgleich zwischen den Landesteilen und die Gewährleistung gleichberechtigter Lebens- und Entwicklungsperspektiven bieten in erster Linie die zweite und dritte Stufe der Dezentralisierung, d.h. der Regionalismus als staatliches Ordnungssystem und der Föderalismus. Die kommunale Ebene erscheint zu klein, um auf supranationaler Ebene Gewicht zu erlangen.[6] Die separatistische Variante dagegen sprengt tendenziell den Rahmen des Nationalstaates, denn er stellt ihn generell in Frage.

Auch die konföderale Lösung ist nicht in die Kategorie des Bundesstaates im strengen Sinne einzuordnen (Schubert 1994, 34). Unter völkerrechtlichen Gesichtspunkten ist prinzipiell zwischen Bundesstaat und Staatenbund zu unterscheiden, wobei die Konföderation lediglich einen losen Staatenbund darstellt (Esterbauer 1976). Während die Konföderation aus einem jederzeit auflösbaren Vertrag zwischen Gliedstaaten entsteht, beruht der Bundesstaat als Zusammenschluß der Gliedstaaten zu einer übergeordneten, unabhängigen, und unaufhebbaren Zentralgewalt. "Im

---

der Verankerung in der Volkssouveränität (und nicht mehr in der Monarchie); er war ursprünglich eng verbunden mit der Idee der Freiheit und die Durchbrechung der althergebrachten Autoritätsstrukturen des Feudalismus, der Monarchie, der Aristokratie und der Kirche.
In seiner äußeren Dimension wurde das interne Konzept der individuellen Freiheit gespiegelt von dem der nationalen Selbstbestimmung, nach dem jedes Volk das Recht hat, seine eigenen Angelegenheiten ohne externe Einmischungen selbst zu regeln.
Bereits im 19. Jahrhundert waren allerdings die Grenzen der Einheiten, die mit Selbstbestimmungsrechten versehen werden sollten, durchaus uneindeutig und kaum "natürlich" (Keating 1988, 46).
6   Hier sei nur an die 33.000 französischen Kommunen erinnert.

Bundesstaat gibt es daher 'systemimmanent' kein Austrittsrecht der Zentralgewalt und genauso wenig der Gliedstaaten." (ebenda, 16).[7]

Bundesstaatliche Gebilde entstanden im Unterschied zu den unitarischen Staaten vor allem dort, wo "eine ungebrochene unitarische Einheit nicht oder nur mit Nachteilen und Opfern hätte durchgesetzt werden" können (Evers 1994, 54). Auf der empirischen Ebene resultierten aus diesen spezifischen historischen Rahmenbedingungen die Anerkennung der "relativen Eigenständigkeit historisch gewachsener und politisch artikulierter regionaler Zusammenhänge, deren Einebnung durch Gewalt weniger aussichtsreich erschien als ihre Einbindung durch Zugeständnisse" (ebenda). Vorbild konnte für die europäischen Staaten das Modell der Vereinigten Staaten von Amerika gelten, auch wenn dieses für die meisten Europäer erst eine Generation später durch die Schriften de Tocquevilles bekannt wurden (de Tocqueville 1967). Während in Europa noch vehement die Einheit von Staat und Nation proklamiert und in Frankreich gegen die föderal orientierten Girondisten durchgesetzt wurde, hatte sich dort bereits ein anderes Nationalstaatsmodell mit föderalen Charakteristiken entwickelt.

1. Der Föderalismus. Ideengeschichtliche Grundlagen und staatliche Verwirklichung

a) Die Entwicklung des föderalen Gedankens

Eine Definition des Föderalismus bewegt sich grundsätzlich im Spannungsverhältnis zwischen seinen normativen, staatstheoretischen Komponenten, als Ordnungsprinzip des Staates einerseits; und seinen empirisch-realen Charakteristiken in ihren jeweiligen politisch-historischen Entwicklungen auf der anderen Seite. Dieser "Januskopf" des Konzepts macht seine idealtypische Erfassung schwer (Schubert 1994, 33; Bothe 1994, 21); aus diesem Grund können nur "verschiedene konkurrierende Varianten" einer Föderalismusdefinition existieren (Waschkuhn 1995, 76).

Im Unterschied zum Zentralismus, der subnationale Differenzierungen im Namen des Gleichheitsprinzips grundsätzlich negiert, stellt das föderale System die Autonomie und Selbstregierung seiner konstitutiven Teile in den Vordergrund und strebt so eine bessere Integration heterogener Gesellschaften bei gleichzeitiger Verpflichtung auf demokratische Grundprinzipien an (Reissert 1989, 239). Im Unterschied zur ungeteilten Volkssouveränität der jakobinischen "einen und unteilbaren Republik" liegt dem Föderalismus ein pluralistisches Demokratiekonzept zugrunde, das die

---

[7] Zum Unterschied zwischen Föderation und Konföderation siehe auch Graf Kielmansegg 1991, 50ff.

Konkurrenz nicht nur der unterschiedlichen sozialen und politischen Gruppen, sondern auch der öffentlichen Institutionen vorsieht und fördert.[8]

Das Modell der horizontalen Gewaltenteilung, das vor allem auf Locke und Montesquieu zurückgeht[9] und eine Teilung der Macht in Legislative, Exekutive und Judikative im Verfassungsstaat auf unterschiedliche Funktionsträger vorsieht, wird im föderalen Modell ergänzt durch die vertikale Gewaltenteilung zwischen zwei oder mehreren Ebenen (Zentralstaat/Region, Provinz oder Kommune). Diese vertikale Aufgliederung soll das Gleichgewicht der einzelnen Ebenen durch die gegenseitige Begrenzung und Kontrolle der Macht gewährleisten und den Mißbrauch durch einzelne Ebenen verhindern (Barber 1994, 157; Cassese 1994, 61f.). Die vertikale wird so ebenso wie die klassische horizontale Gewaltenteilung als „Mittel zur Kontrolle der Staatsgewalt durch ein System von *check* und *balances*" (Bothe 1994, 25) verstanden.

In Europa wurde der Föderalismus erst spät rezipiert; dies führte zur allgemeinen Gleichsetzung von Modernität und Zentralismus in den Augen der Zeitgenossen. Er wurde zunächst, aufgrund der historischen Dominanz der Nationalstaaten, vor allem auf theoretischer Ebene als globale Gesellschaftstheorie, weniger aber als reales staatliches Alternativmodell konzipiert (Levi 1983, 384).

Der Föderalismus und die demokratischen Charakteristiken, die ihn im Laufe des 18. und 19. Jahrhunderts gekennzeichnet hatten, sind aus der Idee des modernen Staates und seiner übergeordneten Souveränität entstanden und beanspruchen für sich, ähnlich wie der jakobinische Zentralismus, die Verkörperung der innovativen Funktion der Nation. Föderalismus ermöglicht die Integration egoistischer Partikularinteressen und Konfliktpotentiale der feudalen Ära in einen gemeinsamen Staat und bindet sie an universalistische und gleichheitliche Prinzipien. Dennoch behalten die untergeordneten Körperschaften im Vergleich zum Zentralismus einen weit größeren Stellenwert. Der moderne Staat garantiert in diesem Modell die universellen Standards für alle, als Grundlage des Individualismus, der Autonomie und der Freiheit der Bürger. Darauf basiert sowohl der Wirtschaftsliberalismus als auch der Gedanke der sozialen Solidarität im modernen Verfassungsstaat. Der demokratische Föderalismus sieht in der Ausweitung und Verteidigung der Bürgerrechte deshalb auch eine zentrale Funktion des Föderalstaats (Barbera 1994, 43). Diese kosmopolitische Wurzel des Föderalismus versteht den Menschen als Teil der universellen Gemeinschaft zwischen den Menschen und damit eingebunden in universalistische Solidaritätsbezüge (Cantaro 1994, 5).

---

[8]   Zur Unterscheidung zwischen Föderalismus und Unitarismus oder Einheitsstaat als gegenteiligem Strukturprinzip siehe v.a Schultze 1995, 155ff.
[9]   Ein dem Gewaltenteilungsprinzip verwandter Ansatz findet sich jedoch bereits bei Aristoteles (Jesse 1989, 298). Die Frage um die Gewaltenteilung und Aufteilung der Macht war den amerikanischen Revolutionären, den französischen Liberalen und den englischen Utilitaristen von James Madison bis Benjamin Constant gemein (Cassese 1994, 62).

Während der Begriff in den USA als konkretes staatliches Modell und institutionelles Instrument der Wirtschaft diente, wurde er im europäischen Kontext mit der von Kant entwickelten Idee des Rechtsstaats und den universalistischen Prinzipien der Aufklärung verbunden. Die Friedenssicherung auf supranationaler Ebene sollte bei Kant durch die "Vernetzung" der Nationalstaaten bewirkt werden; sie wurde zur Aufgabe der moralisch-praktischen Vernunft, da es diese gebiete, über den Krieg hinauszugehen. Eine friedliche Gemeinschaft aller Völker sollte auf einem Föderalismus freier Staaten beruhen, die das Völkerrecht begründet.

In dieser aufklärerischen Tradition stellt der Föderalismus eine Perspektive dar, die als supranationales Organisationsprinzip weit über die Nationalstaaten hinausreicht und zum Instrument ihrer Überwindung durch ihre Eingliederung in internationale Gleichgewichtsgefüge wird. Die Idee der europäischen Föderation, die nach dem zweiten Weltkrieg den europäischen Föderalismusgedanken kennzeichnen sollte, steht ebenfalls in dieser Tradition.[10] Trotz ursprünglicher Nähe zum sozialistischen Gedankengut - vor allem in der Frage der Friedenssicherung und der universellen Demokratie - mündete die föderalistische Theorie in der europäischen Tradition allerdings zunehmend in utopistische oder abstrakt-theoretische Zusammenhänge, während sich in der politischen Linken die Klassenkampftheorie und die zentralistische Ausrichtung durchsetzte (Albertini 1963, 72). Obwohl der föderalistische Gedanke in der marxistischen Theorie kaum entwickelt wurde, stellte er dennoch vor allem auf der internationalen Ebene einen wichtigen Gegenpol zur ökonomischen Theorie des Imperialismus dar (Pasquino 1996, 17).

De Tocqueville, durch den die Charakteristiken des amerikanischen Bundesstaates mit einiger Verspätung erstmals in Europa rezepiert wurden, hat vor allem die demokratischen Aspekte dezentraler Strukturen gegenüber einer "unterdrückenden Zentralgewalt" in den Vordergrund gestellt (de Tocqueville 1967). Lokale Selbstregierung und eine ausgeprägt pluralistisch organisierte Zivilgesellschaft sollen in diesem Ansatz despotischen Entwicklungen des Staatswesens entgegenwirken. Die Selbstverwaltung von Gemeinden und Provinzen und die Bildung bürgerlicher Vereinigungen erlaube der Gesellschaft, ihre besonderen Interessen gegen die Staatsgewalt zu verteidigen (de Tocqueville 1967, XXVIII, 58, 112). Die zentralisierte Verwaltung dagegen dient "nur dazu (...), die Völker, die sich ihr unterwerfen, zu lähmen, weil sie unentwegt versucht, den Gemeinsinn der Bürger zu schwächen." (ebenda, 40).[11]

---

10 Ihr Begründer und Hauptvertreter war Altiero Spinelli (vgl. Levi/Pistone 1973). Wie Kant sah die während des antifaschistischen Widerstands gegründete Europäische Föderalistische Union in der Föderation von Staaten das beste Mittel, um partikularistische Egoismen und die internationale Anarchie zu verhindern (Sabella/Urbinati 1994, 31; Pistone 1991, 225ff.).

11 Dennoch sind im Gedankengut de Tocquevilles durchaus auch zentralistische Elemente auszumachen. Es erscheint ihm "unvorstellbar, daß eine Nation ohne eine starke zentralisierte Regierung leben, geschweige denn gedeihen kann." "Das ganze Elend der feudalen Gesellschaft bestand ja darin, daß nicht nur die Verwaltung, sondern auch die Regierung unter tausend Hände aufgeteilt und tau-

Mit dem auf Proudhon zurückgehenden Ansatz des integralen Föderalismus wird das Konzept explizit der zentralistischen Übereinstimmung von Staat und Nation entgegengestellt und eine globale Konzeption des Staates zugrundegelegt, die diesen nicht auf die staatsrechtliche Sphäre reduziert.[12] Eine reduktionistische Definition der politischen Staatstheorie auf das Konzept des Föderal- oder Bundesstaates wird auf soziale und ökonomische Faktoren ausgedehnt; die Anwendung der föderalen Prinzipien reicht so generell in alle anderen gesellschaftlichen Bereiche hinein.[13] Aus diesem Ansatz resultiert das pluralistische Modell einer Gesellschaft autonomer und selbstverwalteter kleiner Gemeinschaften, die sich mit Verträgen zu größeren Einheiten zusammenschließen (Proudhon 1992). In einem so aufgebauten Staat wird die Macht von unten nach oben sachgerecht verteilt (Esterbauer 1978, 114).

Unter rein institutionellen Vorzeichen trägt die Proudhonsche Theorie allerdings konföderale Züge, da nicht von einem Bundesstaat in engerem Sinne gesprochen werden kann. Sein politisches System basiert auf dem Prinzip der Unterordnung der zentralen Autorität unter die der Mitgliedstaaten, also einem typisch konföderalen Organisationsprinzip. In der Tat ignoriert Proudhon die spezifischen Charakteristiken der neuen politischen Organisationsform, die im amerikanischen Föderalismusmodell aus der Konvention von Philadelphia resultiert, und verwendet die Begriffe Föderation und Konföderation weiterhin synonym (Levi 1987, 42).

Aus dem Proudhonschen Ansatz entwickelte sich die personalistisch-föderalistische Schule der 30er Jahre[14] um die französischen Zeitschriften *Esprit* und *L'Ordre Nouveau*, und nach dem zweiten Weltkrieg die Union Europäischer Föderalisten, der neben den französischen und holländischen Widerstandskämpfern Alexandre Marc und Henri Brugman Denis de Rougement und der Italiener Altiero Spinelli angehörten.[15] De Rougement formulierte eine konsequente Theorie eines "Europa der Regionen" als föderalistische Alternative, auf der Basis einer Föderation der kleinsten supra-lokalen, multifunktionalen "Partizipationseinheiten" (de Rougement 1979, 193; Gerdes 1985, 82). Spinelli dagegen entwickelte gemeinsam mit Ernesto Rossi im

---

sendfach zersplittert war" (ebenda, 39ff.). Hier zeigt sich bereits das Zusammenspiel zwischen zentripetalen und zentrifugalen Tendenzen im Föderalismus, die sich gegenseitig bedingen.
[12] Dies geschah im 19. Jahrhundert vor allem als Antithese zum vorherrschenden Nationalismus und Zentralismus.
[13] Anstelle des Individuums setzt die Proudhonsche Schule den Begriff der "Person" als Ausgangspunkt eines föderalistischen Föderalismuskonzepts; Grundlage dieser Unterscheidung ist die Annahme, daß der Mensch vielfältigen Gemeinschaften, Gruppen und Institutionen zugeordnet ist und "deshalb nicht monistisch definiert werden kann" (Esterbauer 1978, 116). Der in erster Linie als "Person" definierte Mensch ist "gleichermaßen verantwortlich und frei, engagiert und autonom, eine Identität an sich, aber verbunden mit seinesgleichen durch Verantwortlichkeiten" (ebenda, 115).
[14] Ihr gehörten insbesondere Robert Aron, Arnaud Dandieu, Alexandre Marc, Emanuel Mounier, Daniel-Robs und der Schweizer Schriftsteller Denis de Rougement an (Esterbauer 1978, 115).
[15] Spinelli teilte jedoch den von den französischen Föderalisten proudhonscher Prägung vertretenen personalistischen Ansatz nicht.

Manifest von Ventotene Anfang der 40er Jahre die Grundlagen des supranationalen europäischen Föderalismus.[16]

Die neo-proudhonschen Theorien der integralen Föderalisten wurden implizit oder explizit in erster Linie von den separatistischen Regionalisten aufgegriffen. Dabei wurden die basisdemokratischen Anregungen verarbeitet und weiterentwickelt, die Einbettung der regionalen Perspektive in ein europäisches Föderationskonzept jedoch vernachlässigt. In der Diskussion um ein "Europa der Regionen" wurden später eher die "ethnisch" abgegrenzten "historischen Einheiten" oder "Sprachgemeinschaften" im Sinne von Guy Héraud[17] (Heraud 1967), als die Partizipationseinheiten de Rougements in den Vordergrund gestellt (Gerdes 1985, 82).

Der demokratischen und pluralistischen Verpflichtung des Föderalismuskonzepts, das die Aggregation und Selbstregierung der Teile in den Vordergrund stellt, stehen neoföderalistische Konzepte entgegen, die sich zwar auf den Föderalismus berufen, denen aber ebenfalls wichtige konstitutive Elemente fehlen. Sie stellen partikularistische, "mikronationalistische" Zielsetzungen meist auf ethnischer Basis in den Vordergrund, der die universalistischen, solidaristischen und kooperativen Zielsetzungen des Föderalismus in ihr Gegenteil verkehren. Diese auf lokalistischer und liberalistischer Basis entwickelte Variante eines sogenannten Neoföderalismus, den beispielsweise der italienische Politikwissenschaftler Gianfranco Miglio[18] vertritt, ist trotz föderalistischer Terminologie durch konföderale Züge mit ausgeprägten zentrifugalen Charakteristiken des Gesamtsystems gekennzeichnet.[19] Wie auch in den extremen Varianten des regionalen Nationalismus[20] mit sezessionistischen oder konföderalen Zielsetzungen wird damit die Einheit des Staates prinzipiell in Frage gestellt.

Der Begriff des "neuen Föderalismus" geht zurück auf die USA unter Nixon und wurde dort vor allem unter Reagan populär (Miglio 1991, Barber 1994). Der *new federalism* stellt eine politische Philosophie dar, die nationale Interessen mit einem starken lokalistischen Protagonismus zu vereinbaren sucht; sie entstand als Gegentendenz zur Zunahme zentralstaatlicher Macht im Zuge des *new deal* der 30er Jahre, und später der Entwicklung des Wohlfahrtsstaates (Barbera 1994, 35).

---

16 Vgl. Fußnote 10.
17 Hérault steht für die Tradition der romantisch beeinflußten Volksgruppenbewegungen der 20er Jahre (Gerdes 1995, 649).
18 Gianfranco Miglio ist Professor für Politische Wissenschaften an der Katholischen Universität Mailand. Zwischen 1980 und 1983 leitete er die Arbeit der sogenannte "Gruppe von Mailand", die einen Vorschlag für die Reform der italienischen Verfassung erarbeitete. Einige Jahre offizieller "Ideologe" der Lega Lombarda, erarbeitete er deren Föderalismusprojekt; nach politischen Auseinandersetzungen innerhalb der Lega verließ er diese 1994. Der "neue" Föderalismus Miglios stellt die Unterschiede und Partikularismen in den Vordergrund. Die verfassungsrechtliche Verankerung wird dabei zugunsten von vertraglichen - und damit auflösbaren - Beziehungen zwischen den Menschen aufgegeben (Sabella/Urbinati 1994, 18; vgl. Kap.IV).
19 Vgl. Cantaro 1994, 7.
20 Im "regionalen Nationalismus" wird die Region zur Nation, wobei das Konzept der Souveränität auf der regionalen - und nicht mehr der nationalen - Ebene angesiedelt ist (vgl. Fußnote 5).

b) Theorie und Praxis des Föderalstaats

Bei aller definitorischen Schwierigkeit und unterschiedlichen theoretischen Grundlagen haben föderale Staaten einige Charakteristiken gemeinsam, die auf der Existenz von vor allem vier Grundprinzipien beruhen (Perntaler 1988, 14). An erster Stelle steht die Verfassungsautonomie und das Recht auf autonome Selbstverwaltung der Gliedstaaten; alle Kompetenzen, die nicht explizit der Zentrale zugewiesen werden, liegen dabei automatisch bei den Teilstaaten. Ausgenommen sind davon allein die "konkurrierenden" Kompetenzen. Diese Zuständigkeiten dürfen nicht einseitig durch den Zentralstaat veränderbar sein. Ein zweites Element stellt die Existenz von Konfliktlösungsmechanismen zwischen den Ebenen dar, die vertraglich oder verfassungsmäßig geregelt sind. Darüber hinaus sind föderale Staaten durch das Subsidiaritätsprinzip[21] gekennzeichnet, nach dem den Gemeinschaftsinstitutionen erst dann Handlungskompetenzen zugewiesen werden, wenn eine eigenständige Lösung auf tieferer Ebene nicht möglich ist. Als letztes ist die Existenz von Partizipations- und Mitbestimmungsmechanismen nicht nur der einzelnen Bürger, sondern auch der autonomen Glieder zu nennen, d.h. die demokratische Vertretung der Gliedstaaten auf der zentralen Ebene[22] (Kinsky 1977, 26). In diesem pluralistischen Konzept des Staates sind die peripheren Interessen der Teilstaaten also auf der nationalen Ebene vertreten, wodurch gleichzeitig eine Kontrolle der Machtausübung durch die Zentralregierung ermöglicht wird.

Föderalismus als Staatsform geht sowohl über die einfache Dezentralisierung staatlicher Verwaltungsaufgaben, wie sie in dezentralisierten Staaten verwirklicht wird, als auch über die Aufgliederung der politischen Macht in den regionalisierten Staaten weit hinaus. Er bezeichnet Mehrebenenstrukturen, die sich durch die duale oder interdependente Gleichzeitigkeit einer zentralen und mindestens einer subnationalen Entscheidungsebene auszeichnen, wobei die Teilsysteme durch eine "unabgeleitete (originäre) Selbstbestimmung" gekennzeichnet sind. Ihr Zusammenschluß erfolgt auf der Grundlage der "wechselseitigen Gleichordnung" zu einem föderativen Gesamtsystem (Esterbauer 1977, 193).

---

[21] Subsidiarität, lat. subsidium, Hilfestellung, bedeutet Nachrangigkeit. Der Begriff bezeichnet eine sozialethische Vorstellung, die aus der katholischen Soziallehre stammt und erstmalig in der Sozialenzyklika Quadragesima anno von Papst Pius XI. 1931 formuliert wurde (Mischalsky 1989, 1003). Das Subsidiaritätsprinzip besagt, daß der Gemeinschaftsinstitution nur dann Handlungskompetenz zukommt, wenn eine eigenständige Lösung auf tieferer Ebene nicht möglich ist. Nach dem Subsidiaritätsprinzip erfolgt eine "sachgerechte Machtverteilung nach oben und unten in einer Form, die das Eingreifen übergeordneter Instanzen erst dann ermöglicht, wenn die Dimension der zu lösenden Probleme tatsächlich die Kapazitäten und Kompetenzen der autonomen Gliedorganisationen zu sprengen droht. "Die Verwaltungsfunktionen müssen derjenigen Ebene anvertraut werden, die sich dem Menschen am nächsten befindet, wobei eine höhere Ebene nur dann in Frage kommt, wenn die Koordination oder die Durchführung der Funktionen auf der demnächst niedrigen Ebene nicht mehr möglich ist" (Erklärung von Bordeau, Ziff.40, in: Esterbauer 1978, 55. Vgl. auch Voss 1990, 81; Waschkuhn 1995).

[22] Diese Beteiligung der Teilstaaten an der föderalen Politik wird im amerikanischen Modell über die Einrichtung einer Repräsentantenkammer gewährleistet, in der Bundesrepublik über den Bundesrat.

Historisch entwickelte sich der Föderalismus erstmals in Nordamerika, wo er der Sicherung der äußeren Grenzen vor allem gegenüber dem ehemaligen Kolonialherren dienen sollte und "erstmals systematisch für den Zusammenschluß bestehender Staaten und den weiteren Auf- und Ausbau des Landes nutzbar gemacht" wurde (Schubert 1994, 35). Die Kämpfe der dreizehn nordamerikanischen Ex-Kolonien um die Schaffung einer gemeinsamen föderalen Regierung, und damit der Überwindung des nur losen konföderalen Zusammenhangs (Esterbauer 1976), stellt die Verwirklichung einer neuen Theorie des Staates dar, die eine Teilung der nationalen Souveränität vorsah (Kinsky 1977, 27). Bis zur Verabschiedung der amerikanischen Bundesverfassung in Philadelphia 1788 wurden die Begriffe Konföderation und Föderation im amerikanischen Sprachgebrauch synonym verwendet.

In der ersten föderalistischen Verfassung der Geschichte wird der Begriff Föderalismus erstmals im staatsrechlichen Sinne gebraucht; er erhält damit seine moderne und vom Konzept der Konföderation unterschiedene Bedeutung (Hamilton 1958; Esterbauer 1976). Er bezeichnet den Zusammenschluß vorher autonomer Staaten mit ursprünglichen Selbstbestimmungskompetenzen zu einem größeren Ganzen, wobei die weitgehende Eigenständigkeit der Einzelstaaten beibehalten wird.[23] Im Idealfall stellen die Teilstaaten oder Regionen dabei über ihre politischen und administrativen Funktionen hinaus einen Bezugsrahmen für die soziokulturelle Identifikation ihrer Bevölkerung dar. Zentrales Element des Vereinigungsprozesses ist ihre verfassungsmäßige Verankerung, die eine einseitige Aufhebung des Autonomiestatus der Teilsysteme durch den übergeordneten Zentralstaat verunmöglicht.[24] Ursächlich für den Zusammenschluß vorher unabhängiger Staaten in föderale Systeme sind vor allem gegebene geo-politische Situationen, die damit verbundenen Anforderungen der inneren und äußeren Sicherheit, und die Notwendigkeit des Aufbau eines gemeinsamen Marktes (Schubert 1994, 35).

Beispiele von unitarischen Staaten, die sich in vorher inexistente Teilstaaten föderalisieren, gibt es kaum; sie basieren in der Regel auf historischen Unterschieden der Teilgebiete, die insbesondere auf ethnischer Basis so prägnant sind, daß der Einheitsstaat als temporäre Zwischenlösungen erscheint, der bei Veränderungen des historischen und politischen Kontextes auseinanderbricht (Kinsky 1994, 125ff.; Delperée 1994, 133ff.).[25]

23　Diese Interpretation ist durch die ethymologische Wurzel bestätigt. *Foedus* heißt Bündnis, Vertrag von Staaten, und hat die gleich Wurzel wie *fidere*, gegenseitiges Vertrauen (Barbera 1994, 21).
24　Föderalisierung impliziert also durchaus zentralisierende Tendenzen, als Zusammenschluß unabhängiger Teilgebiete durch einen politischen Einigungsprozeß und Freisetzung zentripetaler Kräfte innerhalb einer neuen (bundes)staatlichen Einheit, mit dem Ziel einer Stärkung der übergeordneten Ebene durch Überwindung der historischen Zersplitterung in schwache Teilgebiete. Zur zentrifugalen und zentripetalen Charakteristik des Föderalismus, je nach historischem und situativem Kontext (vgl. Barber 1994, 158f.).
25　Vg. beispielsweise die Auflösung der Tschechoslowakei, Belgien ect.

Der klassische duale Föderalismus nach amerikanischem Vorbild ist ursprünglich durch die formale Unterscheidung und verfassungsmäßige Festlegung ausschließlicher Kompetenzen und Funktionen zweier Ebenen mit hoher Entscheidungsautonomie gekennzeichnet, im Gegensatz zu anderen Bundesstaaten wie beispielsweise die Bundesrepublik Deutschland, die vermehrt funktionale und kooperative Elemente aufweisen.

Ein weiteres Beispiel für ein duales föderales System ist die Schweiz (Rosenfeld 1994, 247ff.; Aubert 1994, 281ff.). Es weist wie das amerikanische Vorbild eine zweigliedrige Struktur auf, die sich aus der Eidgenossenschaft (die bündische zentralstaatliche Ebene) und den sechsundzwanzig Teilstaaten oder Kantonen zusammensetzt.[26] Die Kompetenzverteilung zwischen Eidgenossenschaft und Kantonen reproduziert die Charakteristiken, die allen föderalen Staaten inklusive der Bundesrepublik Deutschland gemeinsam ist: der übergeordneten Ebene kommen nur diejenigen Kompetenzen zu, die ihr durch die föderale Verfassung explizit zugeordnet werden, während alle residualen Kompetenzen bei den Kantonen verbleiben. Wichtiger Aspekt des Schweizer Föderalismus ist die Finanzautonomie der Kantone, die durch eigene Gesetzgebung eigene Steuern erheben können; diese eigenen finanziellen Ressourcen übersteigen bei weitem diejenigen, die ihnen aus dem Gesamtsteueraufkommen zustehen oder durch staatliche Zuschüsse zukommen. Der Preis dieser Autonomie ist allerdings die Unterschiedlichkeit der Steuerlast für die Bürger zwischen den einzelnen Kantonen (Aubert 1994, 282).

Auch der deutsche Bundesstaat schließt im Sinne einer Gleichordnung von Gliedstaaten und Bund an das amerikanische Vorbild an (Esterbauer 1976, 17). Die Entwicklung des bundesdeutschen Föderalismus weist jedoch weit ausgeprägtere kooperative als duale Charakteristiken auf, die vor allem aus der Verschränkung der Funktionen und Kompetenzen der unterschiedlichen Ebenen resultieren. Aus der zunehmenden Verflechtung der Ebenen entsteht die im kooperativen Föderalismus der BRD vorherrschende Struktur, in der die meisten öffentlichen Aufgaben nicht durch selbständige Entscheidungen einzelner Bundesländer, sondern durch das Zusammenwirken des Bundes mit den Ländern oder zwischen den Ländern getroffen werden: die Politikverflechtung (Scharpf 1976, Reissert 1995, 555, Hirscher 1991).[27]

Der föderalistische Staatsaufbau der BRD basiert auf der Eigenstaatlichkeit der Länder, wobei im Rahmen der Kompetenzverschränkung mit dem Bund den untergeordneten Ebenen weitgehende Autonomierechte zukommen.[28] Nur sehr wenige Kompetenzen liegen ausschließlich beim Bund (Währungshoheit, Sicherheitspolitik

---

[26] Die Unterebene der sogenannten Regionen stellt demgegenüber keine relevante Ebene des politischen Handlens dar (Aubert 1994, 281).
[27] Der Begriff wurde von Scharpf geprägt (1976, 1985).
[28] Zum deutschen Föderalismus siehe auch Laufer 1991, Deuerlein 1972, Barschel 1982, Hesse/Rensch 1991.

usw.) oder bei den Ländern (Kulturhoheit). Bereits das Grundgesetz der Bundesrepublik Deutschland hatte keinen explizit "dualen" Bundesstaat vorgesehen, sondern verstärkt unitarische Elemente angelegt wie die Sozialstaatsklausel, die uniforme Ausrichtung der Grundrechte, das legislative Übergewicht des Bundes, die funktionale Verschränkung von Bund und Ländern, die Bundesaufsicht, die Bundesauftragsverwaltung, die Mischfinanzierung, den Grundsatz der Bundestreue, und das Gebot der Schaffung von Einheitlichkeit (Waschkuhn 1995, 76). Diese kooperativen Föderalismusstrukturen stellen in erster Linie ein Verfahrensmodell dar, das die eindeutige funktionale Trennung der Kompetenzen durch eine - im besten Fall konfliktfreie - Kooperation zwischen den unterschiedlichen Regierungsebenen ersetzt. Im bundesdeutschen Föderalismusmodell hat sich also die Gewaltenverschränkung statt einer Gewaltentrennung durchgesetzt, da seine Entstehungscharakteristiken vor allem durch den Wunsch der Alliierten wie (bis auf wenige Ausnahmen) der Länder nach der Einrichtung von institutionellen Barrieren gegen die "Gefahr totalitärer Gleichschaltung" und weniger nach dem Schutz gesellschaftlicher oder multikultureller Heterogenität gekennzeichnet waren (Schultze 1995, 156).[29]

Die Finanzverfassung der staatlichen Systeme determiniert die Beziehung zwischen substaatlichen Teilsystemen und Zentralstaat besonders stark, da es die realen Möglichkeiten ihres autonomen - weil finanzierbaren - Handelns festlegt. Das deutsche Finanzsystem stellt, trotz seiner Verankerung der Steuerhoheit vor allem beim Bund, die nur eingeschränkt eine direkte Steuererhebung durch die Kommunen oder die Länder zuläßt (Albers 1993, 202), mit seiner Verschränkung von vertikalem Finanzausgleich (zwischen Bund und Ländern) und horizontalem Lastenausgleich (zwischen den Ländern) ein relevantes Beispiel föderaler Zentrum-Peripherie-Verschränkung und einer Garantie der Autonomie der untergeordneten Gliedstaaten dar (Art.106 Grundgesetz). Das System zielt auf den größtmöglichen Ausgleich einer unterschiedlichen Finanzkraft zwischen den Ländern, die aus geographischen Benachteiligungen oder einer besonders schwachen Infrastrukturausstattung resultiert (Laufer 1991, 155ff.), auf der Basis des Grundgesetzgebots der Durchsetzung gleicher Lebensverhältnisse für alle Bundesbürger.[30]

Mit der deutschen Einigung und aufgrund der besonderen Situation der ostdeutschen Länder wurde eine Reform des bestehenden Systems notwendig, denn ihre umstandslose Eingliederung hätte das Umverteilungsvolumen vervielfacht und alle alten Länder vor existentielle Haushaltsprobleme gestellt. Eine Neuordnung des Finanzsystems erfolgte deshalb durch das Gesetz zur Umsetzung des föderalen Kon-

---

29   In der deutschen Vergangenheit, im Rahmen des Norddeutschen Bundes und des Kaiserreiches, hatten kulturelle Vielfalt und die historische Tradition monarchischer Einzelstaatlichkeit eine weit größere Rolle gespielt als in der Phase der Entstehung der Bundesrepublik (Schultze 1995, 156).
30   Grundlegendes Prinzip der Finanzordnung ist ihre enge Verschränkung mit den Aufgaben, die Bund und Ländern zugewiesen sind: der jeweilige Träger bestimmter Funktionen soll auch über die notwendigen Finanzmittel verfügen, die zu ihrer Durchführung benötigt werden (Köpp 1995, 99f.).

solidierungsprogramms (FKPG) vom Frühjahr 1993, das einen Kompromiß zwischen Bund und Ländern darstellt. Damit wird die völlige Einbeziehung der neuen Länder in den normalen horizontalen Länderfinanzausgleich in beinah unveränderter Struktur bewirkt und die Anpassung der Finanzkraft der ostdeutschen Länder auf mindestens 92% der sogenannten Durchschnittsteuerkraft und damit an die schwächeren westdeutschen Länder verwirklicht.[31]

Das Beispiel des bundesdeutschen Finanzausgleichs zeigt eine bei aller Kritik durchaus gelungene Integration von horizontalen ("regionalen") und vertikalen Elementen, die eine Form der interregionalen Solidarität darstellt. Das deutsche bundesstaatliche System funktionierte allerdings ursprünglich auf der Basis von vergleichsweise geringen finanziellen und wirtschaftspolitischen Differenzierungen zwischen den Ländern. Die Problematik, die aus der Integration der ostdeutschen Länder nach der deutschen Einigung entstand, zeigt deshalb die Hindernisse, aber auch die Möglichkeiten einer Einbeziehung von finanziell und wirtschaftspolitisch schlechter ausgestatteten Landesteilen. Diese Probleme entstehen aus der Tatsache, daß ausgeprägte Entwicklungsunterschiede in der Regel die Zentralregierung stärken und zu einer unterschiedlichen Stellung der Regionen in der nationalen oder supranationalen Politik führen (Engel 1991; Eser 1991). "Je heterogener die Staaten in einer föderalen Gemeinschaft sind, desto bessere Chancen bestehen für die Ausdehnung des Kompetenzbereiches der Zentralgewalt" (Voss 1990, 25).[32] "Föderalen Systemen (liegt) grundsätzlich die Gefahr zugrunde, daß Probleme, die auf einer Ebene nicht gelöst werden können, auf die nächsthöhere Ebene verlagert werden" (Eser 1991, 25).[33] Die bundesdeutsche Erfahrung weist auf diese Problematik der Eingliederung weniger begünstigter Landesteile hin, die letztlich nur durch den verstärkten und zusätzlichen Einsatz zentralstaatlicher Mittel erfolgen konnte. Daraus resultierte auch in Deutschland eine vielbeklagte zentralistische Entwicklungstendenz, die die unitarischen Momente des Bundesstaats noch weiter akzentuierten.

---

[31] Es konnte nur durch eine Stärkung der horizontalen Abstimmung zwischen den Ländern entwickelt und durchgesetzt werden, die in der Erhöhung der Einnahmen der neuen Länder durch das Mehrwertsteuersystem von bisher 37 auf 44% und in ihrer gleichberechtigten Einbeziehung in ein beinahe unverändertes System des Finanzausgleichs bestanden (ebenda, 142).
Zusammen mit den Bundesergänzungszuweisungen und anderen integrativen Transferleistungen des Bundes erreichen die neuen Bundesländer damit 99,5% der Durchschnittsteuerkraft pro Kopf. Für einen Zeitraum von 10 Jahren erhalten die ostdeutschen Länder jedes Jahr über Sondertransferleistungen in Höhe von 20,6 Milliarden Mark, d.h. die Höhe der insgesamt vorgesehenen Leistungen (ohne sektorale Sonderförderung; ebenda, 144).
[32] Vgl. auch Scharpf 1990.
[33] Eine ausgeprägte Heterogenität mit starken regionalen Disparitäten, wie in Italien, begünstigt zentralistische Tendenzen, da die nationale Politik einen Ausgleich der Entwicklungsunterschiede bewirken will; die Beteiligung der "armen" Regionen an den Entscheidungen über die allgemeine wie die sie direkt betreffende nationale Politik ist dabei nur eingeschränkt gewährleistet (Almirante 1986, 8).

2. Regionalismus als Staatsform und als politische Bewegung

Der Unterschied zwischen föderalen und regionalisierten Staatssystemen besteht im Grad der politischen, ökonomischen und sozio-kulturellen Autonomie, die den Teilsystemen zukommt, und damit der regionalen Eigenständigkeit. Der Regionalstaat stellt dabei eine Zwischenlösung zwischen bloßer administrativer Dezentralisierung und Föderalisierung dar, bei der den Regionen mehr oder minder ausgeprägte politische Rechte bis hin zu einer eigenständigen politischen Legitimation über Regionalwahlen zugestanden werden.

Auf der empirischen Ebene weisen die Regionen Europas heute die unterschiedlichsten historischen Traditionen und Autonomie- wie Legitimitätsgefüge auf, die von der generellen Abwesenheit regionaler Bewußtseinsbezüge in vielen rein administrativen "Planungsregionen" (wie z.B. in Großbritannien) bis hin zu historischen "Nationen" wie Schottland oder Katalonien reichen. Erstere stehen für eine nach administrativen Effizienzgesichtspunkten vorgenommene Dezentralisierung als "Regionalisierung von oben", bei der vor allem verwaltungstechnische oder statistische Aspekte eine Rolle spielen. Sie sind weit entfernt von traditionellen regionalen Verankerungen, wie sie in den "historischen" Regionen anzutreffen sind und die sich in der Identifizierung der Bevölkerung und der politischen Akteure im Sinne der Gemeinschaftscharta der Regionalisierung widerspiegeln (Europäisches Parlament 1988, Anm.4; EUREG 1994, 63ff.).[34]

Dezentralisierungsprozesse vorwiegend unitarisch konzipierter Staatssysteme sind seit dem zweiten Weltkrieg in vielen europäischen Ländern zu beobachten.[35] Sie standen meist im Zusammenhang mit Modernisierungsbemühungen des Zentralstaates, die den Regionen ein neues politisches Gewicht verliehen. Sie erreichten jedoch nicht die Stufe einer echten Föderalisierung, sondern waren in erster Linie als Transfer zentralstaatlicher Aufgaben an sub-nationale Körperschaften konzipiert. Ziel war dabei, Überlastungen des unitarischen Staates durch Aufgabenverlagerung in regionale Zusammenhänge zu vermindern (Keating 1988, 40). Diese Dezentralisierungen stellen eine "strukturelle Anpassung des Nationalstaates an die Anforderungen des Wohlfahrtsstaates" dar (Leonardi 1984, 509), im Zusammenhang mit den allgemeinen Rationalisierungsprozessen der westlichen Industriestaaten, die eine funktionale Einbindung der Peripherie im Rahmen staatlicher Reformmaßnahmen und eine Effizienzverbesserung des staatlichen Handelns anstrebten.

In Konkurrenz zu diesen Formen staatlicher Ordnungsprinzipien formulierten regionalistische Bewegungen zum Teil unter Rückgriff auf "historisch als verschüttet geltende Denktraditionen" separatistische, föderalistische oder autonomistische Ziel-

---

[34] Die Entwicklung regionaler Identitätsbezüge wird hier durch gemeinsame Elemente beeinflußt, die als Übereinstimmungen hinsichtlich von Sprache, Kultur, geschichtlicher Tradition und wirtschaftliche Interessen definiert werden.
[35] Zum Beispiel Italien und Belgien 1970, Portugal 1976, Spanien 1978, Holland 1984.

vorstellungen (Gerdes 1995, 649). Die separatistische Ausrichtung und die tendentielle Infragestellung der Legitimität und Souveränität des Staates zeichnet den "regionalen Nationalismus" dabei gegenüber dem gemäßigteren politischen Regionalismus aus, der die Legitimität des Gesamtstaates grundsätzlich anerkennt, aber größere Autonomie innerhalb seiner Grenzen zu verwirklichen sucht.[36]

Im 19. Jahrhundert wie in der zweiten Hälfte des 20. Jahrhunderts wurden regionalistische Identitätsbezüge meist in den ökonomisch rückständigen Regionen wie beispielsweise Korsika politisch manifest (Keating 1988, 18). Ziel dieses "klassischen" Regionalismus war die politische Unabhängigkeit als notwendige Vorbedingung für eine beschleunigte Modernisierung und allgemeine Wohlfahrtsverbesserung (Kreckel 1986, 53). Insbesondere die politischen Mobilisierungsprozesse auf regionaler Ebene und das Wiederaufleben von teilweise militanten regionalistischen Bewegungen in Frankreich, Spanien und Großbritannien in den 60er und 70er Jahren setzten tiefgreifende Prozesse der "Territorialisierung von Konflikten" in Gang, die den "Raum" auch in den Mittelpunkt sozialwissenschaftlicher Forschung rückten (Gerdes 1985, 280). Die Ursachen des Phänomens der revoltierenden Regionen und Minderheiten wurden dabei häufig in der Konfrontation mit einem "unterdrückenden" Zentralstaat gesehen, der die peripheren Autonomien negiert und damit zur Virulenz der Partikularismen beiträgt. Eine "Abfederung" der Konflikte oder eine politische Integration durch Reformperspektiven wie Dezentralisierungsmaßnahmen, die Einrichtung von Autonomiestatuten oder föderalistische Perspektiven sind dann bereits gescheitert (ebenda, 77).

In den 80er und 90er Jahren wird dieser "arme" Regionalismus allerdings immer stärker durch den "reichen" Regionalismus der begünstigten Regionen ersetzt, die ihn dazu nutzen, gesamtgesellschaftliche Angleichungs- und Solidaritätsmechanismen zu revidieren. Regionalismus und Formen von regionalem Nationalismus sind heute weit ausgeprägter im "reichen" Katalonien oder der Lombardei als im "armen" italienischen Mezzogiorno anzutreffen (Keating 1988, 12). Die politische Ausrichtung regionalistischer Bewegungen wird durch den jeweiligen politischen Kontext beeinflußt und hat situativen Charakter mit historisch unterschiedlichen Charakteristiken. "Konservative Autoren sehen in Dezentralisierungsansätzen (...) eine Chance zur stabilisierenden Entlastung zentraler Institutionen von überhöhtem Erwartungsdruck, undogmatische Linke erwarten sich davon eine Verstärkung basisdemokratischer Politikelemente" (Gerdes 1995, 650).[37] Die direkte empirische Beziehung zwischen relativer ökonomischer Deprivation bzw. regionalen ökonomischen Engpässen und

---

[36] Vgl. Fußnote 5. Hier sei auch auf die unterschiedliche Terminologie in den verschiedenen europäischen Sprachen verwiesen. In Italien bezieht sich der Begriff Nationalismus - im Unterschied z.B. zum spanischen Sprachgebrauch, wo ausdrücklich die "autonomen Gemeinschaften", also die Regionen gemeint sind - ausschließlich auf den Zentralstaat (Keating 1988, 10). Es wird deshalb auf eine rigorose Definition des Begriffs außerhalb des direkten Forschungszusammenhangs verzichtet.
[37] Siehe auch Offe 1979.

peripherer Mobilisierung, wie sie in der "orthodoxen" Theorie der "Revolte gegen die Modernität" (Lipset 1985) vor allem im 19. Jahrhundert angenommen wurde, existiert deshalb nicht. Ihr Entstehen setzt allerdings voraus, daß sie in den Mittelpunkt der "zielbewußte(n) Strategie ehrgeiziger und sehr wohl fortschrittsbewußter Regionaleliten" werden (Kreckel 1986, 53); die Träger der regionalistischen Unruhen sind als spezifische Form gesellschaftlicher Interessenvertretung allerdings bisher kaum untersucht worden (Gerdes 1995, 650).[38]

I.3. DIE DYNAMIK DER ZENTRUM-PERIPHERIE-BEZIEHUNGEN

1. Zentrum-Periphery-Beziehungen und Modernisierung

In der theoretischen Diskussion wie in der öffentlichen Debatte wurde in Westeuropa bis in die 70er Jahre hinein die Übereinstimmung von Staat und Nation kaum in Frage gestellt. Die vorherrschenden Theorien zur Nationenbildung gingen von einem Zentrum-Peripherie-Konzept aus, in dem ein starkes Zentrum die Peripherie assimiliert und seinen Werten angleicht, um ein gemeinsames soziales, ökonomisches und politisches System zu bilden (Keating 1982).

Industriekapitalismus und Urbanisierung sind in diesem Modell die Träger der Modernisierung, die in den zentralen Gebieten beginnt, traditionelle soziale Strukturen zunehmend aufbricht und durch Tauschbeziehungen ersetzt, die für kapitalistische Systeme typisch sind. Nach dem darauf basierenden "Diffusionsmodell" ist die Integration ein automatischer Prozeß, in dem sich die politischen und ökonomischen Wertesysteme des Zentrums selbsttätig in die "rückständigen" Gebiete verbreiten und diese zwangsläufig in das dominante System einbindet.

Dieser enge Zusammenhang zwischen nationaler Entwicklung und gesellschaftlicher Modernisierung kennzeichnet die Modernisierungstheorien allgemein und geht vor allem auf die dominanten Theorien der Nationenbildung zurück (Deutsch 1953, 1966). Modernisierung, Wachstumsorientiertheit und Loslösung von partikularistischen hin zu nationalen Interessenslagen fallen in diesen Modellen zusammen. Die Modernisierungstheorie geht davon aus, daß "die Intensivierung und Ausdehnung von gesellschaftlichen Kommunikationsvorgängen (...) einen allgemeinen Prozeß der 'sozialen Mobilisierung' in Gang setze, durch den die ursprüngliche Vielfalt ethni-

---

[38] Gellner, ein kritischer Anhänger der Modernisierungstheorie, erklärt das Entstehen von politischem Regionalismus aus Ungleichzeitigkeiten im Modernisierungsprozeß, die zu divisorischen Tendenzen in der Nation führen. Daraus kann die Tendenz resultieren, daß die fortgeschrittenen Regionen eines Staates kein Interesse haben, "ihren Wohlstand mit den unterentwickelten zu teilen" (Kreckel 1986, 52). Sie können dabei die antisolidarischen Zielsetzungen mit der Suche nach Diskriminierungsmerkmalen (wie Kultur, Sprache usw.) untermauern, die nicht das "Erwachen des Selbstbewußtseins einer Nation" darstellen, sondern die "Erfindung" - wenn auch auf der Grundlage vorher bereits existierender, aber bisher nicht relevanter Distiktionsmerkmale - von "Nationen", wo sie bisher nicht existiert haben.

scher Sonderkulturen und partikularistischer Loyalitäten" wie die Identifikation zu kleinen, eher lokal bestimmten Zweckverbänden oder Landsmannschaften aufgelöst werden (Kreckel 1986, 38). Der aus dem Prozeß hervorgegangene Nationalstaat soll in diesem Modernisierungsprozeß an die Stelle der traditionellen Partikularismen treten. Im 19. und 20. Jahrhundert werden Nation, Nationalstaat und Nationalismus zu Zentralbegriffen politischer Integration (von Bredow 1995, 453); daraus resultiere eine Tendenz zur politisch-kulturellen Assimilation an die "universalistische" Nationalkultur.[39]

Die Nationenbildungs- und Diffusionsmodelle implizierten, daß der Integrationsprozeß und die normative Angleichung auf der Ebene der Nation bzw. des politisch definierten Staates stattfinden. Das Entstehen starker regionalistischer oder separatistischer Bewegungen mit militanten Charakteristiken, wie sie insbesondere in der Bretagne, im Baskenland, in Nordirland, Okzitanien oder in Korsika in den 60er und 70er Jahren wieder aufflammten (Elkar 1981, Gerdes 1985), war in diesen Ansätzen nicht vorgesehen.[40] Das Postulat einer allgemeinen Verbreitung der universellen Modernisierungsstandards als logische Begleiterscheinung der ökonomischen und politischen Entwicklung als solcher führte dazu, daß andere Wert- und Normenkontexte wie beispielsweise politische Protestbewegungen auf regionaler Ebene als abweichend negiert wurden. Dabei wurde übersehen, daß politischer Regionalismus ein durchaus rationales politisches Vorgehen der jeweiligen Akteure darstellen konnte. Die Entstehung neuer Bedürfnisse im Kontext der wirtschaftlichen, sozialen und politischen Entwicklungen nach dem zweiten Weltkrieg machte auch neue politische Strategien notwendig, die es dem Bürger erlaubten, seine Forderungen an das ökonomische und politische System zu formulieren und die eines neuen Rahmens der politischen Entscheidung und der administrativen Verarbeitung bedurften.

Ursächlich für das Wiederaufleben kleinräumiger Interessenverankerungen war die Tatsache, daß die staatlichen Interventionsräume und die Rolle der Institutionen in den modernen sozialen Demokratien vor allem im Bereich der Wohlfahrt und der wirtschaftspolitischen Gestaltung gegenüber den liberalen Systemen des 19. Jahrhunderts ausgedehnt wurden. Die ökonomische Planung auf nationaler Ebene stellte

---

39 "Universalistisch" wird hier als Gegensatz zu "partikularistisch" verstanden. Indikatoren der Assimilation sind unter anderem der verbreitete Zugang zu den Massenmedien, die Teilnahme an politischen Wahlen, der Grad der Alphabetisierung usw. (Kreckel 1986, 49).
40 Deutsch entwickelte später seine Theorie der "Ungleichzeitigkeit der Entwicklung", um die empirische Evidenz regionalistischer Bewegungen zu erklären. In der Regionalismusdebatte schließt die sogenannte "Persistenzhypothese" (Kreckel 1986, 5) an die Analyse des traditionellen Nationalismus an. Sie besagt, daß die Nationenbildung regionale Minderheiten beläßt, die nicht in die Nationalkultur integriert und assimiliert werden. Die "Diffusion" der modernen Wertorientierungen stößt dort auf seine Grenzen, wo "nationale Minderheiten", "Volksgruppen" oder "Ethnien" innerhalb des modernen Nationalstaats weiterbestehen und Unterdrückung erfahren. Aufgrund von "unverrückbaren ethnischen Identitätsmustern, in die der Einzelne naturhaft eingefügt zu sein scheint", kämpfen diese "Nationen" um politische Anerkennung (ebenda, 5f.). Vertreter dieser Richtung sind vor allem Lafont (1971) und Héraud (1967).

zunehmend ein Mittel dar, das die Regulierung der zyklischen Variationen der kapitalistischen Ökonomie erlauben sollte. Dies führte zu einer Privilegierung der nationalen Ebene und einer starken und zentralisierten Staatsbürokratie, in den Ländern, in denen keine Gegensteuerung aus politischen Gründen erfolgte - wie beispielsweise in der BRD oder Italien, wo die Kontinuität mit dem zentralistischen Staat des "3. Reiches" bzw. des Faschismus unterbrochen werden sollte.

Auch das Gleichheitsprinzip im Zugang zu staatlichen Leistungen und die daraus resultierende Politik der fortschrittlichen Parteien und der Gewerkschaften führte dazu, daß zentralistischen Prinzipien der staatlichen Organisation der Vorzug gegeben wurde, da diese das Recht auf Gleichbehandlung der Bürger unabhängig von der territorialen und sonstigen Kollokation gewährleisten sollten. Auf der Ebene der Arbeitswelt sollten gleiche Rechte aller Arbeitnehmer in Lohnfragen und Arbeitsbedingungen durch nationale Verhandlungen realisiert werden; dies war besonders in den benachteiligten rückständigen Regionen ein zentrales Anliegen. In den prosperierenden Regionen dagegen war das primäre Interesse, ein Unterlaufen der dortigen Arbeits- und Gehaltsverhältnisse durch schlechtere Bedingungen anderswo zu verhindern. Ähnliche Begründungszusammenhänge und gemeinsame Interessenkonstellationen zwischen unterschiedlichen Regionentypen betreffen die einheitliche Steuergesetzgebung.

Das Wiederaufleben der europäischen Peripherie stellte nicht nur einen Angriff auf die traditionellen Ideologien der konservativen Rechten, sondern gleichzeitig auf die Strategien der Linken dar. Diese zentralistische Ideologie und Praxis des Wohlfahrtsstaates erschien im Zuge des Bedeutungszuwachses des Partizipationsgedankens gegen Ende der 60er Jahre immer unzureichender. Das Überleben territorial verankerter Interessen zwang die linke Parteien und Organisationen bei aller strategischen Privilegierung des zentralistischen Momentes, sich mit diesen neuen Repräsentanzforderungen auseinanderzusetzen. In den linken politischen Organisationen mußten die Strategien des streng zentralistischen "Jakobinismus" zunehmend durch ein neues Verständnis ergänzt werden, das die Repräsentanz territorialer Interessen und der Forderungen nach regionaler Autonomie nicht mehr ausschloß (Keating 1988, 123).

Im Rückgriff der "neuen Linken" auf anti-statalistische und anarchistische Wurzeln des Frühsozialismus wurden Verbindungen mit regional verankerten Bewegungen möglich (ebenda, 171). Der in den 70er Jahren aufbrechende Antizentralismus war nicht mehr "das Privileg konservativer Ideologie - etwa nach dem Muster des französischen Antizentralismus des 19. und frühen 20. Jahrhunderts", sondern wurde in zunehmendem Maße auch von der politischen Linken getragen (Kreckel 1986, 86). "Region" und "Regionalismus" wurden als vermeintliches neues revolutionäres Potential bzw. die Vision alternativer Lebensformen entdeckt und von sozialen Emanzipationsbewegungen in den Vordergrund gestellt.

Damit wurde erstmals auch von Teilen der politischen Linken eine Schwerpunktverlagerung von der internationalen Solidarität zur "vornationalen Authentizität" vorgenommen (Kreckel 1986, 24). Zur "volkstümelnden Rechten" gesellte sich in der Debatte um den Regionalismus erstmals eine "undogmatische 'nostalgische' Linke" (ebenda, 84). Während in der "rechten" Regionalismusrezeption allerdings weiterhin die "Statik der konkreten Landschaft", d.h. die landwirtschaftlich geprägten kulturellen und politischen Lebensformen im Vordergrund standen, die die Basis der ideologisch vorwiegend konservativen Züge ausmachten, dominierte in der Linken die Entdeckung und "Instrumentalisierung des regionalistischen Konfliktpotentials für die revolutionäre Aktion", die mit einer Überwindung der landschaftlichen Gebundenheiten und eine stärkere Einbindung in allgemeine Ausbeutungs- und Klassenzusammenhänge einherging (Voss 1990, 57).

In der theoretischen Diskussion wird die Region für die Linke erst indirekt im Zusammenhang mit der Theorie des "internen Kolonialismus" relevant. Die Idee geht zurück auf den italienischen Theoretiker Antonio Gramsci und wurde in der 3. Welt-Debatte im Zusammenhang mit der sogenannten Dependenztheorie aufgegriffen (Gramsci 1966; Myrdal 1959). Das dort entwickelte Zentrum-Peripherie-Theorem wurde auf europäische Verhältnisse übertragen und postuliert für die innerstaatliche Regionalstruktur eine koloniale bzw. neokoloniale Beziehung, in der der Kapitalismus und die im Zentrum angesiedelte Macht des Staates die Peripherie ihren Interessen unterordnen. Daraus resultiert eine einseitige und systematische Abhängigkeitsbeziehung zwischen einem autoritären zentralistischen Staat und einer entsprechenden Unterentwicklung der Peripherie, die durch das Zentrum ausgebeutet wird (Lafont 1967, Hechter 1975). Diese nachgeordnete Bedeutung betrifft dabei das ökonomische, politische, soziale und kulturelle System. Die industrielle Entwicklung erfolgt in Abhängigkeit vom Zentrum, wo auch die ökonomischen Entscheidungsbefugnisse über Investitionen, Kreditwesen und Löhne angesiedelt sind. Kontakte zwischen Zentrum und Peripherie führen - aufgrund der untergeordneten Rolle der letzteren - nicht zu nationaler Integration, sondern zu verstärkter Differenzierung.

Die Theorie des internen Kolonialismus behält die Konzepte von Zentrum und Peripherie zwar bei, negiert jedoch den automatischen Verbreitungsprozeß der Modernisierungs- und Diffusionstheorien. Im Gegenteil bleibt die Macht im Zentrum, während die Bedürfnisse der Peripherie unterdrückt werden. Im Gegensatz zum "Diffusionsmodell" werden die ungleichen Entwicklungsmechanismen hervorgehoben, denen die Industrialisierung und der Kapitalismus unterliegen, und die zentralen Konzepte des ungleichen Tauschs und der ungleichen wirtschaftlichen Entwicklung als Schlüsselkategorien entwickelt (Keating 1988, 12ff.).

Kritisch ist allerdings anzumerken, daß in der Theorie des internen Kolonialismus die Bedeutung der regioneninternen Klassen- und Interessenunterschiede unzureichend erklärt wird, wie beispielsweise die Kooptation regionaler Instanzen durch das Zentrum im italienischen "Transformismus"[41], in dem die Zugeständnisse an die peripheren Eliten und die Bereitstellung von Zugangsmöglichkeiten zu den zentralen Entscheidungszentren gegen politische Unterstützung und Konsens verhandelt werden.

2. Klientelismus als spezifische Zentrum-Peripherie-Beziehung

Eine spezifische Variante einer hierarchischen Zentrum-Peripherie-Beziehungen ist das Klientelismus- und Patronagesystem (Gerdes 1985, 209ff., 283).[42] Allerdings rückte die Analyse von Klientelstrukturen erst mit den 50er und 60er Jahren ins Interesse der Sozialwissenschaftler, zuerst vor allem im Zusammenhang mit Untersuchungen über den sogenannten *bossism* in den Industriegesellschaften, und später in vielzähligen Studien im Bereich der Entwicklungsländerforschung (Ziemer 1995, 315; Eisenstadt/Roniger 1980; Eisenstadt/Lemarchand 1981). Grundlegendes Element von politischen Klientelbeziehungen ist ihr persönlicher Charakter, auf dessen Basis sich der "zum beiderseitigen Vorteil vorgenommene Austausch in der Regel ungleicher Ressourcen und damit verbunden das Bestehen eines faktischen Dependenzverhältnisses" entwickelt (Ziemer 1995, 316). Solche Abhängigkeitsverhältnisse werden in der Regel durch die "Verpflichtung des 'Patrons' zur Hilfeleistung und Solidarität in Fällen einer gravierenden Notlage des Klienten" gemildert oder ausgeglichen (ebenda).

Ursprünglich stellte Patronage ein System von Beziehungen und Hierarchien dar, das traditionelle Gesellschaften in Verbindung mit dem modernen Staat und seinen überparteilichen bürokratischen Prinzipien brachte. In einem dependenztheoretischen Interpretationszusammenhang werden Klientelismus und politische Patronage deshalb als zentrale Mechanismen der Vermittlung und Anpassung traditioneller Systeme an die "modernen", fortgeschrittenen Zentren interpretiert. Der Mangel an politischer Integration in der Peripherie erlaubt es Repräsentanten der regionalen Eliten oder "Notabeln", eine Vermittlerrolle zu spielen, indem sie sich in beiden "Welten" bewegen und "die universellen Regeln des modernen Staates an die Bedingungen der Peripherie anpassen" (Keating 1988, 19). Ursächlich ist dafür die Abwesenheit von politischen oder sozialen Massenorganisationen. Gesellschaftliche Probleme werden individualisiert und durch klientelistische Verbindungen zwischen lokalen

---

[41] Transformismus bedeutet im italienischen Kontext die parlamentarische Praxis des "kontinuierlichen Schacherns um Wählerstimmen zwischen Regierung und Opposition, in der Aufwertung der Korruption als grundlegende und entscheidende politische Ressource, im alles andere als seltenen Übergang von Politikern aus dem einem in einen anderen (politischen) Sektors des Parlaments, von einer Partei zur anderen" (Mastropaolo 1992b, 1181).
[42] Vgl. Keating 1988, 174. Stellt der italienische Transformismus eine spezifische Verhaltensmaxime auf der parlamentarischen Ebene dar, so unterscheidet sich der Klientelismus davon durch hierarchische Klientelbeziehungen zwischen Politikern oder zwischen Politikern und anderen Personen oder Gruppen, die eng mit der politischen Korruption zusammenhängen.

Politikern und staatlichen Institutionen ersetzt, die ökonomische und soziale Bezüge überindividueller Art beungünstigen (ebenda, 117).

Im diffusionistischen Entwicklungsmodell, das eine automatische "Verbreitung" der herrschenden politischen und ökonomischen Wertesysteme des Zentrums postuliert, wird diesem Mechanismus lediglich eine Rolle in einer Übergangsphase zwischen Traditionalismus und Modernisierung zugewiesen, in der der Anpassungsprozeß noch nicht vollzogen ist, die sozialen Beziehungen noch individualistisch geprägt bleiben und auf klientelistischen Abhängigkeitsbeziehungen basieren. Das Gegenbeispiel des italienischen Mezzogiorno zeigt jedoch, daß es sich keineswegs zwangsläufig um ein Übergangsphänomen handeln muß. Weit entfernt davon, nur ein zeitweilige Phase der Modernisierung zu sein, gelang es dem klientelistischen System hier, die Kontrolle über die Mechanismen und Formen der ökonomischen und sozialen Modernisierung auszuüben und Entwicklungen zu verhindern, die eigene Machtbereiche unterminieren könnten (Tarrow 1977, Graziano 1984). Nach der italienischen Einigung stellte es die Basis des Vereinigungsprozesses und der Allianz zwischen norditalienischen industriellen und süditalienischen Agrariern dar. Die süditalienischen Eliten akzeptierten den vereinigten Staat im Tausch gegen das Weiterbestehen ausgedehnter politischer Spielräume. Die Funktionsfähigkeit dieses Systems bestätigte sich während des Faschismus, als das neue Regime 1924 86% der süditalienischen Wählerstimmen erhielt.[43]

Sydney Tarrow unterscheidet ein dirigistisch-modernisierendes Zentrum-Peripherie-Verhältnis, wie es beispielsweise in der hochintegrierten französischen Administration verwirklicht wird, von einem klientelistisch-personifizierten Gestaltung dieser Beziehungen im Kontext einer "diffusen", unspezifischen und unqualifizierten Bürokratie wie beispielsweise in Italien. Die soziostrukturelle Basis und die Normrationalität des Systems fußt dabei auf dem Modell eines wohlfahrtsstaatlichen, verteilungsorientierten *popolismo* (Tarrow 1977).

Luigi Graziano dagegen stellt das Phänomen des Klientelismus in eine evolutionäre Perspektive, in der Modernisierung als politischer Emanzipationsprozeß in Form einer Ausdifferenzierung staatlicher Institutionen aus der Gesellschaft verstanden wird. Klientelismus wird so zu einem *problem of boundary maintenence between polity and society* und kann sich entweder in der "Privatisierung" der Politik, oder aber in der "Kolonisierung der Gesellschaft" durch die Politik ausdrücken (Graziano 1984).

Die Analyse klientelistischer Beziehungen zeigt, daß "vormodernen" Kommunikations- und Interaktionsformen zwischen Zentrum und Peripherie durchaus nicht ihre Funktionalität abgesprochen werden kann. Im Gegenteil zeigt ihre Überlebensfähigkeit, daß sie innerhalb des spezifischen Systems eine gewisse Stabilität und Funktionsfähigkeit zu erzeugen vermögen. Ihre Überwindung ist keineswegs, wie ver-

---

43   Der nationale Durchschnitt betrug nur 70% (Keating 1988, 118).

schiedentlich in der theoretischen Debatte postuliert, automatisch. Allerdings führen sie zu Mängeln in den Partizipationsmöglichkeiten der Bürger und der organisierten Interessenvertretungen, die Demokratie- und Effizienzdefizite mit sich bringen.

Klientelistische Beziehungsstrukturen zeigen darüber hinaus die Relevanz von Interaktions- und Kommunikationsstrukturen, die in der außerökonomischen und - politischen Sphäre verortet sind. Soziokulturelle und psychologische Momente integrieren sich mit den ökonomischen und politischen Elementen zu einem Geflecht von Erklärungsmustern, die eine weit bessere Erfassung komplexer gesellschaftlicher Phänomene erlauben.

I.4. POLITISCHE PARTIZIPATION UND REGIONALE IDENTITÄT

Die Bedingungen einer effektiven regionalen Interessenvertretung hängen wesentlich davon ab, inwieweit interne regionale Faktoren bei der Entscheidung und Durchführung politischer Maßnahmen berücksichtigt werden. Die institutionellen Beteiligungsmöglichkeiten "von unten" sind dabei überaus wichtig für eine angemessene Durchsetzung regionalinterner Interessen und Bedürfnisse. Die Perspektive von echten Handlungsmöglichkeiten für die Bürger und ihre organisierten Interessenvertretungen beeinflussen die Wahrnehmung der Region als "politischen Gestaltungsraum" und damit als Identifikationsfläche positiv (EUREG 1994, 150ff.).

Föderalistische oder regional strukturierte Ordnungsprinzipien des Staates verstehen sich im Vergleich zu zentralistischen Organisationsstrukturen als demokratiefördernd, da sie eine zusätzliche Ebene demokratischer Partizipation eröffnen.[44] Regionen oder Teilstaaten werden zur mittleren Ebene der Artikulations- und Bündelungsfähigkeit von Interessen, die größere Bürgernähe und damit demokratischere Strukturen gewährleisten als ein ferner Zentralstaat. Die Einrichtung einer Mesoebene der staatlichen Gliederung soll eine höhere Adäquanz und Akzeptanz politischer Entscheidungen, eine größere Sachnähe und kürzere Entscheidungswege gewährleisten (Bothe 1995, 26). Die größere Unmittelbarkeit und Direktheit politischer Beziehungen und die erhöhte Einseh- und Erkennbarkeit administrativer und politischer Verfahren, die aus der verminderten Distanz und Komplexität von Regelungsmaterien und Entscheidungsprozessen resultieren sollen, bedeutet mehr Transparenz auch von nationalstaatlichem Handeln (Voss 1990, 82). Die Region kann zwischen globalisierenden Entwicklungen und lokalen Partikularinteressen vermitteln, vielfältige Einzelinteressen zusammenfassen und ihre politische Durchsetzbarkeit verbessern.

---

44 Allerdings kommt es dabei auch auf die konkrete Gestaltung der Staatsordnung an. Entwicklungen wie die "Politikverflechtung" im bundesdeutschen Föderalismus können durchaus das bürokratische Regulierungs- und Lenkungselement unterstreichen, da es tendentiell die administrativen Strukturen stärkt und die parlamentarischen Vertretungen schwächen kann (Bothe 1995, 26).

Die Folgen und Auswirkungen der demokratischen Entscheidung von Einzelpersonen werden dem Anspruch nach unmittelbarer erfahrbar, die Möglichkeiten direkter Demokratie und Partizipation bei der Regelung der öffentlichen Angelegenheiten, nach Selbstbestimmung und Selbstverwaltung in seiner rechtlichen und verfassungsrechtlichen Dimension nehmen zu.[45] Die Anonymität und Unüberschaubarkeit politischer Entscheidungsprozesse im zentralistischen Bürokratie- und Industriestaat soll so überwunden und alternative Formen politischer Gestaltung und eine Rückführung politischer Verantwortung zum Bürger ermöglicht werden. Föderalismus und Regionalismus sind in diesem Staatsverständnis antithetisch zu den "Exzessen eines Leviathan-Staates, dessen Ineffizienz gerade aus seinem Gigantismus resultiert".[46]

Die "Sichtbarkeit" und Transparenz soll die Kontrollierbarkeit von Macht garantieren; sie ermöglicht Partizipation und damit mehr Demokratie. "Man kann das Ideal der regionalen Selbstverwaltung interpretieren als ein Ideal, das dem Prinzip folgt, Macht sei um so sichtbarer, je näher sie ist" (Bobbio 1988, 90f.). Dies gilt sowohl für die direkte Beteiligung des Bürgers am politischen Leben, als auch für die Repräsentanz und Beteiligung demokratisch legitimierter Vertreter der regionalen Interessen am nationalen Politikprozeß. Die Möglichkeit einer unmittelbareren Einbringung regionaler Interessen wird deshalb als Voraussetzung für die Entwicklung konsensualer Politikgestaltungsmechanismen angesehen, die sich als positiv für das nationale Gesamtsystems erweisen.[47]

Partizipation an der regionalen Politik hängt mit einem weiteren Faktor zusammen, der die Bereitschaft der regionalen Akteure betrifft, die Region zum Handlungsrahmen des politischen Handelns zu machen. Diese Bereitschaft wird durch die Existenz eines regionales Bewußtseins und einer kulturellen Identifikationsbereitschaft mit der Region wesentlich verbessert. Über ihre demokratische Vermittlungsfunktion hinaus werden Regionen vor allem dann zu wichtigen Identitätsbezügen, wenn mit der abnehmenden Bedeutung der nationalen Ebene und der zunehmenden Übertragung von Funktionen und Kompetenzen auf supranationale Instanzen wie beispielsweise die europäische Union traditionelle Verortungsmöglichkeiten regionaler Interessen nicht mehr zur Verfügung stehen.

---

[45] Vgl. Erklärung von Bordeaux Ziff.4 (Esterbauer 1978, 209ff.). Zum Repräsentationsprinzip bzw. zur repräsentativen Demokratie im Unterschied zur direkten Demokratie siehe Bobbio 1988, 39: "Die Staaten, die wir heute als repräsentativ bezeichnen, sind dies, weil das Repräsentationsprinzip auch auf viele andere Instanzen ausgedehnt ist, in denen kollektive Beschlüsse gefaßt werden, wie etwa die Kommunen, Provinzen und und in Italien auch die Regionen. Mit anderen Worten, ein repräsentativer Staat ist ein Staat, in dem die grundsätzlichen politischen Beschlüsse von gewählten Repräsentanten gefaßt werden, wobei es unwichtig ist, ob diese Organe das Parlament, der Präsident der Republik oder das Parlament im Verbund mit den Regionalräten sind."
[46] *Encyclopedia Universalis*, zitiert nach Voss 1990, 47.
[47] Die Gegenthese, daß Föderalismus und politische Dezentralisierung die Möglichkeit von Mehrheitserscheinungen auf Bundesebene begrenze und damit einen Gegensatz zu Demokratie darstelle, gilt in der Fachdiskussion mittlerweile als überholt (Bothe 1995, 26).

Objektive Charakteristiken oder "gemeinsame Elemente" einer Region, d.h. Übereinstimmungen hinsichtlich von Sprache, Kultur, geschichtlicher Tradition und wirtschaftlicher Interessen[48], verbessern dabei die Entwicklung regionaler Identitätsbezüge wesentlich. Regionales Bewußtsein wird zwar vor allem durch Sozialisation erworben (Schmidt 1970, 308ff.); es wird allerdings durch "im gesellschaftlichen Zusammenhang vorfindbare Manifestationen nationaler Eigenart, wie Sprache, Institutionen etc., verstärkt bzw. mit 'Widerhall' versehen oder erhält durch diese zumindest einen greifbaren Fokus" (Sturm 1981, 166). In historisch gewachsenen Regionen sind solche Elemente besonders ausgeprägt und führen meist zu einem ausgeprägten Gefühl für die regionale Zugehörigkeit bis hin zum regionalen Nationalismus.

Das Vorhandensein konkreter Regionalcharakteristiken und eines regionalen Bewußtseins ist allerdings keineswegs zwangsläufig. Die Existenz spezifischer Regionalkulturen resultiert erst dann, wenn sich "Orientierungen des Denkens, Fühlens und Handelns" im geschichtlichen Prozeß regionenspezifisch so "verdichten", daß zwischen einer bestimmten Region und ihren Nachbarregionen eindeutige kulturelle Unterschiede existieren. Die Möglichkeiten einer wirklichen Verortung der politischen Identität der Bürger in der Region hängen deshalb zwar von der jeweiligen Vorstellung ab, die diese sich von der kulturellen Unterscheidbarkeit, der ökonomischen Differenzierung und der politisch-institutionellen Identität ihrer Region machen (Keating 1988, 171). Regionales Bewußtsein ist jedoch ein veränderliches Prinzip, das sich historisch in bestimmten Territorien entwickeln kann. Die Ausdifferenzierung solcher Identitifizierungscharakteristiken setzt neben komplexen historischen Prozessen meist aber auch die Existenz politischer Eliten voraus, die auf die politische Instrumentalisierung regionaler Charakteristiken setzen und diese deshalb gezielt fördern.

Politische Forderungen können deshalb zwar durchaus auf Klassenbasis oder auf der Grundlage struktureller Differenzierungen entstehen. Um regionalpolitische Relevanz zu erlangen müssen sie jedoch meist erst von sozialen oder politischen Akteuren in der Region aufgegriffen werden. Historische Bezüge sind dabei durchaus relevant; allerdings zeigt die Tatsache häufig kollidierender Versionen regionaler Geschichte in der politischen Auseinandersetzung deren Relativität. Regionale Identität hat damit eine an politische Interessengruppen gebundene Dimension, durch die Identität "zielstrebig geschaffen und (...) ausgenutzt" werden kann (Kreckel 1986, 53).[49]

---

[48] So definiert beispielsweise das europäische Parlament diese Gemeinsamkeiten (Europäisches Parlament 1988, Anm.4; siehe auch EUREG 1994).
[49] Vielfach wird in der Theorie der Begriff der Ethnizität herangezogen, um territoriale Identitätsbezüge zu erklären. Da dieser Begriff sehr unterschiedlich definiert wird und meist - über äußerst umstrittene "rassische" Bezüge hinaus - auf eine Vielzahl beschreibender kultureller und sozialer Kategorien (wie Sprache, Religion usw.) bezug nimmt, erscheint seine erklärende Funktion umstritten; im

Die Suche nach regionalen Unterscheidungsmerkmalen (wie Kultur, Sprache usw.) kann dabei durchaus mit dem ökonomischen und politischen Eigeninteresse von Regionen motiviert sein, um das entwicklungspolitische Ziel der territorial ausgewogenen ökonomischen Entwicklung und der interregionalen Umverteilung im nationalen Kontext in den Hintergrund zu rücken und Formen von regionalem Egoismus durchzusetzen. Politisches Kalkül, das ideologische Momente (wie z.B. das auf die Region angewandte Nationalismuskonzept) gezielt zur Durchsetzung spezifischer Ziele nutzt, ist in einem "diffusionistischen" Modell der Nationenbildung nur eingeschränkt erklärbar, da hier eine automatische Durchsetzung zentraler Wert- und Bezugssysteme in die Peripherie postuliert wird. Statt dessen können politische Eliten bewußt mittels der Kommunikations-, Bildungs- und Verwaltungssysteme gemeinsame Wertesysteme "erschaffen", wobei "nationalistische" und regionalistische Elemente als politisches Mittel zur Durchsetzung politischer Zielsetzungen und Interessen eingesetzt werden. "Nationenbildung", ob auf nationaler oder regionaler Ebene, ist deshalb auch das Resultat des Handelns gesellschaftlicher oder politischer Akteure, die den Interessen bestimmter Schlüsselgruppen in den verschiedenen historischen Momenten dient; sie kann nicht unabhängig von dieser essentiell politischen Funktion gesehen werden (Keating 1988, 6).[50] Diese Tatsache erklärt, im Gegensatz zu vielen dependenztheoretischen Erklärungsansätzen, wieso regionale Armut nicht genügt, um Formen des politischen Regionalismus in Gang zu setzen, wie beispielsweise die weitgehende regionalistische Abstinenz des kontinentalen italienischen Mezzogiorno zeigt.

Ein weiterer wichtiger Aspekt regionaler Identität ist institutioneller Natur und kann in der Existenz eigenständiger oder spezifischer Institutionen bestehen, wie dem *Welsh Office* in Großbritannien oder der *Cassa per il Mezzogiorno* in Italien (ebenda, 17). Identität kann auch in der Gegenwart initiiert werden, z.B. durch den Zentralstaat oder die europäische Union, in Form von Dezentralisierungsmaßnahmen der Verwaltung oder durch die gezielte Einbindung der regionalen Bevölkerung in die politischen Entscheidungsprozesse.

Die regioneninternen Charakteristiken von Partizipation und Identifikation können also zu spezifischen regionalen Ressourcen werden, die politisches Handeln in seinen Inhalten wie in seinen Funktionsmechanismen konditionieren. Effektive Politik, wie beispielsweise wirtschaftspolitische Fördermaßnahmen, kann davon nicht absehen, sondern muß neben den externen Faktoren auch die endogenen Grundlagen berücksichtigen.

Gegenteil muß Ethnizität, genau wie Identität selbst, erst einmal erklärt werden, und erscheint daher unzureichend als explikative Variable (vgl. Keating 1988, 16).
[50] "Regionaler Nationalismus" unterliegt, als territorial begrenzter Nationalismus, denselben funktionalen Gesetzmäßigkeiten.

I.5. AUSBLICK

Vom Modell des Zentralstaats zum Föderalstaat besteht ein Kontinuum unterschiedlicher Grade und Ausprägungen von Autonomie und Abhängigkeit zwischen den einzelnen Ebenen; die Scheidelinie zwischen beiden "idealtypischen" Systemen erscheint dabei keineswegs immer eindeutig. Der Föderalismus versucht, universalistisch/kosmopolitische und partikularistische Prinzipien miteinander zu vereinbaren, als zwei Momente, die in einem interdependenten Verhältnis zueinander stehen. Er zielt darauf ab, "eine gewisse Einheit mit einer gewissen Vielfältigkeit zu verbinden" (Friedrich 1968). Im Gegensatz zu Carl Schmitts These, in heterogenen Gesellschaften sei der Föderalismus unmöglich, in homogenen dagegen unnötig (Schmitt 1928) dürfen die Teilstaaten dabei "weder zu homogen noch zu heterogen" sein, um funktionsfähig zu bleiben (Evers 1994, 63). Zentrifugale Tendenzen, die aus der Differenzierung in mehr oder weniger eigenständige Untergliederungen resultieren, und unitarische Aspekte, die aus dem Zusammenschluß der vorher unabhängigen Einzelstaaten zugunsten einer übergeordneten Instanz entstehen, müssen sich gegenseitig ergänzen. Föderalismus wird so zu einer Frage des "Grades" (a *question of degree*; Macmahon 1955, 4), das die Gewichtung von Gliedern und Gesamtstaat festlegt, ohne daß für diese "Gewichtigkeit" bestimmte institutionelle Charakteristiken allein ausschlaggebend wären. Im dezentralisierten Einheitsstaat oder im Regionalstaat sind die unitarischen Elemente ausgeprägter und die zentrifugalen Elemente weit stärker eingebunden und festgelegt als im Bundesstaat; dies gilt insbesondere bei Existenz von starken internen Entwicklungsdifferenzen.

Das dynamische Verhältnis zwischen zentripetalen und zentrifugalen Kräften determiniert ein kontinuierliches Spannungsverhältnis, das sie stetigem Wandel unterwirft. Diese kontinuierlichen Veränderungen resultieren aus dem jeweiligen historischen Kontext, der die Kräfteverhältnisse zwischen integrativen und desintegrativen Kräften bzw. zwischen Beharrungs- und Innovationspotentialen bestimmt. Insgesamt macht gerade diese Wandlungsfähigkeit und Flexibilität des Föderalismus seine Fähigkeit aus, der zunehmenden Ausdifferenzierung demokratischer Gesellschaften sowie den komplexen und dynamischen soziopolitischen Verhältnissen gerecht zu werden. Er bietet eine wirkungsvolle Möglichkeit, die Integration zentralistischer und peripher-partikularistischer Interessen zu bewirken und einen Kompromiß zwischen nationaler Integration und regionaler Eigenständigkeit und Vielfalt zu verwirklichen.

Gerade die mehrstufige politische Entscheidungsstruktur des Bundesstaates ist eine angemessene Organisationsform moderner Gesellschaften, die ihren zunehmenden Differenzierungen und ihrer inneren Komplexität angemessen Raum und Artikulierungmöglichkeit verschafft. Dies gilt um so mehr für das Zusammenwachsen unterschiedlicher Nationen in der europäischen Union in Form eines "doppelten Föderalismus" (EUREG 1994). Die Einführung zusätzlicher politischer Ebenen oberhalb der Nationalstaaten reicht über das ökonomische Binnenmarktprojekt weit hinaus und schafft neue Probleme der Politikformulierung und -steuerung; auch die Problematik der Politikverflechtung wird um eine weitere Ebene gesteigert. Damit steigt auch die tendentielle Unübersichtlichkeit politischer Gestaltung und das potentielle Demokratiedefizit weiter an. Diese Zusammenhänge machen als Ausgleich eine bürgernahe Verankerung von Willensbildung und Identifikation notwendig, für die sich die regionale Mesoebene anbietet.

Ein größtmögliches Maß an regionaler Autonomie durch eine föderalistische Struktur ist eine der wichtigsten Grundlagen für die Übernahme von Verantwortung für die Gestaltung der eigenen Belange ebenso wie der Realisierung von Umverteilungs- und Entwicklungsanschubpolitiken in den Regionen. Gerade der Föderalstaat ist einer demokratisch-solidarischen Ausrichtung von Politik verpflichtet. Die französische Revolution hat die Durchsetzung des Freiheits-, Gleichheits- und Solidaritätsgedankens zwar durch ein zentralistisches Staatsmodell angestrebt; ihm fehlten jedoch die Elemente der vertikalen Gewaltenteilung, die politischen und territorialen Pluralismus und gegenseitige Kontrolle der Macht ermöglichen. Das föderale amerikanische "Gegenmodell" hatte die grundsätzliche Vereinbarkeit von demokratischen und föderalen Prinzipien bereits dargelegt.

Die Analyse insbesondere der regionalistischen Theorie und Praxis zeigt jedoch, daß neben Staatsform und Kompetenzverteilung psychologische und soziokulturelle Faktoren eine wichtige Rolle spielen. Der regionalen Ebene wird nicht nur ein anderer symbolischer Stellenwert zugewiesen, sondern bestehende institutionelle Strukturen werden durch die sozialen und politischen Kräfte durchaus unterschiedlich genutzt. Je nach historischem und institutionellem Kontext kann die konkrete Ausgestaltung der Funktionen und Strukturen von Staaten durch die politischen Akteure durchaus variieren. Diese Tatsache weist erneut auf die Relevanz endogener Faktoren wie regioneninterner sozio-politischer Mobilisierung hin, die die Nutzung bestehender institutioneller Gefüge auf der Basis regionenspezifischer Interessen erst ermöglicht.

II. DER ITALIENISCHE REGIONALSTAAT: HISTORISCHE ENTWICKLUNG UND FÖDERALISTISCHE TRADITIONEN

II.1. ENTSTEHUNG DES ZENTRALSTAATES UND DES FÖDERALISMUSGEDANKENS IN ITALIEN

Das Verständnis der politischen und staatsrechtlichen Verhältnisse im heutigen Italien setzt eine Analyse ihrer historischen Entwicklungsprozesse voraus. In Italien wie in anderen europäischen Ländern waren bei der Nationenbildung über die ökonomischen und soziokulturellen Aspekte hinaus politische Faktoren ausschlaggebend, die vor allem die Expansion des Königreichs Piemont-Sardinien und die Neuordnung der europäischen Machtbereiche der Hegemonialkräfte Frankreich und Österreich betrafen. Im folgenden sollen die Hintergründe der Zentralismusoption seit der Entstehung der italienischen Nationalstaates sowie Ansätze föderaler oder dezentraler Alternativen untersucht werden. Besonders relevant für die Einschätzung der unterschiedlichen Perspektiven ist dabei, welchen Stellenwert die Südtalienfrage und der Entwicklungsausgleich zwischen den Landesteilen erlangt.

1. Die Entwicklung des zentralistischen Einheitsstaats

Italien war seit der Auflösung der römischen Reiches durch einen ausgeprägten Polyzentrismus gekennzeichnet.[1] Eine unitarische Tradition, die in anderen europäische Nationen zur Entstehung einer nationalen Monarchie geführt hatte, fehlte dagegen. Diese Charakteristik hätte einer föderalen Struktur durchaus Vorschub leisten können; die Geschichte der Einigung Italiens kann deshalb durchaus auch als die Geschichte einer gescheiterten Föderation seiner verschiedenen Teile beschrieben werden.

Der liberale italienische Nationalstaat entstand 1860[2] im Vergleich zu anderen europäischen Nationen erst spät als Vereinigung einer Vielzahl vorher bestehender

---

[1] Bereits der etruskische Staat war in drei Regionen organisiert, die wiederum in *lucomunien* unterteilt und durch gegenseitige Beistandspakte miteinander verbunden waren (Morra 1993, 45). Im Mittelalter dominierten über Jahrhunderte die unabhängigen Kommunen.
[2] Die Kämpfe des Risorgimento und die Unabhängigkeitskriege führten 1860 zur italienischen Einigung unter dem Haus Savoyen, die durch Volksabstimmungen bestätigt wurde, an denen allerdings, gemäß der Wahlgesetzgebung, weniger als 2% der damaligen Bevölkerung wahlberechtigt war. Diese Tatsache belegt den elitären, kaum integrationsfähigen Charakter des damaligen italienischen Staates (vgl. Lill 1991, 159). Im Januar 1861 wurde das erste italienische Parlament gewählt, die Proklamation des Königreichs Italien wurde am 17.3.1861 vorgenommen und im Jahre 1866 mit dem Anschluß Venetiens und 1870 mit der Eroberung Roms vollendet.
Die Regierungen des liberalen Staates wurden 1860-1876, in der Phase der Konsolidierung des neuen Staates, von der *destra storica*, der liberalen Rechten,geführt. Das Jahrzehnt nach 1876 war von linksliberalen Regierungen gekennzeichnet, mit reformerischen Zielen (Wahlrecht), aber auch mit einer ausgeprägten Praxis des Transformismus (vgl. Kap.I, Fußnote 43). Die 1880er Jahre waren durch die Agrarkrise charakterisiert, den Aufbau der Schwerindustrie im Norden des Landes (Option für den

Kleinstaaten, Königreiche und Fürstentümer unterschiedlichster Größe, in unterschiedlichen Modernisierungsphasen, mit unterschiedlichen Regierungsformen und Traditionen. Einzelne dieser Regionen hatten politisch übernationalen Großstaaten oder der Herrschaft der Päpste unterstanden. "Italien als Nation bestand eigentlich (...) nur als kulturelle, sprachliche Gemeinsamkeit, je nachdem zusammengehalten von der Romidee, manchmal auch durch das Papsttum" (Lill 1991, 167). Gemeinsamkeiten waren vor allem auf der ideellen Ebene, aber auch in der Homogenität im konfessionellen Bereich und in der seit Dante gemeinsamen Sprache, auch wenn diese auf eine kleine Elite begrenzt war, und einer in eingeschränktem Maße gemeinsamen Kultur auszumachen. Der Kontrast zwischen dem Kunstprodukt Einheitsstaat und dem tief verwurzelten Regionalismus und Partikularismus der Strukturen und Mentalitäten, der in der Südfrage sein prägnanteste Ausprägung erfuhr, sollte eines der grundlegenden Dauerprobleme des liberalen Einheitsstaates werden.

Vor der Einigung unter piemontesischer Führung wurde die reale Politik vor allem von den Interessen der vier Hauptgebiete bestimmt, aus denen das spätere Italien gebildet wurde: dem Königreich Piemont-Sardinien im Nordwesten des Landes, dem Königreich Neapel und Sizilien im Süden, dem Kirchenstaat im Zentrum, und dem österreichischen Lombardo-Venetien. Dazu kamen kleinere autonome Territorien wie die Großherzogtümer Toskana, Parma und Modena. "In all diesen Staaten haben sich Staatlichkeit und Patriotismus entwickelt, so daß also das traditionelle Denken der Italiener immer mehr um den Regionalstaat, manchmal sogar um die eigene Stadt kreise als um größere Einheiten (Lill 1991, 167). Diese Charakteristiken, die ähnlich auch in dem anderen "verspäteten" europäischen Nationalstaat Deutschland vorhanden waren, wurden in Italien verstärkt durch die Abwesenheit eines gemeinsamen Bezugspunktes nach dem Zerfall des Staufferreiches. Eine gemeinsame politische Identität konnte sich so kaum entwickeln. "Nicht nur Staatsgrenzen und (vom freihändlerischen Großherzogtum Toskana abgesehen) hohe Zollbarrieren, nicht nur verschiedene historische Erfahrungen (...) und damit tief verankerte kulturelle Gegensätze (bis hin zu den sprachlichen Verständigungsschwierigkeiten im ersten Parlament des geeinten Italien), wechselseitige Unkenntnis, auch grundverschiedene Wirtschafts- und Gesellschaftsstrukturen trennten die Italiener" (Gruner 1991, 125f.).

Aufbau der Industrie statt Förderpolitik für die Landwirtschaft; hieraus resultiert die enge Bindung zwischen Staat und Unternehmen, v.a. Großbetriebe und Staatsmonopole), aber auch das Erstarken der sozialistischen und anarchistischen Linken (Gründung der sozialistischen Partei 1892). Die darauffolgende sogenannte "Ära Crispi" von 1886 bis 1896 (die Phase der Regierungen Crispi, Di Rudini und Pelloux) war durch einen starken Autoritarismus, eine repressive Innenpolitik und erste imperialistische Tendenzen gekennzeichnet; "Crispi verkörpert für Italien den Übergang vom emanzipatorischen Nationalprinzip des Risorgimento zum agressiven Nationalismus" (Lill 1991, 162). Zu Beginn des 20. Jahrhunderts begann die linksliberale Wende Giolittis mit seiner Integrations- und Reformpolitik. Nach 1914 erfolgte eine nationalistische und imperialistische Rechtsverschiebung, die in den Übergang zum Faschismus mündete (ebenda, 161f.).

a) Die zentralistische Lösung unter Cavour

Die politische Einigung und die Gründung des zentralistischen Einheitsstaates war Resultat der politischen Ziele einer liberalen Elite unter Cavours[3]. Das politische Ziel der gemäßigten Liberalen war die Modernisierung Italiens und seine Anpassung an die fortgeschritteneren Staaten Europas. Dies sollte nicht über revolutionäre Entwicklungen, sondern über eine Reform der Verfassungsordnung und eine "Politik des Machbaren" verwirklicht werden (Gruner 1991, 137). Einem nationalstaatlichen Idealismus wurde mit Skepsis begegnet und einer zentralistischen Einigung unter der "natürlichen" piemontesisch-sardinischen Führung der Vorzug gegeben, als Mittel zur Verwirklichung liberaler Reformen in Wirtschaft, Gesellschaft und politischem System.[4]

Cavours Ziel war die Einrichtung eines ökonomisch fortschrittlichen norditalienischen Staates nach britischem und französischen Vorbild. In Piemont-Sardinien war ein solcher Modernisierungsprozeß bereits erfolgt; er bestand im Abbau der kirchlichen Privilegien, der Einführung der Zivilehe, dem Übergang vom Protektionismus zum Freihandel, der Gründung der Nationalbank, der Einführung neuer Techniken in der Landwirtschaft, dem Ausbau der Industrie, der Verbesserung der Infrastruktur und dem Übergang zu einem konstitutionellen System (Gruner 1991, 145).

Die Vereinigung bestehender Gebiete mit gänzlich unterschiedlichen rechtlichen, politischen und administrativen Traditionen erfolgte nach dem Vorbild des französischen unitarischen Staates napoleonischen Zuschnitts als streng zentralisierte Staatsgewalt mit abhängiger Peripherie. Sie bewirkte eine Ausdehnung der piemontesischen Institutionen und Gesetze auf das gesamte Land. Das albertinische Statut, die unter König Karl Albert von Piemont-Sardinien als Kompromiß zwischen Krone, Adel und Bürgertum verabschiedete monarchistisch-repräsentative Landesverfassung, fußte auf dem französischen Modell des jakobinischen Einheitsstaates und verkörperte in den Augen der Zeitgenossen das moderne, effiziente Staatsmodell; es sollte als einzige Verfassung italienischer Kleinstaaten die Revolutionsepoche von 1848 überdauern und bis 1946 italienische Verfassung bleiben (Gruner 1991, 140).

Die administrative Angleichung der verschiedenen Landesteile wurde 1865 durch die Ausweitung des piemontesischen Kommunal- und Provinzgesetzes verwirklicht (Gizzi 1991, 3).[5] Damit verbunden war die Vereinheitlichung des Steuerrechts, die vor allem den Interessen Süditaliens widersprach. Die Administratoren der unter-

---

[3] Cavour war seit 1852 Ministerpräsident Piemont-Sardiniens.
[4] Der "zentralistische Statalismus" der Brüder Spaventa trug dazu nicht unwesentlich bei, d.h. die Theorie des "ethischen Staates" des Philosophen Bertrando Spaventa, der "Ideologe der historischen Rechten", und die Politik seines Bruders Silvio Spaventa, der 1849 die "Geheimgesellschaft der Italienischen Einheit" gründete und dafür von den Bourbonen zu lebenslänglicher Haft verurteilt worden war. Er wurde Minister für öffentliche Aufgaben unter der letzten Regierung der historischen Rechten, 1873-76 (Garzanti 1982, 1327).
[5] Gesetz Nr. 2248 vom 20. März 1865 (mit 5 Anlagen).

schiedlichen Landesteile wurden durch piemontesische Verwaltungskräfte ersetzt (Mack Smith 1994, 139).

Das zentralistische Staatsmodell konnte sich durchsetzen, obwohl Cavour den größten Teil seines Lebens ein föderales Italien angestrebt hatte. Die Tatsache, daß der politische Gegner Mazzini die Einheit anstrebte, und mit der Einheit die demokratische Republik, ließ ihn jedoch ersteres mit dem letzteren identifizieren und ablehnen. Noch drei Jahre vor der italienischen Einigung hatte er ein konföderales Italien unter Vorsitz des Papstes, und noch 1860 das Weiterbestehen einer unabhängigen süditalienischen Staates unter den Bourbonen für eine mögliche Perspektive gehalten (ebenda, 138). Das Abkommen von Plombières[6], das zwischen Cavour und Napoleon III. im Juli 1858 getroffen worden war, hatte eine Konföderation aus drei Reichen unter päpstlichem Vorsitz vorgesehen: der Norden (inklusive der Emilia-Romagna) unter den Savoyern, das Zentrum (ohne Latium und Rom, das dem Papst verblieben wäre) und der bourbonische Süden (Morra 1993, 34).

Die Annexion des Königreichs Neapel und Siziliens[7] war deshalb keineswegs das Resultat politischen Kalküls, sondern das Werk einer "Gewaltaktion" Garibaldis, der mit seinen "Tausend" im Mai 1860 in Marsala landete. Es "scheint klar, daß Cavour gegen dieses Wagnis war, da er Garibaldis Popularnationalismus nicht traute und der ganzen Idee der unterstützenden Revolutionen mißtrauisch gegenüberstand" (Keating 1988, 43).[8]

Nach der überraschenden Eroberung Süditaliens stellte sich die Frage der Einheit des Landes neu. Die Unterstützung Garibaldis durch den demokratischen Föderalisten Cattaneo und durch Mazzini in Neapel stellte aus der Sicht Cavours die piemontesische Hegemonie und die Dominanz der konservativ-liberalen Fraktion durch republikanische Experimente in Frage (Mack Smith 1994, 138). Die Tatsache, daß die regionale Autonomie sich zugunsten der politischen Opposition auswirken würde, sprach für die Zentralisierung des Landes. Sie schien zudem das einzige Mittel, die "reaktionären Potentiale", vor allem die klerikalen und bourbonischen Kräfte im Sü-

---

[6] Die italienische Einigung wurde durch die sogenannte "Konspiration" zwischen Cavour und Napoleon III. von Frankreich verirklicht, dem sogenannten Abkommen von Plombières. Es definierte die Basis für eine französisch-piemontesische Übereinkunft, die auf das Ende der österreichischen Besetzung Norditaliens abzielte und den 2. Italienischen Unabhängigkeitskrieg vorbereitete. Aus dem Krieg mit Österreich resultierte demnach für Italien der Gewinn der Lombardei und der Toskana, während Nizza und Savoyen an Frankreich gingen (Keating 1988, 42).
[7] Das Königreich Neapel hieß von 1442 bis 1458 und von 1816 bis 1860, nach der jeweiligen Annexion Siziliens, "Königreich beider Sizilien". Die Namensgebung beruht auf der Unterscheidung zwischen dem kontinentalen Teil (Königreich Neapel, *citra pharum*, der Meerenge von Messina) und der Insel Sizilien (Königreich Sizilien, *ultra pharum*).
[8] Zwar war die Bildung des Nationalstaates von der intellektuellen Bewegung des Risorgimento begleitet, die ihr die politische Legitimation verlieh; ihr Einfluß auf die realen plitischen Staatsbildungsprozesse war jedoch gering, denn die nationale Idee war nur innerhalb eines eng begrenzten Teils der Bevölkerung verbreitet. Mit *risorgimento*, Wiedererstehung, werden die italienischen Einigungsbewegungen im 19. Jahrhundert bezeichnet.

den des Landes, zu schwächen. Der von Garibaldi nominierte neapolitanische Regionalrat, der mit der Ausarbeitung eines Autonomieprojektes betraut war, wurde deshalb aufgelöst, und seine Resolutionen blieben unbeachtet (ebenda, 144). Autonomieversprechungen für die süditalienischen Regionen und insbesondere Sizilien, die Cavour selbst geleistet hatte, waren schnell vergessen (ebenda, 139).

b) Der Zentralismus Mazzinis

Die zentralistische Lösung wurde aus anderen Gründen ebenfalls von Giuseppe Mazzini vertreten, dem wohl bekanntesten Exponenten der demokratisch-republikanischen Bewegung. Mazzini war ein "Produkt der französischen Revolution und ihrer Doktrinen der Volkssouveränität und der nationalen Selbstbestimmung".[9] Der Begründer des "Jungen Italien" hatte erstmals ein Programm für Italien formuliert, das das Volk als Träger des revolutionären Prozesses in den Mittelpunkt stellte, um Freiheit und nationale Einheit zu erlangen.[10] In seinem Denken konnte Italien nur republikanisch und unitarisch sein; diese Unitarismusoption sollte zu einem Charakteristikum der Nationalbewegungen des 19. Jahrhunderts werden. Nach Mazzini war der Föderalismus "die größte Pest, die, nach der ausländischen Domination, Italien heimsuchen kann" (Ganci 1981, 17). "Das junge Italien ist unitarisch: denn ohne Einheit gibt es keine wirkliche Nation, weil es ohne Einheit keine Macht gibt, und weil Italien, umgeben von unitarischen Nationen, die kräftig und eifersüchtig sind, vor allem mächtig sein muß. Der Föderalismus würde zur Machtlosigkeit der Schweiz führen, und es müßte notgedrungen dem Einfluß der einen oder anderen angrenzenden Nation verfallen. Der Föderalismus würde der Rivalität der verschiedenen Orte, die heute erloschen ist, neues Leben geben und Italien so ins Mittelalter zurückführen. Der Föderalismus würde, indem er den großen Machtbereich der Nation in kleine Sphären teilt, Gelegenheit zu kleinlichem Strebertum geben" (Mazzini 1911, 105).

Staat und Nation bildeten für Mazzini eine Einheit. Dennoch hatte sein Ansatz durchaus auch regionalistisch-föderalistische Züge; als überzeugter Internationalist trat er für eine Föderation der "unitarischen Staaten Europas" ein. Er trat gleichzeitig für eine lokale Selbstregierung nach britischem Vorbild als wichtigen Faktor der politischen Erziehung eines Volkes ein, die er einem administrativen Zentralismus vorzog (Mack Smith 1994, 141f.).

---

[9] Siehe Romano 1977, zitiert nach Keating 1988, 41.
[10] Vgl. das "Statut für das Junge Italien" von 1831. Zum "unitarischen Postulat" Mazzinis siehe auch Troccoli 1960, 62.

2. Föderale Gegenmodelle

Föderalistisches Gedankengut wurde in Italien in der Vergangenheit meist durch Intellektuelle oder politische Minderheiten formuliert, die sich gegen den dominanten zentralistischen Kurs jedoch kaum durchsetzen konnten. Der Unitarismus stellte die politische Niederlage all derjeniger Tendenzen dar, die die Einigung Italiens als Föderation oder Konföderation angestrebt hatten und dabei auf eine lange Tradition föderalistischer Theoriebildung zurückblicken konnten. Föderale und regionalstaatliche Projekte lebten auch nach der italienischen Einigung in den tendentiell zentralistisch orientierten liberalen Kreisen neu auf. Selbst die unitarische Regierung unter Cavour machte den Vorschlag einer bürokratischen und institutionellen Dezentralisierung.[11] Regionalisierungsprojekte wie der Farini-Minghetti-Vorschlag konnten sich jedoch nicht durchsetzen und wurden bereits unter der darauffolgenden Regierung des Zentralisten Ricasoli zurückgezogen, der Dezentralisierung mit Reaktion und Antiunitarismus gleichsetzte. Auch die Reformen der Verwaltungsgesetzgebung für Kommunen und Provinzen durch die linksliberalen Regierungen 1876 und vor allem die administrative Erneuerung unter Depretis und Crispi sowie die Regierung Giolitti machten bei allen Reformbemühungen die Region nicht mehr als solche zum Thema eines konkreten politischen Projektes oder eine parlamentarischen Initiative, sondern wurden auf der abstrakten Ebene formuliert. Die dominante politische und juristische Kultur blieb zentralistisch ausgerichtet (Gizzi 1991, 6).

Vor allem zwei unterschiedliche föderalistische Traditionen, die laizistisch-republikanische und die katholische, vertraten bereits im Risorgimento die Interessen der italienischen Kleinstaaten sowohl gegenüber dem vorherrschenden unitarischen Mazzinianismus als auch der zentralistischen Mehrheitsoption der Regierung. Darüber hinaus stellte er eine wichtige Kategorie des demokratischen Meridionalismus dar, der in einer aufklärerischen Tradition stand und universalistische Gleichheitsprinzipien als Grundlage der interregionalen Solidarität annahm (vgl. Kap. II.2).

a) Der republikanisch-demokratische Föderalismus

Der demokratische Föderalismus vertrat einen republikanischen Ansatz, der jeder Monarchie und insbesondere dem piemontesischen Königtum skeptisch gegenüberstand. Carlo Cattaneo und Giuseppe Ferrari waren die wichtigsten Vertreter dieser Richtung, die von den Amerika-Studien Toquevilles und den Lehren Romagno-

---

11 Der Entwurf des Innenministers Luigi Carlo Farini für eine neue Verwaltungsgesetzgebung 1860 sah in den Regionen "moralische Körperschaften", die Untereinheiten mit weitgefaßten administrativen Kompetenzen "innerhalb einer ausgeprägten Einheit der Nation" bilden sollten. Das Projekt war, auch in der vom neuen Innenminister Minghetti (1818-1886) ausgearbeiteten Version Anlaß großer Polemiken und wurde 1861 von der zuständigen Parlamentskommission abgelehnt, da ein Wiederaufleben von "antiken politischen Bezirken" in "den Augen vieler" wie ein "Kult der Vergangenheit" erschienen wäre (Gizzi 1991, 3). Vorausgegangen war bereits 1815 der Vorschlag Metternichs eines italienischen Bundes (lega italica), der an dem Widerstand des Papstes und des Königs von Piemont-Sardinien scheiterte (Gruner 1991, 126).

sis[12] beeinflußt wurden. Beide Theoretiker vertraten einen konsequenten Freiheitsbegriff, der sie von Mazzini unterscheidet; letzterer stellte die Frage der Unabhängigkeit und der Einheit des Landes vor die der Freiheit.

Carlo Cattaneo[13] war Republikaner und wichtigster Vertreter des italienischen Föderalismus. Er sah in der föderalen Struktur die ideale Form eines jeden modernen Staates und die "einzig mögliche Theorie der Freiheit" (Cassese 1994, 61): sie "ist Republik; und Republik ist Pluralität, oder Föderation"[14]. Dieser laizistische Ansatz war weit entfernt von einer Verbindung zwischen Föderalismus und katholischem oder päpstlichem Gedankengut. Auch dem unitarischen Projekt Mazzinis stand er skeptisch gegenüber, da es den Weg für die Eroberung durch externe Monarchien zu eröffnen schien. Der Föderalismus Cattaneos war als Pluralismus der "vielen Italien" konzipiert. Die Konservierung der bestehenden Staaten und die Koordinierung ihrer Aktivitäten sollten in einem gemeinsamen Kongreß erfolgen, dessen Kompetenzen die einer "allgemeinen Leitung" jedoch nicht überstiegen; jedem Teilstaat kämen dabei legislative und administrative Autonomie zu (Cassese 1994, 61).

Cattaneo begrenzt seinen Föderalismus aber nicht auf die einzelne Nation, sondern dehnte ihn auf den ganzen Kontinent und die ganze Welt aus. Die föderale Struktur innerhalb eines jeden Staates sollte die Basis für die weitere Föderalisierung mit den anderen Staaten bilden: "Italien kann nicht frei sein denn im Schoße eines freien Europas"[15]. Der Föderalismus als Freiheitsprinzip zielt so auf immer universellere Dimensionen, bis hin zur Menschheit insgesamt; Föderalismus, Freiheit und Frieden bilden so eine organische Einheit.

Giuseppe Ferrari[16] sah in der föderalen Republik die einzig mögliche Form einer tragfähigen Vereinigung Italiens. Die Föderation der bestehenden Kleinstaaten sollte dabei Freiheit und soziale Revolution verwirklichen (Gizzi 1991, 4). Dies setzte allerdings tiefgreifende demokratische Veränderungen "von unten" innerhalb der einzelnen Teilstaaten voraus, und föderalistische und revolutionäre Idee gingen so eine enge Verbindung ein. Weit über eine rein theoretische oder ideengeschichtliche Ausrichtung oder über ein institutionelles Projekt konservativer Prägung hinausgehend erschien Föderalismus so als logische Konsequenz aus einer revolutionären Lösung der italienischen Problematik (Ganci 1981, 29). Auch bei Ferrari bedeutet

---

12 Gian Domenico Romagnosi, Jurist, Philosoph und Wissenschaftler.
13 Philosoph, Historiker und Vertreter der linken Demokraten, war Protagonist des Mailänder Aufstands von 1848 gegen die Österreicher und zeichnete sich durch anti-piemontesische und antimoderate Positionen aus. Cattaneo vertrat einen empirischen, rationalen, logischen Wissenschaftsansatz und wandte sich gegen das vorherrschende idealistische "poetische" Denken. Sein wichtigstes Werk, *Psicologia delle menti associate*, wurde von 1859 bis 1866 verfaßt.
14 In: *Scritti politici ed epistolari*, II, 48.
15 in: *Considerazioni sulle cose d'Italia*, III, 329, zitiert nach Morra 1993, 75.
16 Philosoph und Politiker; schrieb das Werk *Federalismo Repubblicano*.

Föderalismus nicht Auflösung oder Fragmentierung des Landes, sondern die faktisch einzige Möglichkeit, die Einheit zu verwirklichen.

b) Der katholische Föderalismus

Bereits im Risorgimento war die katholische politische Theoriebildung beinah gänzlich föderal oder konföderal ausgerichtet. Das Neoguelfentum hatte sich als katholischer Zweig der liberalen Bewegung bereits in den dreißiger Jahren des 19. Jahrhunderts um den Turiner Geistlichen Vincenzo Gioberti entwickelt.[17] Diese Bewegung sah eine enge Verbindung zwischen der nationalen Frage und dem Papsttum, das als Vertreter des Christentums und moralische Kraft Italiens die Basis der italienischen Einigung darstellen müsse. Aus dem Ontologismus des Gioberti resultierte das politische Projekt eines Föderalismus mit konföderalen Zügen als "natürliche Staatsform" für Italien. Die Einigung der italienischen Staaten sollte mit dem Papst als spirituellem Führer und "natürlichem Haupt" erfolgen (Gruner 1991, 138).[18]

Antonio Rosmini[19], Philosoph des katholischen Liberalismus, vertrat einen "anthropologischen" Föderalismus, der auf einer individualistischen Konzeption der Person basierte. Das rosminische Menschenbild sah den Menschen als originäre Einheit von individualistischen wie gesellschaftlichen Zügen, zwei Charakteristiken, die nebeneinander existieren und sich gegenseitig ergänzen (Morra 1993, 59). Rosmini kritisierte dabei die "Vergöttlichung" des Staates durch die französische Revolution und den deutschen Idealismus. Der föderale Staat sei besser geeignet, die Würde des Menschen und seine assoziativen Formen (Familie, Kommune, Korporation usw.) zu respektieren. Der Föderalstaat Rosminis vereinigte so in sich sowohl unitarisches als auch föderales Prinzip und sollte einen Schutz nicht nur gegen den absolutistischen, sondern auch gegen den sogenannten "demokratischen Despotismus" der Parlamente oder der Zivilgesellschaft darstellen (ebenda, 63f.).

---

[17] Die Guelfen oder Welfen waren im Mittelalter die Anhänger der päpstlichen Politik. Ihre Gegenspieler, die Gibellinen, waren die antipäpstlichen Anhänger der Hohenstauffenkaiser in Italien. Die wichtigsten Gegner des Neoguelfentums waren die Neogibellinen mit unitarischen und republikanischen Zielen (Giusti, Nicolini, Guerazzi).
Die beiden wichtigsten Werke des katholischen Föderalismus sind *Il primato morale e civile degli italiani* von Vincenzo Gioberti (1843), sowie *Le speranze d'Italia* von Cesare Balbo (1844). Gioberti trat in Konflikt mit den katholischen Autoritäten und vor allem mit den Jesuiten, und wurde des Pantheismus und des Laizismus bezichtigt (Morra 1993, 51). Er entfernte sich später von seinen föderalen Ideen und schlug eine reformistische und unitarische Lösung vor; vgl. *Del rinnovamento civile d'Italia* von 1851.
Balbo sah ebenfalls eine konföderale Lösung für den italienischen Staat, gab dabei jedoch im Unterschied zu Gioberti dem sabaudischen Königreich eine wichtige Rolle. Das Hindernis stelle vor allem die österreichische Besatzung dar; Österreich würde jedoch in Zukunft das Interesse an Italien verlieren, da es weit stärker auf den Balkan und den Orient orientiert sei (Morra 1993, 55f.).
[18] Die Zollunion zwischen der Toskana, Piemont und dem Kirchenstaat unter dem Reformpapst Pius IX. 1847, auf der Schwelle der 1848-Revolution, schien bereits in diese Richtung zu weisen.
[19] *Sull'unità d'Italia*, 1848.

Die Zerschlagung der 1848/49er-Bewegung brachten auch die Krise der liberalen katholischen Bewegung des Neoguelfentums und die Intensivierung der unitarischen Tendenzen mit sich, die sich nach der italienischen Einigung und dem Rückzug der Katholiken aus der Politik noch verstärkten (Tullio-Altan 1986, 93).[20] Die Politik des Vatikans richtete sich von nun an explizit gegen den Staat und seine Institutionen und direkt an die Gesellschaft; die liberale Kultur und Politik, die zur Vereinigung Italiens geführt hatte, wurde gänzlich verdammt. Dies kam einem Aufruf zum sozialem Ungehorsam und einer gänzlichen Untersagung der Beteiligung am politischen Leben im neuen Staat gleich, die die gesamte katholische Bevölkerung betraf. Die Katholiken privilegierten deshalb das politische und soziale Leben auf der lokalen Ebene, die meist mit einer konservativen Grundhaltung und einer ethischen Aufwertung der sozialen Grundeinheiten wie Familie, Kommunen und Provinzen einherging (Troccoli 1960, 62).

Insbesondere im Süden lag die Macht weiterhin fest in den Händen des lokalen Klientelsystems. Sie ging über den Einfluß der Kirche als solche weit hinaus und war eher durch sanfedistische und legitimistische Züge[21] charakterisiert, die sich in der Unterstützung der Volksmassen des "Brigantentums"[22] und des autonomistischen Protestes festmachte. Der Einfluß des süditalienischen Klerus spielte für den Widerstand gegen die italienische Einigung eine wichtige Rolle (Tullio-Altan 1986, 94).

Mit den grundlegenden strukturellen Veränderungen in der intensiven Industrialisierungsphase Ende des 19. Jahrhunderts traten mit der Entstehung der beiden großen Massenbewegungen, der katholischen und der sozialistischen, neue politische Kräfte auf, die Forderungen nach demokratischer Mitbestimmung formulierten. Vor allem die 1919 gegründete Volkspartei PPI stellte die Region als wichtige Organisationsstruktur des Staates heraus. Sie griff dabei zurück auf die traditionelle lokale Ausrichtung der christlichen Bewegung, vor allem aber auf die Theorien des Parteigründers Luigi Sturzo. Sturzos Autonomiekonzept gründete auf einem "organischen Gesellschaftskonzept gemeinschaftlicher Solidarität", das die katholische Soziallehre mit demokratischen und reformistischen Charakteristiken verband (Keating 1988, 116). Die Regionen sollten auf eine effektive Einheitlichkeit von Sprache, Geschich-

---

20 Auf die Teilvereinigung des Landes von 1861, ohne den Kirchenstaat, reagierte der Vatikan mit der katholischen Abstinenz vom politischen Leben auf staatlicher Ebene. *Non expedit* war die Formel, mit der der Vatikan am 10.9.1874 die Beteiligung der Katholiken, als "Wähler oder Gewählte" an den politischen Wahlen und den konstitutionellen Institutionen untersagt hatte und die bis 1904 in Kraft blieb.
21 Der Legitimismus war die politische Doktrin des göttlichen Ursprungs der königlichen Macht; auf dieser Basis hatte er die Wiedereinsetzung der bourbonischen Monarchen zum Ziel. Die Sanfedisten hatten in Neapel unter der Führung des Kardinals Ruffo eine "Armee des heiligen Glaubens" (*esercito della Santa fede*) zur Bekämpfung der Republik von 1799 gegründet.
22 Unter dem sogenannten Brigantentum werden die Ausfälle gegen die staatlichen Institutionen verstanden. Das Brigantentum dauerte bis 1870 an. Es band in Süditalien bis zu 120.000 Soldaten, die Hälfte des nationalen Heeres, und kostete beide Seiten nicht weniger als 10.000 Tote (Morra 1993, 93).

te, Sitten und Gebräuche gegründet sein. Sie sollten die Aufgaben einer peripheren Administration wahrnehmen[23], während der Zentralstaat sich den großen nationalen Problemen widmete. Die nationalen Ministerien stellten in diesem Modell nur Koordinatoren der verschiedenen regionalen Aktivitäten dar (Gizzi 1991, 6).[24]

II.2. FÖDERALISMUS, NORD-SÜD-PROBLEMATIK UND "NATIONALE SOLIDARITÄT" IN DER GESCHICHTLICHEN ENTWICKLUNG UND IN DER THEORETISCHEN DISKUSSION

Das Entwicklungsgefälle zwischen Nord- und Süditalien wurde immer wieder als wichtiges Argument für ein starkes Zentrum herangezogen, das als einzige Instanz eine Politik des Entwicklungausgleichs bewerkstelligen könnte. Dennoch wurden in der Debatte um die Entwicklung des Südens föderalistische Positionen durchaus vertreten und als Chance für die Südregionen gesehen, ihr Schicksal eigenverantwortlich zu gestalten. In dieser Perspektive sollte die Gewährleistung autonomer Strukturen politischen, ökonomischen und sozialen Handelns im Süden die Basis darstellen, den realen Problemen auf territorialer Ebene gerecht werden.

1. Ursachen der Südfrage und Konsequenzen der italienischen Einigung

Zum Zeitpunkt der italienischen Einigung bestanden bereits gravierende ökonomische, kulturelle und politische Unterschiede zwischen den Landesteilen und vor allem zwischen Nord- und Süditalien.[25] Das Südproblem wurde dadurch also keineswegs geschaffen; die Einigung hat es jedoch verstärkt und in den Kontext der gesamtitalienischen kapitalistischen Entwicklung gestellt.

Anfangs begünstigte die schlechte soziale Situation Süditaliens die Hoffnungen, die die Bevölkerung in die Einigung setzte; daraus resultierte ein 99%iges Ja-Votum im Referendum für die Eingliederung in den neuen Staat (Keating 1988, 43). Diese Plebiszit war allerdings Resultat einer weitverbreiteten Uninformiertheit der Bevölkerung und der Hoffnung auf eine allgemeine Landreform, die den Großgrundbesitz abschaffen und die landwirtschaftlichen Flächen verteilen würde. Diese Erwartungen einer Verbesserung der sozioökonomischen Bedingungen erfüllten sich jedoch nicht. Die Charakteristiken der italienischen Einigung und die liberale Wirtschaftspolitik der

---

[23] Die Kompetenzen der Regionen betrafen die Bereiche öffentliche Arbeiten, Schulen, Industrie, Handel, Landwirtschaft, Arbeit, Wohlfahrt, Hygiene und staatliche Dienstleistungen, die vom Staat an die Regionen oder an gemeinsame Organe delegiert werden sollten (Gizzi 1991, 6).
[24] Zum Meridionalismus Sturzos siehe ausführlicher Kap. II.2.
[25] "Garibaldi und seine Freiwilligen fanden ein Königreich, in dem die Unzufriedenheit siedete, und eine altersschwache königliche Administration und Armee, die sofort vor seinen Truppen zusammenbrach, so angewachsen wie diese sofort durch lokale Freiwillige waren" (Keating 1988, 43). Nach fünf Monaten wurde der Süden dann dem piemontesischen König überantwortet und die Einigung Italiens inklusive des Mezzogiorno Realität. Sardinien war allerdings nicht erst 1860, sondern bereits 1718 ins piemontesische Königreich eingegliedert worden.

nationalen Regierungen verstärkten die Entwicklungsdiskrepanz zwischen Norden und Süden statt dessen massiv. Während nach der Einführung des Freihandels in den ersten zwanzig Jahren nach der Einigung im Norden des Landes die Industrialisierung und die Ausrichtung auf den nord- und mitteleuropäischen Wirtschaftsraum fortschritten, wurde der Süden in eine immer peripherere Situation gedrängt. Im Norden, vor allem in Piemont und in der Lombardei, entstand eine moderne, markt- und freihandelsorientierte Industrie. Die Wirtschaft des Südens dagegen blieb durch eine rückständige, nicht konkurrenzfähige Landwirtschaft geprägt; das System der Arbeitsbeziehungen beruhte weiterhin in erster Linie auf Großgrundbesitz und landloser Agrararbeiterschaft. Zwar waren die Feudalbeziehungen während der napoleonischen Zeit abgeschafft worden; die sozialen Beziehungen blieben dennoch durch halbfeudale Abhängigkeitsverhältnisse gekennzeichnet (ebenda, 40).

Die Option der Zentralregierungen für den Aufbau und die Unterstützung der norditalienischen Industrie ließ kaum Raum für eine wirklich strukturell angelegte Südförderung und beschränkte sie auf spezifische und zeitlich begrenzte Sondermaßnahmen. Faktoren wie die Agrarkrise der 1880er Jahre oder später die Erdbeben von 1905 und 1908 beeinflußten die Entwicklung zusätzlich negativ. Die schwache, eng an den Staat gebundene Industrie, die sich in Neapel und Sizilien unter dem wirtschaftlichen Protektionismus der Bourbonen entwickelt hatte, mußte an der Aufhebung des Protektionismus und der Abschaffung der Schutzzölle scheitern, da sie einer norditalienischen und internationalen Konkurrenz ungeschützt ausgesetzt wurde, der sie nicht gewachsen sein konnte (Praussello 1979, 12). Die zunehmende Deckung des süditalienische Konsumbedarf durch norditalienische Güter dagegen privilegierte die Industrie des Nordens.[26]

Die Interessenkonvergenzen zwischen den nord- und süditalienischen Führungsschichten begünstigten diese Entwicklung. Der liberale Staat schützte die Interessen der süditalienischen Agrarbourgeoisie; diese Tatsache stärkte deren Macht und verhinderte eine Modernisierung der Landwirtschaft. Die "Politik der Rücksichtnahme auf die Agrarier im Süden zusammen mit der weiteren Industrialisierung des Nordens" kennzeichnete vor allem die Ära Giolitti und vergrößerte den Abstand zwischen den Teilen des Landes weiterhin (Lill 1991, 171; Barbagallo 1980, 49f.).

Die Steuerpolitik des Einheitsstaates diente der Entwicklung des norditalienischen Kapitalismus und zog Kapitalien aus dem Süden für Investitionen in den norditalienischen Industrien ab (Ganci 1981, 27). Piemonts hohe Verschuldung - die öffentliche Verschuldung war zur Zeit der Vereinigung viermal so hoch wie im Königreich Neapel-Sizilien - wurde auf das gesamte Land umgelegt, während die gutgefüllten Schatzkammern der Bourbonen auf das ganze Land umverteilt wurden (Keating

---

26 Siehe auch Salvadori 1976, Galasso 1978. Zur wirtschaftlichen Entwicklung Ende des 19.Jahrhunderts und zur Interdependenz zwischen entwickelten und rückständigen Gebieten siehe auch Barbagallo 1980, 26ff.

1988, 45). Sie stellten den öffentlichen Reichtum der süditalienischen Bevölkerung dar, wahren ihr aber vorenthalten worden, da die Bourbonen geringes Interesse an öffentlichen Dienstleistungen zeigten. Daraus resultierte ein massiver Transfer von gesellschaftlichem Reichtum und Ressourcen von Süd- nach Norditalien. Die Pro-Kopf-Nettobesteuerung im Süden war zudem weit höher als in der Vergangenheit; während im Norden weitaus höhere öffentliche Ausgaben getätigt wurden.

Die Wiedereinführung eines moderat protektionistischen Systems 1878 und vor allem von weitaus höheren Schutzzöllen vor allem für die neuen Industriesektoren 1887[27] kam für die Industrien des Südens weitgehend zu spät. Sie kam überdies ausschließlich den Großgrundbesitzern zugute, die von der Zollerhöhung auf Weizenimporte profitierten, und zeitigte ansonsten ähnlich negative Konsequenzen wie die Einführung des freien Handels in den 1860er Jahren. Die Entwicklung eines effizienteren und diversifizierten Anbausystem, das die Konkurrenzfähigkeit der Landwirtschaft erhöht hätte, war dagegen zugunsten der extensiven Weizenproduktion aufgegeben worden (Praussello 1979, 13).

Die Unkenntnis der süditalienischen Verhältnisse und der Glaube der Liberalen an ein grundsätzlich reiches, aber durch Mißwirtschaft ruiniertes Land führten zu einer völligen Fehleinschätzung der Verhältnisse und der Hoffnung, daß mit der Einigung und dem freien Handel das Niveau der Entwicklung und der Lebensqualität im neuen Staat durch das Spiel der freien Marktkräfte automatisch eingeebnet würde (Keating 1988, 62). Cavour ging davon aus, daß der Süden nach der Abschaffung des bourbonischen Systems und der Einführung liberaler, aufklärerischer Regierungsformen eigenständige Entwicklungsmechanismen in Gang setzen würden.[28] Erst später wurden umverteilende Maßnahmen für die süditalienische Wirtschaft ergriffen und öffentliche Infrastrukturmaßnahmen realisiert. Im ersten Jahrzehnt des 20. Jahrhunderts wurde die streng liberal und unitarisch ausgerichtete Politik zugunsten erster Sonderprogramme für Industrieansiedlungen in Neapel und später im gesamten Mezzogiorno abgelöst (Barbagallo 1980, 52ff.). Diese verspäteten Maßnahmen waren jedoch auf quantitativer wie qualitativer Ebene unzureichend.

Die Einführung des zentralistischen administrativen Systems löste zudem negative wirtschaftliche Entwicklungsmechanismen aus. Die Zentralisierung aller Entscheidungen bei Regierung und nationalem Parlament und die Unterdrückung einer autonomen politisch-administrativen Dimension durch das Präfektursystem verhinderten oder behinderten die Entwicklung einer eigenständigen modernen Unternehmer-

---

27 Daraus resultierte der sogenannte "Zollkrieg" mit Frankreich; der Export von hochwertigen landwirtschaftlichen Gütern ging daraufhin stark zurück und erreichte erst 1906 wieder das Niveau von 1887 (Praussello 1979, 13).
28 Ursächlich erscheint nicht zuletzt die Tatsache, daß die meridionalistischen Berater Cavours süditalienische Exilanten waren, die die bourbonischen Gefängnisse kennengelernt hatten, und die den Süden mit dem Ziel seiner Eingliederung wissentlich oder unwissentlich als ein Eldorado darstellten, das unter liberalem Regime automatisch aufblühen würde (Mack Smith 1994, 144).

schicht und einer neuen Führungselite, die die Interessen der süditalienischen Bevölkerung repräsentiert hätte. Die Klassenstruktur in Süditalien stellte die Hauptursache des Mangels an reformpolitischen Zielsetzungen des liberalen Staates dar, der im Mezzogiorno statt dessen zum Garanten der existierenden sozialen Verhältnisse wurde; er hatte "alles verändert, damit sich nichts verändere" (Tullio-Altan 1984, 98). Eine Stärkung des bürgerlichen Elementes trat zwar insgesamt ein, aber ohne eine wirkliche Erneuerung der "feudalen Elemente" der traditionellen politischen und ökonomischen Organisation. Der moderne Staat erreichte Süditalien nicht; im Gegenteil handelte es sich um einen "Kompromiß zwischen den lokalen Interessen von Mafia und Camorra", die sich mit denen des Adels verbanden (Tullio-Altan 1986, 99).

Selbst in den Analysen der konservativen Meridionalisten stellte die Unzulänglichkeit der süditalienischen Agrarbourgoisie nicht nur auf sozialer und politischer, sondern auch auf moralischer Ebene einen Hemmfaktor für die Reformfähigkeit und die Durchsetzung der progressiven Mechanismen und Wertvorstellungen dar, die der liberale Staat repräsentierte (Aliberti 1975, 162). Die süditalienischen Eliten hatten seit Jahrhunderten Mechanismen des Interessenausgleichs mit den jeweiligen Machthabern entwickelt, im Austausch gegen Privilegien und Beteiligung an der Macht. Die Politik des Transformismus[29] und des Klientelismus wurde zu einem System politischer Protektionen ausgebaut, das den nationalen Politikern eine Unterstützung sicherte (Putnam 1993, 23). "Klientelistische Vereinbarungen" zwischen Parlamentariern und lokalen Notabeln wurden zu einer immer wichtigeren Machtbasis für die nationalen Regierungskoalitionen (Tullio-Altan 1986, 97). Diese Einbeziehung der lokalen Eliten in die Mechanismen der Machtverteilung auf der nationalen Ebene wurde zu einem relevanten Hemmnis für die süditalienische Entwicklung.

2. Meridionalismustheorie und Föderalismus

In Italien existierten bereits im Risorgimento in der Debatte um die Mezzogiornofrage föderalistisch-regionalistische Positionen, die sich jedoch auf der realpolitischen Ebene nicht durchsetzen konnten. In diesen Ansätzen wurde eine wenigstens eingeschränkte politische und administrative Autonomie für den Süden gefordert, die einen anderen Verlauf der Süditalienproblematik ermöglichen sollten.

a) Der liberal-konservative Meridionalismus

Die Bedeutsamkeit der Südfrage und der tiefen moralischen und zivilen Spaltung des Landes, die eine wirkliche Einheit Italiens in Frage stellen konnte, wurde zuerst durch liberale Intellektuelle - wie die Untersuchungen Franchettis und Sonninos 1876

---

29 Unter Transformismus wird die Auflösung traditioneller parteimäßiger Formationen verstanden, auch der Opposition, zugunsten wechselnder parlamentarischer Mehrheiten (Wieser/Spotts 1988, 311). Dadurch werden oppositionelle Strukturen ins System integriert (vgl. Kap.I).

auf Sizilien und im kontinentalen Mezzogiorno[30] - ins Bewußtsein der Öffentlichkeit gerufen. Sie waren eine wichtige kritische Stimme, die soziale Probleme des neuen Staates in aller Dramatik aufzeigte. Die Mezzogiornofrage wurde durch diese reformistischen Ansätze erstmals als großes soziales Problem erfaßt, dessen Lösung als Aufgabe des liberalen Staates angesehen wurde, die er durch Ausweitung seiner Konsensbasis, seiner Effizienz und durch korrektes politisches und administratives Handeln lösen müsse. Die Zielsetzungen solcher Untersuchungen blieben allerdings unitarisch ausgerichtet und weitgehend konservativ. Die Solidität des Staates und seiner Konsensbasis wurde in den Vordergrund gestellt, und gegenüber sozialistischen und proletarischen Entwicklungen grenzte man sich ab.

Der "mythische" Glauben der konservativen Meridionalisten an die Kräfte des *self government*, allerdings im Kontext eines zentralistischen liberalen Staates, kombinierte sich dabei mit moralistischen und pessimistischen Zügen, die sich im tiefen Mißtrauen gegenüber den eigenen Kräften der süditalienischen Gesellschaft äußerte. Eine Berücksichtigung der realen Klasseninteressen als eigentliche Ursache der Südproblematik blieb dabei jedoch aus (Aliberti 1975, 146). Die Ursachen der Rückständigkeit des Südens wurden vor allem in wirtschaftlichen, infrastrukturellen und soziokulturellen Zusammenhängen gesehen, wie die mangelnde Industrie und die ungenügende Entwicklung der Landwirtschaft, die unzureichenden Kommunikationssysteme, die Abwesenheit eines produktiven Mittelstands und die traditionelle Struktur und Mentalität der herrschenden Klassen.[31]

Diese Untersuchungen stellen die Grundlage für die spätere Rhetorik des "archaischen Mezzogiorno", dessen Entwicklungsfähigkeit aus seinen immanenten Charakteristiken resultiert und damit kaum veränderbar sei. In diesen Ansätzen wurde die Existenz einer städtischen Kultur, eines - wenn auch nur spärlich - entstehen-

---

30   In dieser Untersuchung zu den Lebensverhältnissen in Sizilien 1876-77 wurde erstmalig ein ökonomischer Ansatz der Mezzogiornofrage vertreten (Barbagallo 1980).
31   Pasquale Villari (1826-1917), ein Vertreter des liberalen Meridionalismus, veröffentlichte 1875 seine Süditalienischen Briefe, die erstmals die Existenz einer Süditalienfrage herausstellen, die er als Konsequenz der mangelnden Beteiligung der Bevölkerung des Südens am Einigungsprozeß und der daraus resultierenden "fragilen Konsensbasis" sah. Eine Reform der Besitz- und Produktionsverhältnisse und eine Verbesserung der Lebensverhältnisse der Bevölkerung habe nicht stattgefunden, eine produktive Mittelschicht und eine neue *leadership* habe sich nicht entwickelt, und die alte herrschende Klasse nutze die liberalen Institutionen wie einen "privaten und persönlichen Herrschaftsbereich" (Villari 1920; Bevilaqua 1994, 73).
Giustino Fortunato (1848-1932) brach als einer der ersten mit der Interpretation, der Süden sei mit natürlichem Reichtum gesegnet und nur durch die Bourbonen heruntergewirtschaftet; und mit der weit verbreiteten Ansicht einer "rassischen Unterlegenheit" der Süditaliener (Keating 1988, 114). Er forderte, auch als Parlamentsabgeordneter, eine neue liberale Politik für den Süden, die die Einheit tatsächlich verwirklichen sollte. Sie müsse allerdings der Tatsache Rechnung trug, daß eine Option für das *self government* die Macht an lokale Eliten aushändigen würde, die ihrerseits ein Problem darstellten (Korruption, Allianz mit dem Norden). Spezifische Investitionen sollten im Süden getätigt werden, um die Wirtschaft zu entwickeln, und ein allgemeiner Militärdienst sollte den unitarischen Geist stärken und den kulturellen Partikularismus des Südens brechen (*Il Mezzogiorno e lo Stato italiano* von 1911; Keating 1988, 114).

den Bürgertums, von Handwerks- und Manufakturbetrieben wie kleiner Landwirtschaftsbetriebe völlig negiert, und der Süden als "unbeweglich in seinen archaischen Charakteristiken, sich ewig mit seinen ungelösten Problemen herumschlagend" angesehen (Bevilaqua 1994, 75).

b) **Der demokratische Meridionalismus**

Zum zentralen Thema wurde die Süditalienfrage in der Tradition des sogenannten demokratischen Meridionalismus, von Colajanni, Salvemini, Dorso, Gramsci, bis hin zu Luigi Sturzo. Gemeinsam war diesen Ansätzen die aufklärerische Tradition, die sich in den universalistischen Gleichheitsprinzipien als Grundlage der interregionalen Solidarität festmachte. Daraus resultierten föderale oder in jedem Fall dezentrale Ansätze, und die Entwicklung des Mezzogiorno wurde als zentral für die demokratische Entwicklung des gesamten Landes angesehen. Der demokratische Meridionalismus unterschied sich darin sowohl vom Reformismus der Giolitti-Ära als auch von den autoritären und zentralistischen Entwicklungen des faschistischen Staates (Aliberti 1975, 259).[32]

Wichtigster Theoretiker der Föderalismustheorie war Gaetano Salvemini[33], der auf die Theorien Cattaneos zurückgriff (vgl. Kap.II.1) und einen engen Zusammenhang zwischen der Rückständigkeit Süditaliens und institutionellen Aspekten herausstellte. Die Konsequenzen der italienischen Einigung für den Mezzogiorno wurden von Salvemini als sehr negativ eingeschätzt, da das Finanzsystem eine "Ausblutung" des gegenüber Norditalien ökonomisch schwächeren Südens mit sich gebracht habe. Die Ausgaben der Zentralregierung für die Außen- und Kolonialpolitik sowie das Militär entzögen den Südregionen weiter enorme Kapitalien (Gizzi 1991, 4). Eine Übertragung externer bürokratischer oder politisch-administrativer Strukturen in den Süden, die dem originären sozio-kulturellen und sozio-politischen Kontext des Mezzogiorno fremd sind, sei abzulehnen und von vornherein zum Scheitern verurteilt.

Salvemini sah in den italienischen Kommunen und ihrer Vereinigung in eine föderale Struktur die tragende Basis des italienischen Staates der Zukunft. Diese Regionalstruktur sollte mit eigenständigen Parlamenten ausgestattet werden, denen unter

---

32   Francesco Nitti (1868-1953) hatte bereits um die Jahrhundertwende, insbesondere mit seiner *Untersuchung über die Tagelöhner im Mezzogiorno* 1910, die Süditalienfrage in Bezug zu der Frage der Regionalisierung bzw. Föderalisierung des Staates gestellt. Er stellte die weitaus kleineren Vorteile und größeren Nachteile heraus, die die italienische Einigung für die Regionen Süditaliens mit sich brachte. Er belegte erstmalig die später von den meisten Meridionalisten geteilte These, die Einigung und die Steuerpolitik des liberalen Staates habe einen Nettotransfer von Ressourcen aus dem Süden in den Norden des Landes bewirkt (Passiello 1979, 14). Daraus resultierte seine Forderung nach einer energischen Reformpolitik des Staates für Süditalien (Gizzi 1991, 4). Die "unsichtbare Hand" des Marktes könne allein keine nationale Wirtschaft aufbauen, sondern eine gezielte öffentliche Politik der Industrialisierung sei notwendig (Barbagallo 1980, 36ff.).
33   Gaetano Salvemini (1873-1957), Politiker und Historiker, war Sozialist seit 1893, trat aber später aus der sozialistischen Partei aus.

anderem die Erhebung und Verteilung eigener Steuern und ein regionales Heer unterstehen sollte. Die regionale Ebene stellte in diesem Ansatz also eine eigenständige Alternative zum nationalen System dar (Gizzi 1991, 4).

Zentral für die Rückständigkeit in Süditalien waren aus der Sicht Salveminis vor allem zwei Aspekte: die Verteidigung des Status Quo durch die konservativen lokalen Kräfte, und die administrative und finanzielle Zentralisierung. Nur die Mobilisierung der Volksmassen im Süden könne die Allianz zwischen den Kapitalisten des Nordens und den Grundbesitzern im Süden brechen. Nur der "soziale Block", die Allianz zwischen den Bauern des Südens und den Industriearbeitern des Nordens, die dem "dominanten Block" zwischen süditalienischen Latifundisten und norditalienischen Industriellen als antagonistische Kräfte entgegengestellt werden sollten, könne die politische Ordnung stürzen und die Politik des Transformismus brechen.

Salveminis "Logik der föderalistischen Alternative" hatte ihre Basis in einer "Eroberung des Staates von unten" durch die Volksmassen und vor allem durch die Bauernschaft. Eine neue demokratische Grundlegung des Staates sollte auf den lokalen Kräfte und Gebietskörperschaften und dem allgemeinen Wahlrecht fußen, als "privilegiertem Moment des demokratischen Lebens und der politischen Erziehung des 'realen Landes'" und Ausdruck konkreter und definierter Interessen (Cingari 1981, 73).

In die gleiche Richtung geht der Autonomismus Guido Dorsos, einem Politiker der Aktionspartei, der die Lösung der Mezzogiornofrage davon abhängig machte, daß der Süden sein Schicksal selbst in die Hand nehme.[34] Er setzte wenig Vertrauen in die Perspektive einer Aktionseinheit zwischen norditalienischen Industriearbeitern und süditalienischen Bauern, wie sie von der italienischen Linken angestrebt wurde. Der Mezzogiorno könne nur "Mittel seiner eigenen Befreiung" sein. Dem realen Mangel an politischem Bewußtsein im Süden müsse durch eine revolutionäre meridionalistische Partei abgeholfen werden, die das Herzstück einer neuen südlichen Mittelklasse bilden sollte. Die Durchsetzung dieser Strategie mußte allerdings das Problem der bisherigen Inexistenz eines dynamischen Bürgertums lösen, die Dorso selbst in seiner Analyse beklagte.[35]

Ansätze dieser Art trafen allerdings auf den Widerstand der sozialistischen Mehrheit um Turati im Norden des Landes, die das reaktionäre Potential eines landbesitzenden Bauerntums fürchteten und deren revolutionäres Potential negierten (Keating

---

[34] Wichtigstes Werk Guido Dorsos (1892-1947) war die *La rivoluzione meridionale* von 1925. Die Aktionspartei war 1942 aus der Gruppierung *Giustizia e libertà* durch die Initiative zahlreicher radikaler, republikanischer Intellektueller entstanden, die sich auf die Ideale der ersten republikanischen Bewegung unter Mazzini beriefen (Alf 1977, 28).
[35] Auch Napoleone Colajanni (1847-1921) stellte Ende des Jahrhunderts die Notwendigkeit einer politischen Lösung der Mezzogiornofrage heraus, die die Mittelklassen und den autonomen regionalen Politikrahmen in den Vordergrund stellte.

1988, 114[36]). In der sozialistischen Theorie sollten die Bauern des Südens erst einen höheren Bildungsgrad erreichen und dem klerikalen und reaktionären Beeinflussungen entzogen werden, ehe sie für den Sozialismus eintreten könnten. Um 1900 formulierte Turati das, was für viele Jahre die Standard-Doktrin der italienischen Linken bleiben sollte: die "temporäre Hegemonie des entwickelten gegenüber dem rückständigen Teil des Landes, nicht um ihn zu unterdrücken, sondern um ihn zu befreien"[37]. Der Klassenkampf könne nur durch die Arbeiterschaft des Nordens geführt werden (Barbagallo 1980, 39f.)

Dieser Bruch zwischen der norditalienischen Mehrheitsposition um Turati und föderalen Minderheitenpositionen verhinderte lange, daß die Linke zu einer integrativen nationalen Kraft wurde; Salvemini selbst verließ die sozialistische Partei, verfolgte jedoch weiter seine Politik der Autonomie für den Süden.

Die zentralistische Prägung des linken Staatsverständnis erlangte in den 20er Jahren in der Theorie Antonio Gramscis seine vollständige Ausprägung. Auch Gramsci verband die Südfrage mit der sozialen Revolution. Allerdings habe allein das norditalienische Proletariat das Potential, mittels einer Etablierung der Diktatur des Proletariats die Bauern des Südens zu befreien; dies stellte die Grundlage der Allianz zwischen den Arbeitern des Nordens und den Bauern des Südens dar, aus der letztlich die Gründung eines Arbeiter- und Bauernstaates resultieren sollte (Barbagallo 1980, 60). Die Landreform war das zentrale Problem; jegliche ökonomische oder politische Unabhängigkeit setze jedoch darüber hinaus die Bereitstellung von Kreditquellen, Maschinerie und Zugang zum Markt voraus (Gramsci 1966; Barbagallo 1980, 43ff., 58ff.).

Trotz dieser zentralistischen Ausrichtung - Gramsci hatte den Föderalismus Cattaneos als "ideologisch und mythisch" und die Position Ferraris als "durch seinem Föderalismus geschwächt" verurteilt (Ganci 1981, 24) - läßt seine revolutionäre Theorie andererseits durchaus Raum für ein demokratisches, artikuliertes und nichtzentralistisches Konzept der Macht (Cingari 1981, 71). Diese Elemente im Denken Gramscis wurden später bei aller Ausrichtung auf den demokratischen Zentralismus zur Grundlage einer föderalistischen Komponente innerhalb der kommunistischen Partei Italiens (Ganci 1981, 26). Die Süditalien- und die Föderalismusfrage wurde darüber hinaus erstmalig mit der revolutionären Klassenfrage verbunden. Elemente, die eine stärkere Autonomie der subnationalen Ebenen einforderten, waren in der Linken also durchaus vorhanden.

In der linkskatholischen Theorie legte vor allem Sturzo, der Begründer der ersten christlich inspirierten Partei Italiens, der *Partito Popolare*, die politischen und theoretischen Grundlagen eines Meridionalismus. Er sah in der Landreform und der

---

36 Siehe ebenda zur Frage der Priorität der Bildung vor dem allgemeinen Wahlrecht.
37 Zitiert nach Salvadori 1976, 110.

Schaffung einer Klasse bäuerlicher Kleingrundbesitzer das zentrale Mittel für einen süditalienischen Aufschwung (Barbagallo 1980, 55ff.). Gleichzeitig polemisierte er gegen den Transformismus der liberalen politischen Klasse und gegen den bürokratischen Zentralismus des unitarischen Staates. Die Einrichtung von regionalen Autonomien sollte die Allgegenwärtigkeit des Staates einschränken, und das allgemeine Verhältniswahlrecht sowie die damit verbundene Repräsentanz der Bürgerinteressen die lokalen klientelistischen Verstrickungen aufbrechen. Durch Formen der Selbstregierung sollte das Verantwortungsbewußtsein der regionalen politischen Eliten entwickelt werden.[38]

3. Die Abwesenheit eines politischen Regionalismus im Mezzogiorno

Regionalismus und Mezzogiornofrage waren konstante Themen der italienischen politischen Debatte im späten 19. und frühen 20. Jahrhundert. Sie wurden allerdings weit eher auf der intellektuellen Ebene formuliert und stellten nur sehr eingeschränkt Forderungen realer politischer Bewegungen oder strategisch begründete politische Positionen dar. Die Zielsetzung dieser Ansätze war vor allem die Stimulierung regionalen Bewußtseins im Süden und damit die Stärkung der italienischen Einheit durch eine Reform des Staates, die dem Mezzogiorno die Formulierung eigenständiger politischer Forderungen erlauben würde. Diejenigen Kräfte, die sich der zentralistischen Einigung entgegengestellt hatten, waren 1860 allerdings gewaltsam unterdrückt worden; sie wurden einseitig als reaktionär abgetan und blieben in liberalen wie sozialistischen Kreisen für viele Jahre politisch suspekt.

Föderalistische Tendenzen mündeten nur selten dort in separatistische Tendenzen, wo sich die schnelle und unerwartete Vereinigung in eine "Absorbierung" des Südens in das norditalienische System verwandelte. Daraus resultierten Aufstände und Brigantentum, als spezifischer Widerstand der süditalienische Bevölkerung gegen die "ausländischen Besetzer", der von den Bourbonen und vom Klerus unterstützt wurde (Morra 1993, 92f.).[39] Von Seiten der politischen Linken, vor allem im Norden des Landes, wurden Bauernaufstände und Brigantentum auf rurale, potentiell konterrevolutionäre Bewegungen reduziert, die kaum organisierte regionalistische Perspektiven entwickelten.

Bei allen ökonomischen Problemen und gravierenden Entwicklungsunterschieden ist diese Abwesenheit eines organisierten und politisch schlagkräftigen Regionalismus im kontinentalen Mezzogiorno erstaunlich, wie er sich parallel dazu in den Grenz- oder Inselregionen und den durchaus vorhandenen separatistischen und lokalistischen Traditionen wie z.B. in Sizilien und Sardinien und den anderen europäischen

---

[38] Zum Dezentralismus Sturzos siehe auch Kap.II.1. Nach dem ersten Weltkrieg stellte Sturzo die Autonomie des Südens allerdings immer mehr hinter das Ziel der Durchsetzung eines politischen Katholizismus zurück (Keating 1988, 117).
[39] Vgl. Fußnote 26.

Peripherien wie Schottland oder Irland entwickelt hatte Ursächlich dafür war in erster Linie die radikale Unterdrückung separatistischer Tendenzen nach 1860. Die süditalienischen liberalen Intellektuellen selbst waren darüber hinaus meist mit dem Risorgimento und dem unitarischen Staat verbunden, statt eine eigenständige Theoriebildung oder Organisationsformen voranzutreiben (Keating 1988, 117). Politische Mobilisierung war durch das restriktive Wahlrecht bis 1919 entmutigt, und Bauernunruhen mündeten meist in häufig blutige, aber kurzlebige Revolten ohne parlamentarische Lobby. Die halbfeudalen Verhältnisse, in denen die süditalienische Bevölkerung größtenteils lebte, und der Einfluß der Kirche, der sich an der Konservierung der bestehenden sozialen und ökonomischen Verhältnisse und explizit gegen eine Beteiligung in den Institutionen des neuen Staates ausrichtete, trugen kaum dazu bei, der Unzufriedenheit der Bevölkerung politischen Ausdruck zu geben.[40] Im Mezzogiorno nutzten die politischen Akteure die sozialen und politischen Rahmenbedingungen auf der lokalen Ebene in erster Linie, um ihre Position zu stärken und zu festigen; dies ging mit einer Blockade von endogenen Modernisierungsprozessen einher. Die Struktur des Staates und des Parteiensystems verhinderte eine wirkliche Reform der Südpolitik und die Durchsetzung integrierter Entwicklungsprogramme.

II.3 AUSBLICK

Der italienische Einigungsprozeß stellt den wichtigsten historischen Einschnitt der italienischen Geschichte dar, der ihren weiteren Verlauf durch die Entscheidung für den unitarischen Zentralstaat grundlegend beeinflußte. Die Durchsetzung der zentralistischen Positionen schloß konföderale, föderale oder regionale Alternativen für lange Zeit grundsätzlich aus. Diese Tatsache wurde ausschlaggebend für die mangelnde Integration zwischen Zentrum und Peripherie, die die weitere Entwicklung des Landes durchgehend kennzeichnen sollte. Dabei waren föderalistisches und dezentral orientiertes Ideengut vor und nach 1860 durchaus vertreten und nahm für sich in Anspruch, der Heterogenität des Landes besser gerecht zu werden und eine ausgeglichene Entwicklung der verschiedenen Landesteile bewirken zu können.

Während die zentralistische Lösung sich in der realen historischen Entwicklung durchsetzte, wurde die dezentralisierte bzw. föderalistische Option in der Mitte des 19. Jahrhunderts vor allem als klerikale, antiliberale Haltung abgelehnt. Unitarismus und unitarischer Nationalstaat wurden dem als progressive Lösungen gegenübergestellt; sie standen vielfach für die ausgeprägte Politisierung des nationalen

---

40   Diese Einstellung wurde durch das Wachstum der "garantistischen" Tradition im Süden bestätigt (Keating 1988, 113). Der Garantismus bezeichnet in der juristischen Ordnung das Prinzip, nachdem auf die Garantie von Recht und Freiheit der Bürger gegenüber der Autorität des Staates größter Wert gelegt wird.

Gedankens durch die französische Revolution und damit für das Ziel, konstitutionelle Verhältnisse zu schaffen und eine größere politische Partizipation zu verwirklichen.

Weder der Katholizismus, vor allem in seiner linkskatholischen Variante, noch der Sozialismus konnten sich als Alternative gegen den zentralistischen Liberalismus durchsetzen. Das Risorgimento war notwendigerweise antiklerikal, da ein starker unabhängiger Kirchenstaat inmitten Italiens eines der größten Hindernisse der italienischen Einigung darstellte. Ursächlich dafür waren die "historische Verspätung des italienischen Katholizismus", in die Politik einzutreten, die auf die Exkommunizierung der katholischen Politiker der Zeit folgte (Lill 1991, 177). Die Schwäche und die innere Zerrissenheit der sozialistischen Bewegung andererseits verunmöglichten die Durchsetzung minoritär vorhandener dezentraler Optionen ebenfalls.

Die heterogene Struktur des Landes und vor allem die Rückständigkeit des Mezzogiorno waren in den Augen der Zeitgenossen wichtige Hindernisse für die Verwirklichung autonomistischer und regionalistischer Positionen. Ursächlich dafür waren allerdings weniger Erwägungen, die sich an einer gesamtitalienischen Verantwortung oder Solidarität mit dem Süden ausrichteten, sondern eher die Angst vor der Bauernrevolte bzw. vor den reaktionären Kräften mit antirisorgimentalen Interessen im Süden des Landes. Die Einrichtung von Regionen hätte in einigen Landesteilen andere politische Kräfte begünstigt als die, die auf der nationalen Ebene die Mehrheit hatten; sie wurde deshalb abgelehnt (Rotelli 1980, 945).

Die Negierung jeglicher Autonomie wurde in der weiteren Entwicklung jedoch ursächlich für die fortschreitende Ausweitung der Nord-Süd-Schere. Die zentral entschiedenen Verteilungsmechanismus der Ressourcen für die Entwicklung, die eher unterstützenden, "assistentiellen" als produktiven Charakter hatten, brachten nur wenige und häufig nur scheinbare Vorteile für den Mezzogiorno. Die politischen Kräfte, die von der Förderpolitik profitierten, waren wenig interessiert an der politischen Gestaltung des Gemeinwesens und seiner ökonomischen Entwicklung.

Die außenpolitische Dimension erscheint in der Phase der Nationenbildung im Zusammenhang mit der Föderalismusdebatte wenig relevant. Sie gewann nur eingeschränkt auf theoretischer Ebene Stellenwert, im Sinne eines supranationalen Bundes mit dem Ziel der Friedenssicherung (Mazzini, Cattaneo). Andererseits gewann sie durch die Befreiungsideologie, die aus der historischen Erfahrung der Fremdbesetzung des Landes durch andere Nationen entstand (z.B. Österreich in Lombardei-Venetien), internationale Züge. Der Zentralismus erschien so als notwendiges Instrument der Kräfte- und Interessenbündelung zu einer starken und eigenständigen Nation, die in der Lage ist, ihre Interessen auch nach außen zu vertreten.

III. VOM FASCHISTISCHEN ZENTRALISMUS ZUM REGIONALSTAAT: ITALIEN NACH DEM ZWEITEN WELTKRIEG

III.1. VOM FASCHISTISCHEN ZENTRALSTAAT ZUR REGIONALISIERUNG DER SIEBZIGER JAHRE

Nach der Machtergreifung des Faschismus im Jahre 1922 wurde die unitarische und zentralistische Ausrichtung des liberalen Staates weiter fortgesetzt und jegliche regionalistischen Ansätze im Keime erstickt.[1] Die Zentralisierung des bereits in der liberalen Ära unitarisch organisierten und bürokratisierten Staates wurde so methodisch weitergeführt. Staat und Nation, Staat und Regierung fielen im Faschismus zusammen; alle nationalen Kräfte wurden ins dominante System integriert und absorbiert, Individualismus und Partikularismus noch entschiedener negiert. Subnationale Körperschaften verloren damit ihre politische und ideologische Daseinsberechtigung. Die Rolle der bestehenden lokalen Körperschaften, Kommunen und Provinzen, wurde auf die einer "indirekten staatlichen Administration" reduziert. Die Wahlen auf lokaler Ebene wurden abgeschafft, und die Bürgermeister (*podestà*) und Verwaltungsbeamten auf kommunaler und auf Provinzebene wurden nach 1926 als Beamte des Staates vom Innenministerium ernannt (Gizzi 1991, 7).

Die Frage der politisch-administrativen Ordnung Italiens stellt sich deshalb nach dem zweiten Weltkrieg dramatisch neu und in explizitem Zusammenhang mit dem Problem der demokratischen Erneuerung des Landes. Die Verfassung von 1948 bedeutete nicht nur Absage an die Monarchie und Übergang zur Republik.[2] Sie bewirkte gleichzeitig eine grundlegende Neudefinition der institutionellen Formen des Staates und ein Wiederaufleben föderaler und regionalistischer Zielsetzungen, die aus dem Bedürfnis resultierte, den exzessiven Zentralismus des Faschismus zu überwinden (Gizzi 1991, 7). Nach der italienischen Einigung von 1861 verkörperte sie den zweiten historischen Wendepunkt der italienischen Geschichte.

Die Debatte um die Einrichtung der Regionen in der verfassunggebenden Versammlung 1946/47 stand ganz im Zeichen des Wiederaufbaus und der damit verbundenen wirtschaftlichen und politischen Probleme. Die unterschiedlichen Positionen wurden

---

1   Der Begriff "regionalistisch" wird in der italienischen Literatur durchgehend verwendet, um eine regionale Ordnung zu bezeichnen. Im Unterschied zum deutschen Sprachgebrauch meint er damit über regionalistisch-separatistische Zusammenhänge hinaus auch die institutionelle Verfaßtheit des Staates, im Sinne von "die Regionalordnung oder die Regionen betreffend". Das *Dizionario di politica* (Rotelli 1990, 944) definiert den Regionalismus heute, unter Bezugnahme auf die Wörterbücher der italienischen Sprache, als "politische Tendenz derjenigen, die für die regionale Autonomie sind". Leonardi (1984, 505) versteht unter Regionalismus allgemein den "Transfer staatlicher Macht an subnationale Körperschaften".

2   Die verfassungsgebende Versammlung wurde am 2. Juni 1946 gewählt (Gesetz Nr.151 vom 25. Juni 1944). Verabschiedet wurde die neue Verfassung in der Sitzung vom 22. Dezember 1947 und per Gesetz umgesetzt am 27. Dezember 1947; sie trat am 1. Januar 1948 in Kraft.

von den jeweils vorherrschenden politischen Kräfteverhältnissen entschieden beeinflußt. Vor allem drei Probleme mit territorialen Implikationen dominierten die Debatte: die separatistischen Bewegungen auf den Inseln und in den Grenzregionen[3]; die Notwendigkeit einer partizipativeren staatlichen Struktur in einem demokratischen Staat; und das Problem des Unterentwicklung des Südens und der Überwindung der "unvollständigen Vereinigung" (Keating 1988, 134).

Das Verfassungsmodell des italienischen Regionalstaates entstand als Kompromiß zwischen den politischen Kräften, der von Anfang an durch Widersprüchlichkeiten und Unausgewogenheiten gekennzeichnet war. Noch stärker wurde es durch die verschleppte Umsetzung der Regionalisierung bis in die 70er Jahre belastet, die aus der Änderung der politischen Machtverhältnisse resultierte, die diesen Kompromiß ursprünglich geschlossen hatte. Der Verfassungsentwurf war aus den sozioökonomischen und politischen Rahmenbedingungen der 40er Jahre entstanden, die den veränderten Verhältnissen der 70er Jahre nur noch sehr eingeschränkt entsprachen.

1. Politische Parteien und Regionalisierung in der Nachkriegszeit

Nach dem Krieg knüpften die wiedererstandenen Parteien an ihre vorfaschistischen Traditionen an. Die christdemokratische Partei optierte nach dem Krieg für eine Dezentralisierung; für die Katholiken stellte die Autonomie der untergeordneten Körperschaften vor allem Freiheit vom Staat dar (Barbera 1994, 38). Im Regionalismus der christdemokratischen Partei ist eine weitgehende Kontinuität mit ihren vorfaschistischen Traditionen festzustellen. Insgesamt knüpfte die Partei an die katholisch-liberale Tradition an, die durch das Subsidiaritätsprinzip, die päpstlichen Enzykliken *Rerum Novarum* von 1891 und *Quadragesimo anno* von 1931 sowie die Tradition des regionalistischen Ideenguts der Volkspartei PPI Don Luigi Sturzos geprägt war (Voss 1991, 96). Dem eher konservativen Flügel, der von Teilen der alten Agrarelite getragen wurde, stand dabei eine reformistische Fraktion gegenüber, die ihre Wurzeln eher in den progressiven Soziallehren fand und teilweise durchaus antikapitalistische Sympathien hatte (Keating 1988, 135). Von Seiten dieser christdemokratischen Linken wurde die Politik der DC De Gasperis im Vergleich zur alten Volkspartei als ein "konservativer Schritt zurück" empfunden (Tullio-Altan 1986, 268). Sturzo selbst fand sich in der Nachkriegszeit immer stärker in Gegnerschaft zur Mehrheitsfraktion der Christdemokraten.

Das Regionalmodell der DC war durch eine Konzeption von Regionen als autonome Körperschaften mit spezifischen Kompetenzen gekennzeichnet. Sie sollten einerseits Elemente einer weitgefaßten staatlichen Dezentralisierung sein, die sich am englischen Modell der Selbstregierung (*self government*) orientierten, mit auf lokaler Ebene gewählten ehrenamtlichen Beamten, die den lokalen administrativen Körperschaf-

---

[3]   Zur Autonomiefrage in Sizilien, Sardinien und Aostatal siehe Keating 1988, 137ff.

ten vorstehen sollten (Gizzi 1991, 7). In der verfassungsgebenden Versammlung vertrat die DC die Idee einer Region mit legislativen Kompetenzen; nur eine Minderheit innerhalb der Partei wollte die Regionalisierung auf eine rein administrative Dezentralisierung beschränken.

Die linken Parteien, die nach dem Krieg in der antifaschistischen Einheitsfront an der nationalen Regierung beteiligt waren[4], sprachen sich anfangs gegen die Dezentralisierung aus, da sie das Erstarken reaktionärer Lokalinteressen befürchteten. Die kommunistische wie die sozialistische Linke setzte ihren Schwerpunkt nach dem Ende des Krieges auf die soziale Transformation des Landes; die Relevanz der Regionalproblematik trat demgegenüber zurück und wurde im Gegenteil als Behinderung für wirklich grundlegende soziale und ökonomische Reformen verstanden. Die zentralistische Sicht des Staates sah in diesem das Instrument, zentrale Reformen und wirtschaftspolitische Planungen durchzusetzen; diese Möglichkeiten schienen durch dezentrale Entwicklungen in Gefahr zu geraten.

Die regionalistische Positionsbeziehung der DC brachte die politische Linke jedoch in Zugzwang. Die kommunistische Partei griff die dezentralen Aspekte Gramscis Theorie auf (vgl. Kap.II) und verband die institutionelle Frage der Regionalordnung zunehmend mit ökonomischen Aspekten. Für die KPI bestand allerdings ein Spannungsverhältnis zwischen einem doktrinären Zentralismus einerseits, und der Notwendigkeit, gerade im Süden des Landes politische Glaubwürdigkeit zu erlangen. Innerhalb der KPI überwog anfänglich das Modell einer eingeschränkten, rein administrativen Dezentralisierung ohne volle Finanzautonomie und ohne eigenständige legislative Kompetenzen. Dadurch sollte den traditionellen oder reaktionären Kräften die Möglichkeit genommen werden, in den Regionen eine Basis für die Opposition gegen die zentralstaatliche Politik und Gesetzgebung zu finden.

Je nach kurzfristiger politischer Interessenlage und historischen, ideologischen und politisch-taktischen Erwartungen erfolgten in den Jahren nach Kriegsende strategische Richtungsänderungen der politischen Kräfte, die insbesondere aus den Machtverhältnissen auf der nationalen Ebene und der jeweiligen Einschätzung einer möglichen Regierungsbeteiligung resultierten. Die Kräfteverhältnisse im Zentrum bestimmten, ob die Regionen als potentielle Arena oppositioneller politischer Gegenmacht eingeschätzt und deshalb bekämpft werden mußten (Voss 1990, 97). Nach der Krise von 1947 und dem Ausschluß der Linken aus der antifaschistischen Regierungskoalition, mit der ihre Verankerung und Machtbasis auf zentralstaatlicher Ebene verlorenging, orientierte sich die Linke strategisch neu und die politischen Fronten verkehren sich. Der Zentralstaat fand in der regierenden DC und der Regierungsbürokratie seine stärksten Befürworter, da sie die Beschränkung ihrer Macht und ein Erstarken politischer Gegenkräfte auf dezentraler Ebene verhindern wollten. Die Kommunisten

---

4 Im nationalen Befreiungskommittee (*Comitato di Liberazione nazionale* CNL) hatten die sechs wiedererstandenen antifschistischen Parteien die gleiche Anzahl von Vertretern entsandt.

dagegen verabschiedeten sich von der Formel, nur das norditalienische Proletariat könne die Revolution im Süden bewerkstelligen, und begannen eine Politik der Unterstützung meridionalistischer Bewegungen für die Landreform (Keating 1988, 142). Eine regionale Autonomie, die der vertikalen Verbindung zwischen den lokalen Notabeln und dem Zentralstaat und seinen Ressourcen ein Ende machen sollte, stellte nunmehr die Möglichkeit einer grundlegenden Erneuerung des politisch-institutionellen Systems insgesamt dar. Diese Neuorientierung basierte zudem auf der Hoffnung, die Einrichtung der Regionen könne neue Möglichkeiten der politischen Einflußnahme eröffnen (Gizzi 1991, 8).

Die sozialistische Partei blieb in der Nachkriegszeit dagegen weiterhin dem Zentralismus und dem "Wind des Nordens" (*vento dal nord*) verpflichtet, der Doktrin, nach der eine Befreiung der "ignoranten süditalienischen Massen" nur durch das norditalienische Proletariat vonstatten gehen könnte (Keating 1988, 136). Erst mit ihrer strategischen Umorientierung in den 50er Jahren, nach dem ungarischen Aufstand, dem XX. Kongreß der KPdSU und dem Ende des Bündnisses mit den Kommunisten, änderte sie ihre grundsätzliche Ablehnung dezentraler Staatsstrukturen zugunsten reformistischer Ansätze.

Die Aktionspartei (*Partito d'Azione*)[5], in der eine Vielfalt von häufig gegensätzlichen politischen Strömungen von der extremen revolutionären Linken bis hin zu republikanisch-realpolitischen Haltungen vertreten war, verstand die Region als wichtiges Element der Staatsreform und der Erneuerung des ökonomischen und demokratischen Lebens.[6] Die Region wurde als "operatives Zentrum" der Agrarreform und damit der sozialen und der technologischen Erneuerung in der Landwirtschaft angesehen. Aufgaben des Staates und der lokalen und regionalen Körperschaften sollten territorial differenziert werden, um eine effektive Autonomie der untergeordneten Körperschaften zu gewährleisten.

1946 organisierte die Aktionspartei einen Kongreß in Bari, der auf eine breite politische Resonanz stieß und die Südfrage ins öffentliche Bewußtsein brachte. Der Kongreß erarbeitete eine politische Strategie, die den Aufschwung des Südens und die Ablösung der alten herrschenden Elite zum Ziel hatte. Diese Orientierungen wurden von allen Parteien des antifaschistischen Widerstands geteilt. Ihre Durchsetzung scheiterte allerdings an den Widersprüchen zwischen den Parteien und an der wahlpolitischen Niederlage der Aktionspartei, der es bei aller intellektuellen Brillanz an einer breiten sozialen Basis mangelte (Keating 1988, 137).

---

5   1853 auf Initiative Mazzinis mit einem republikanischen und revolutionären Programm entstanden. 1942 wiederentstanden war die Partei im Widerstand gegen den Faschismus aktiv. Nach der Wahlniederlage von 1946 löste sie sich auf (vgl. Kap.II).
6   Guido Dorso, der der Partei angehörte, verzichtete zeitweise zugunsten einer nationalen parteipolitischen Vertretung auf seine Idee der süditalienischen Revolutionären Meridionalistischen Partei. Er gründete jedoch 1945 eine eigene süditalienische Aktionspartei, die *Partito d'Azione meridionale* (Barbera 1994, 34).

Die republikanische Partei, die auf regionalistische Traditionen zurückblicken konnte, sah die Autonomie der Region als wesentlichen Bestandteil der institutionellen Reformen, die mit der Gewährleistung demokratischer und freiheitlicher Rechte für die Bürger einhergehen sollte. Die Entwürfe zur realen Ausgestaltung des Regionalmodells variierten dabei allerdings innerhalb der Partei und gingen von einer bloß freiwilligen Föderation von Kommunen bis hin zu einem Modell, das sich einer föderativen Konzeption des Staates annäherte.

Selbst die traditionell zentralistische liberale Partei, die sich zum Großteil aus den lokalen Notabeln zusammensetzte und in Süditalien eng mit der Grundbesitzerklasse verbunden war, wies einige regionalistische Elemente auf. Insbesondere der Politiker Luigi Einaudi vertrat Positionen, die die föderale Struktur der Schweiz zum Vorbild nahmen und gewählte lokale Körperschaften mit spezifischen legislativen Kompetenzen vorsahen.

Die unterschiedlichen Perspektiven in der verfassungsgebenden Versammlung, kombiniert mit den kurzfristigen politischen Richtungsänderungen der wichtigsten Parteien je nach politischem Kontext führten zu einer Kompromißformel, die in vielerlei Hinsicht lückenhaft und unklar blieb. Obwohl die Verfassung die Wahl der Regionalräte und der gewählten Organe der Provinzen innerhalb eines Jahres nach ihrem Inkrafttreten[7] vorgesehen hatte, nahmen die Regionen erst am 1.4.1972 ihre Tätigkeit auf. Die Regionalisierung des Landes wurde verursacht durch eine "verschleppende Obstruktionspolitik seitens der ursprünglich regionalisierungsfreundlichen christdemokratischen Regierungsmehrheit, die in der Bildung regionaler politischer Zentren zunehmend eine Gefährdung dieser Mehrheit sah" (Voss 1990, 104f.). Die Partei verband "die 'Arroganz der Macht' der Christdemokraten - wie es der (christdemokratische!) Politiker Aldo Moro formulierte - mit allen konservativen Kräften und namentlich mit den Widerständen der Zentralbürokratie und der Tradition der Einheitsbewegung und der Monarchie" (Chiti-Batelli 1977). Auch die zentrale Verwaltung boykottierte die Aufgabe realer Machtbefugnisse, die mit der Regionalisierung verbunden gewesen wäre.

Die Verfassung von 1948[8] räumte den Regionen, ebenso wie Provinzen und Gemeinden, verfassungsrechtlichen Stellenwert im Rahmen der "einen und unteilbaren Republik" ein (Art.5). Obwohl die Regionen allgemeinen Rechts[9] zunächst Verfassungsauftrag blieben, legte die Verfassung bereits Struktur, Kompetenzen und Finanzsystem sowie Kontroll- und Konfliktlösungsmechanismen detailliert fest.[10]

---

7   *Disposizioni transitorie e finali*, Art. VIII, in: Camera dei Deputati 1987, 49.
8   Die Verfassung löste das sogenannte "albertinische Statut" ab, das unter König Karl Albert am 4.3.1848 für Piemont verabschiedet worden war (vgl. Kap.II).
9   Es handelt sich dabei um die sogenannten Normalstatutregionen; vgl. Voss 1990, 100.
10   Art.5 und Art.114-133. Die Tatsache, daß ein ganzer Verfassungsabschnitt - von insgesamt nur sechs - den untergeordneten Gebietskörperschaften gewidmet ist, zeigt die Relevanz, die dieser

Art.115 verleiht den Regionen den Status von "autonomen Körperschaften", die "mit eigenen Befugnissen und Aufgaben gemäß den in der Verfassung festgelegten Grundsätzen" ausgestattet sind; es handelt sich also um Selbstverwaltungskörperschaften mit festgelegten Befugnissen und Aufgaben in bestimmten Bereichen[11] (Camera dei Deputati 1987, Art. 117; Voss 1991, 108).[12] Die Kompetenzverteilung zwischen Zentralstaat und Regionen wird nach inhaltlichen Kriterien ohne Residualklausel festgelegt.[13] Die Regionen verfügen nach Art.119 der Verfassung über Finanzautonomie. Die vergleichsweise eingeschränkten gesetzgebenden Gewalten bestehen im Bereich der "klassischen" regionalen Zuständigkeiten unter Berücksichtigung der zentralstaatlichen Rahmengesetzgebung und unter zentralstaatlicher Kontrolle.

2. Die Einrichtung der Regionen in den siebziger Jahren

Trotz der anfänglichen breiten Unterstützung der demokratischen und antifaschistischen Regionalordnung wurde ihre Umsetzung vor allem aufgrund der gegenläufigen Interessen der christdemokratischen Partei verzögert. Erst grundlegende Veränderungen der politischen Rahmenbedingungen erlaubten eine Überwindung dieser Blockade. Das neue politische Klima, das in den 60er Jahren die ersten Mitte-Links-Regierungen ermöglichte[14], und die allgemeine Forderung nach mehr Demokratie durch die Arbeiter- und Studentenbewegung legte die Grundlage für die Einrichtung der Regionen 1970. Dazu trug die politische Initiative der Linken und vieler fortschrittlicher Intellektueller maßgeblich bei, die darin eine wichtige Erneuerung der Institutionen und der administrativen Effizienz sowie eine Ausweitung der politischen Partizipation erblickten. Diese Einschätzung wurde zu einer Forderung, die weit über das linke Parteienspektrum hinaus geteilt und ebenfalls durch die außerparlamentarische Opposition formuliert wurde (Rotelli 1976, 436).

Frage in der republikanischen Gründungsphase beigemessen wurde; vgl. Camera dei deputati 1987, 36-44.
[11] Vor allem Stadt- und Landpolizei, öffentliche Wohlfahrt, Gesundheitswesen, Berufsausbildung, Fremdenverkehr, regionale Wirtschaftsförderung, Raumordnung, kulturelle Kompetenzen, Tourismus, Land- und Forstwirtschaft, Umweltpolitik, Infrastruktur (Straßenbau usw.), Versorgungswirtschaft (Energie- und Wasser).
[12] Art.131 legt die Regionen namentlich fest (Piemont, Aostatal, Lombardei, Trient-Oberetsch, d.h. Südtirol, Venetien, Ligurien, Emilia Romagna, Toskana, Umbrien, Marken, Latium, Abruzzen, Kampanien, Apulien, Basilikata, Kalabrien, Sizilien, Sardinien und 1963 Friaul-Julisch Venetien und Molise. Art.117ff. regeln die Charakteristiken der Regionalordnung selbst, sowie die Ausgestaltung der regionalen Verhältnisse durch Regionalstatute oder durch gesetzliche Ausführungsgesetze des Zentralstaats (Camera dei deputati 1987; Voss 1990, 100f.).
[13] Art.117 Verfassung.
[14] Die Aktionseinheit PCI/PSI war bereits 1957 auseinandergebrochen; darauf folgte die sogenannte "Mitte-Rechts-Alternative" (DC-Minderheitenregierung mit Unterstützung von Monarchisten und Neofaschisten) und 1960 die Tambroni-Krise. Die zahlreichen Reformversprechen wurden kaum eingehalten, und das System war durch ständige Regierungskrisen als dauernde Begleiterscheinung des politischen Lebens gekennzeichnet. Diese Krisenhaftigkeit ist allerdings weniger als Ausdruck einer Systemkrise zu interpretieren denn als Resultat eines "kräfteraubenden Poker um Machtpositionen innerhalb und zwischen den Parteien" (Hausmann 1989, 53).

Neben der Forderung nach einer grundlegenden Modernisierung des italienischen Kapitalismus und der Nationalisierung von Schlüsselindustrien wurde die Vertretung autonomistisch-regionalistischer Positionen ein zentraler Verhandlungspunkt der ehemals zentralistischen sozialistischen Partei um das Regierungsprogramm mit den Christdemokraten. Damit wurde die Regionalisierung erstmalig vom abstrakten Reformprojekt zum konkreten politischen Programm. Regionalisierung stand für Erneuerung des politischen Systems, für mehr Partizipation und Demokratie, und mehr wirtschaftspolitische Planung. Dezentralisierten Staatsformen wurde eine weit ausgeprägtere Fähigkeit zugeschrieben, Initiativen "von unten" Raum zu geben. So konnte zu Beginn der 70er Jahre die ersten Regionalwahlen und die Verabschiedung der Regionalstatute erfolgen.

Mit der Einrichtung der Regionen Ende der 60er und Anfang der 70er Jahre wurde ein duales System getrennter Verwaltungsaufgaben zwischen Staat und Region realisiert, das in der Verfassung bereits angelegt war. Das Regionalwahlgesetz Nr.108 wurde im Februar 1968 erst nach einem "Rekord-Obstruktionismus von Seiten der konservativen Kräfte" verabschiedet (Putnam 1993, 25). Zwei Jahre darauf folgte das Regionalfinanzgesetz Nr.281 von 1970.[15] Im Juni 1970 erfolgten die Wahlen zu den ersten Regionalräten, in den Monaten darauf die der Regionalpräsidenten und die Bildung der Regionalregierungen.[16] Die Regionen erarbeiteten Regionalstatute, in denen Strukturen, Prozeduren und Kompetenzen der Regionen im Einzelnen festgelegt wurden; dieses Recht, eigene Regionalstatute zu verabschieden stellt die Grundlage der Autonomie und Selbstorganisation der Regionen dar.[17] Die Regionen sind also als Körperschaften mit legislativen und programmatischen Kompetenzen und als Regierungsinstanzen mit eigener demokratischer Legitimation konzipiert.[18]

In den Statuten der Regionen, die zwischen 1970-71 ausgearbeitet und verabschiedet wurden, fanden Formen der direkten Demokratie breiten Raum. Die Parteien

---

15   Neben dem Regionalwahlgesetz Nr.108 vom 17.2.1968 und dem Regionalfinanzgesetz Nr.281 vom 16.5.1970, (*Provvedimenti finanziari per l'attuazione delle Regioni a statuto ordinario*) waren vor allem folgende Gesetze für die Durchführung der Regionalisierung relevant: das Änderungsgesetz Nr.1084 vom 23.12.1970, die Verabschiedung der einzelnen Regionalstatute im Laufe des Jahres 1971, die Überleitungsdekrete 1-11 von 1972 (*Trasferimenti di attribuzioni alle regioni*). Vorausgegangen war das sogenannte Scelba-Gesetz vom 10.2.1953 über "Verfassung und Funktionieren der Regionalorgane". Später folgte das Gesetz Nr.853 von 1974 zur funktionalen Autonomie der Regionalräte (Giannini 1981, 20f.). Zu den einzelnen Gesetzen siehe Voss 1991, 104f.
Der erste ökonomische Fünfjahresplan (Gesetz Nr. 685 von 1967) hatte unter der Liste der notwendigen Reformen auch die "Realisierung des regionalen Staates" aufgeführt, als Voraussetzung der Durchführung einer sogenannten "effizienten Programmpolitik" (Giannini 1981, 20ff.).
16   Die Regionalräte wurden bis zur Wahlreform 1994 nach freiem und geheimem Verhältniswahlrecht demokratisch gewählt. Sie haben je nach Bevölkerungsdichte der Region zwischen 30 und 80 Abgeordnete. Das politische Modell der Regionen reproduziert in weiten Zügen das parlamentarische Modell der nationalen Ebene (vgl. Kap.IV).
17   Die Regionalstatute benötigen allerdings die formale Bestätigung durch das italienische Parlament.
18   Die Überleitungsdekrete Nr.1-11 von 1972 wurden von Anfang an von Repräsentanten beinahe aller politischen Parteien und der Öffentlichkeit als unzureichend angesehen (Putnam 1993, 26).

selbst blieben allerdings in ihrer Praxis eher auf Formen der repräsentativen Demokratie beschränkt, da die Mechanismen der direkten Demokratie weit weniger ihrer Funktion und ihrer Kontrolle entsprachen.[19]

Die Übertragung wirklich relevanter zentralstaatlicher Kompetenzen an die Regionen wurde jedoch erst in der "zweiten Phase der Regionalisierung" im wiederum veränderten politischen Kontext Mitte der 70er Jahre möglich. Mit dem Sieg der Kommunisten in den Regionalwahlen 1974 trat die "linke Alternative" auf die politische Tagesordnung, und der "historische Kompromiß" zwischen KPI und DC rückte in den darauffolgenden Jahren in greifbare Nähe.[20] Unterstützt von Sozialisten und linken Christdemokraten setzte sich die KPI für eine stärkere Dezentralisierung ein; die regionale Ebene wurde als wichtige politische Handlungsebene und Verhandlungspartner anerkannt. Die "regionalistische Front", die die parlamentarische Verabschiedung von Gesetz Nr.382 vom 22.7.75 und von Regierungsdekret Nr.616 vom 24.7.1977 durchsetzte, war eine Koalition unterschiedlichster politischer Couleur aus Nord- und Süditalien, unter der Leitung vor allem der Regionen Lombardei (progressive DC) und Emilia Romagna (KPI). Diese regionalistischen Kräfte wurden von den sympathisierenden Massenmedien und der öffentlichen Meinung sowie dem Ministerium und der interparlamentarischen Kommission für die Regionen gestützt (Putnam 1993, 26f.).

Die Übertragung nationaler Kompetenzen auf die Regionen, die in etwa der zweiten regionalen Legislaturperiode (1975-80) entsprach, war dagegen durch eine viel weitergehende Verlagerung von Funktionen auf die regionale Ebene und die Vorgabe vielfältiger Koordinierungs- und Kooperationsmechanismen zwischen Zentralstaat und Regionen gekennzeichnet. Vor allem Gesetz Nr.382 von 1975 ersetzte die Verfassungsliste der Regionenkompetenzen durch funktionalere Kriterien. Aus der dualistisch angelegten Struktur von separaten nationalen und regionalen Körperschaften mit rigide getrennten Funktionen der Verfassung wurden Körperschaften, die "notwendige Beziehungen mit dem Staat haben für all diejenigen Funktionen (des Verfassungsparagraphen 117), die nicht streng territoriale oder die regionale Ge-

---

[19] Allerdings zeigt die Analyse der ersten Legislaturperiode nach Einrichtung der Regionen, daß die Nutzung dieser Formen direkter Demokratie nur sehr eingeschränkt und das politische Leben in der Region weitgehend auf Formen der repräsentativen Demokratie begrenzt blieb (Rotelli 1976, 437; Galgano 1972).

[20] Die KPI gewann 5% Stimmen dazu, das sind insgesamt 33.5% der Wählerstimmen, während die DC, bei einem Verlust von 2.6% auf 35.3% rutschte. Die KPI hätte somit zusammen mit PSI und PSDI 51% erreicht, und neben die roten Regionen der ersten Legislaturperiode (Toskana, Emilia Romagna, Umbrien) traten Ligurien, Latium und Piemont. Bei den gleichzeitig abgehaltenen Kommunalwahlen traten neben Bologna und Florenz auch in Rom, Neapel, Genua, Mailand, Turin und Venedig "rote" Stadtregierungen. Die Wahlen zum nationalen Parlament von 1975 bestätigten diesen politischen Trend: die KPI gewann gegenüber 1972 7% der Stimmen dazu, und die KPI und die PSI vereinten gemeinsam 53.2% der gesamten Wählerstimmen auf sich. In der zweiten Hälfte der 70er Jahre bestand eine Regierung der "Nationalen Solidarität" als DC-Minderheitsregierung unter einer Politik des "Nicht-Mißtrauens" der KPI.

meinschaft betreffende Charakteristiken haben".[21] Diese Regelung ging über die Verfassungsnormen hinaus und schuf eine "gegenseitige Verwicklung zwischen Staat und Regionen" (Giannini 1981, 30) mit weit ausgeprägteren kooperativen Elementen, so daß "heute kaum mehr eine einzige Regierungsebene als allein zuständig ausgemacht werden kann" (Voss 1991, 122). Obwohl die Verfassung ursprünglich volle und ausschließliche Verwaltungshoheit in den regionalen Kompetenzbereichen verfügt hatte, entstanden nun konkurrierende Verwaltungs- und Gesetzgebungsbefugnisse für bestimmte Sachgebiete.

Gesetzesdekret Nr.616 von 1977, das nach langwierigen Verhandlungen verabschiedet wurde, bewirkte eine reale Verlagerung relevanter politisch-administrativer Kompetenzen auf die Regionen und damit die Durchsetzung ihrer Autorität zumindest auf formaler Ebene. Damit war die Übergabe von mehr als 20.000 Büros der Zentralverwaltung und spezifischer Ministerien, der legislativen Kompetenzen vor allem im Bereich der sozialen Dienstleistungen und der Raumplanung, des Bauwesens und der Urbanistik, der Landwirtschaft, sowie der Transfer der gesamten Verantwortung für das Gesundheits- und Krankenhauswesen und teilweise des Bildungswesens verbunden. Die regionalen Aufgabenbereiche wurden in vier Sektoren unterteilt: Verwaltungsordnung und -organisation; soziale Dienst-leistungen; wirtschaftliche Entwicklung; Raumordnung und -nutzung. Damit wurde eine weit kompaktere Funktions- und Organisationsstruktur geschaffen. Den Regionen unterstand nunmehr die Verwaltung von mindestens einem Viertel des gesamten nationalen Haushalts (Putnam 1993, 28ff.).

2. Das Regierungs-, Verwaltungs- und Finanzsystem des Regionalstaates

a) Beziehung Staat/Regionen und Finanzautonomie

Nach dem ursprünglichen Regionalmodell, das den Regionen eine innovative Funktion des institutionellen System zugewiesen hatte, sollten die bürokratisch-ministerielle Strukturen der nationalen Ebene und ihre rigide Aufgabenteilung nicht kopiert, sondern durch eine kollegiale, projektorientierte Organisationsstruktur ersetzt werden (Rotelli 1976, 431). Dennoch wurden die Unterteilung in Dezernate und die daran orientierte Machtaufteilung zwischen Parteien, Parteiströmungen und Fraktionen auf der regionalen Ebene reproduziert.

Die Beziehungen zwischen Regionen und Zentralstaat sind vor allem durch zwei strukturelle Merkmale charakterisiert: Existenz der Richtlinien- und Koordinierungsfunktion des Zentralstaates, die bereits in Gesetz Nr.281 von 1970 (Art.17) angelegt und in späteren Gesetzen weiter spezifiziert wird[22], und der abgeleitete Charakter

---

21 Siehe Gesetz Nr.381 von 1975, Art.1.
22 Gesetz Nr.218 vom 16. Mai 1970 (*Provvedimenti finanziari per l'attuazione delle Regioni a statuto ordinario*). Weitere Festlegungen zur Richtlinien- und Koordinierungsfunktion des Staates erfol-

des regionalen Finanzsystems. Die Zuerkennung legislativ-administrativer Kompetenzen durch den Zentralstaat wurde zur Grundlage einer zunehmenden Dominanz der nationalen Ebene, die sich bereits in der Phase der Übertragung zentralstaatlicher Kompetenzen, und später in der Rechtmäßigkeitskontrolle des Zentralstaats in legislativen wie in Sachfragen sowie in der Vermittlung des Verfassungsgerichtshofes im Falle von Kompetenzunsicherheiten restriktiv äußerte. Der Vorbehalt der Lenkungs- und Koordinierungsfunktion wurde zum hauptsächlichen Instrument der zentralstaatlichen Kontrolle und Einflußnahme auf das Verwaltungshandeln der Regionen. Nach der vollendeten Übertragung der Funktionen auf die regionale Ebene wurden diese Befugnisse in spezifischen Fragen vom Ministerrat an die zuständigen Fachminister delegiert und stellten so "im Ergebnis einer direkten Fachaufsicht des Fachministers über die Region" dar (Voss 1991, 120). Die Einrichtung des Regierungskommissariats, das die legislative Tätigkeit auf Verletzung der Kompetenzen oder der Interessen des Staates untersucht und Gesetze an den Regionalrat zurückverweisen kann, stellte eine weitere Kontrollmöglichkeit durch den Zentralstaat dar. Die regionale Autonomie wurden so im Laufe der Zeit immer stärker eingegrenzt (Voss 1991, 133), die regionalen Rechte trotz eigener Regionalverfassungen oder Statute bleiben in der Praxis vom Zentralstaat abgeleitet.

Häufig blieben die Kompetenzbereiche zwischen allen drei Ebenen (Zentralstaat, Regionen, lokale Körperschaften) unklar, da sie nach funktionalen Bereichen (z.B. Programme für die Landwirtschaft oder das Bauwesen) ausgewiesen und nicht nach klaren Definitionen von Verantwortungsbereichen für die einzelnen Ebenen gegliedert wurden (Putnam 1993, 55). Dies gab Grund zur Entwicklung eines Systems von inoffiziellen oder halb-offiziellen Verhandlungen und Konsultationen zwischen den beteiligten Ebenen und Instanzen zu Koordinierungszwecken außerhalb der demokratischen Kontrolle.

Im Verfassungsmodell verfügten die Regionen zwar über Finanzautonomie in den "durch Gesetze der Republik bestimmten Formen und Grenzen". Die reale Finanzhoheit[23] wurde jedoch nur sehr eingeschränkt verwirklicht. Eigene regionale Steuermittel konnten nur sehr begrenzt erhoben werden, während die regionalen Anteile an den nationalen Staatseinnahmen meist als zweckgebundene Transferleistungen im jährlichen Haushaltsgesetz erfolgten, trotz Existenz eines Gemeinschaftsfond, der

---

gen in den Dekreten zur Übertragung der Verwaltungsaufgaben auf die Regionen (Dekrete des Präsidenten der Republik dpr Nr.1-11 vom 14.1.1972), in Art.3 des Gesetzes Nr.382 vom 22.7.1975 (*Norme sull'ordinamento regionale e sulla organizzazione della pubblica amministrazione*); in Art.4 des Dekrets Nr.916 vom 24.7.1977 (*Attuazione della delega in cui all'art.1 della legge 22. luglio 1975 Nr.382*), das die Übertragung der Aufgaben auf die Regionen zum Abschluß brachte; in Art.2 des Gesetzes Nr.400 vom 23.8.1988 (*Disciplina sull'attività di governo e ordinamento della Presidenza del consiglio*); in Art.9 des Gesetzes Nr.86 vom 9.3.1989 (*Norme generale sulla partecipazione dell'Italia al processo normativo comunitario e sulle procedure di esecuzione degli obblighi comunitari*). Vgl. Onida 1990, 253; siehe hier auch die wichtigsten Entscheidungen des Verfassungsgerichtshofes.
[23]   Ausführungsgesetz Nr.281 von 1970.

als Umverteilungsinstrument zwischen den Regionen fungieren sollte.[24] Daneben bestehen weitere Finanzzuweisungen, über die ebenfalls die nationale Ebene bestimmt: in erster Linie der Fond für die Finanzierung regionaler Entwicklungsprogramme[25], sowie verschiedene Spezialfonds einzelner Ministerien. "Insgesamt machen die Zuweisungen an die Regionen aus der Staatskasse mindestens 90% des regionalen Haushalts aus" (Voss 1991, 131). Der finanzielle Spielraum, und damit die Entscheidungsautonomie der Regionen bleibt jedoch insgesamt durch die Zweckgebundenheit der Mittel auf weniger als 3% des regionalen Haushalts sehr begrenzt. Die Finanzreform von 1973 verstärkte die Rolle der Regionen als "dezentralisierte Ausgabenschalter" des Staates durch den abgeleiteten Charakter und die ausgeprägte Zentralisierung des Finanzsystems, die in den 80er Jahren, in der Phase der sektoralen Sondergesetzgebungen, ihren Höhepunkt erreichte (Vitali 1994, 216f.).

b) Regionale Beteiligung auf gesamtstaatlicher Ebene

Die Beteiligung der Regionen am gesamtstaatlichen Politikprozeß, die eine wichtige Voraussetzung einer wirklich kooperativen Gestaltung der demokratischen Willensbildung darstellt, ist im Verfassungsmodell in erster Linie auf das Gesetzesinitiativrecht (Art.71) sowie das Recht auf die Einberufung von Volksabstimmungen durch mindestens fünf Regionalräte (Art.75) begrenzt.[26] Ursprünglich war die zweite Kammer des italienischen Parlamentes, der Senat, als Repräsentanzorgan der Regionen in Form einer Art Bundesrat in der Diskussion; in die Verfassung fand dies jedoch nur in der Festlegung der Wahlkreise Eingang, d.h. in der vagen Formulierung, die Wahl der Senatsabgeordneten habe "auf regionaler Basis" zu erfolgen (Art.57). Eine reale politische Bedeutung kam dem jedoch nicht zu.

Die weitgehenden Einfluß- und Kontrollbefugnisse, die der Zentralstaat mit Hilfe der Lenkungs- und Koordinierungsbefugnis über die Regionen ausübt, werden deshalb keineswegs durch Beteiligungsmechanismen der Regionen am nationalen Politikgeschehen ausgeglichen. "Häufig werden staatliche Kompetenzen unter Berufung auf unteilbare nationale Interessen beibehalten oder neu geschaffen oder als konkurrierende bzw. substituierende Planungs- oder Koordinierungsbefugnisse gerechtfertigt. Die Grenze zwischen Richtlinie und Gängelung ist dabei fließend." (Onida 1990, 253).

---

24 Die Anteile an den staatlichen Steuereinnahmen sind in Art.8 Regionalfinanzgesetz festgelegt (vgl. Voss 1991, 130). Der Verteilerschlüssel des Fonds berücksichtigt Kriterien wie die Einwohnerzahl (60%), die territoriale Ausdehnung (10%), die Auswanderungsquote, die Arbeitslosenzahl und das Pro-Kopf-Aufkommen an Lohn- und Einkommensteuer (30%).
25 Die Entscheidungsvollmacht unterliegt dem CIPE, der nationalen interministeriellen Kommission für die wirtschaftliche Planung.
26 Darüberhinaus erhalten die Regionen das Recht auf die Beteiligung regionaler Delegierter an der Wahl des Staatspräsidenten (Voss 1991, 124).

Die Gestaltung der Beziehungen zwischen Regionen und Zentralstaat sollte 1980 durch die Einrichtung einer Studienkommission verbessert werden, die die Schaffung einer "Ständigen Konferenz der Regionen" beim Ministerrat untersuchte, mit eigenem ständigem Sekretariat und Verbindungsbüros mit den gemischten repräsentativen Organen (Senato della Repubblica/Camera dei Deputati 1980, 243, 246). 1983 wird die "Konferenz Staat-Regionen" (*Conferenza Stato-Regioni*) mit einem Dekret des Ministerratspräsidenten vom 12.10. geschaffen. Aus dem unverbindlichen Charakter dieser Institution resultierte jedoch ihre Ineffizienz: in sechs Jahren ihrer Existenz trat sie nur fünfmal zusammen, "ohne irgendwelche relevanten Ergebnisse zu produzieren" (CINSEDO 1989, 121). 1988 ging jedoch daraus die durch Gesetz Nr.400 geschaffene "Ständige Konferenz für die Beziehungen zwischen dem Staat, den Regionen und den autonomen Provinzen" (*Conferenza permanente per i rapporti tra lo Stato, le Regioni e le Province autonome*) hervor. Sie setzt sich aus den Präsidenten der Regionen unter Vorsitz des Ministerratspräsidenten zusammen; letzterer beruft sie mindestens einmal pro Semester ein, also alle sechs Monate.[27] Diese Pflicht der periodischen Einberufung (Art.12) sowie die Überwindung des "Einladungscharakters" an die Präsidenten der Regionen, an ihren Sitzungen teilzunehmen, unterscheidet diesen Organismus von der vorherigen Konferenz Staat-Regionen.

Die Aufgaben der reformierten Ständigen Konferenz betreffen Information und Konsultation der Regionen sowie verbesserte Kommunikation zwischen Staat und Regionen (Camera dei Deputati 1991, 1). Durch Gesetz Nr.418 vom 16.12.1989 wurden ihre Kompetenzen weiter präzisiert; die Konferenz konnte nun auch durch die Präsidenten der Regionen einberufen werden (Venti 1990/91, 39f.).[28] Die Konferenz löste die vielzähligen und unübersichtlichen interregionalen Kommissionen und Kommitees ab und integrierte sie in ihre Funktionen (Torchia 1990, 1045); unter anderem wurden die interregionale Kommission für die ökonomische Planung (*Commissione interregionale per la programmazione economica*; Art.9 von Gesetz Nr.48 vom 27.2.1967) sowie die Interregionale Kommission (*Commissione interregionale*; Art.13 von Gesetz Nr.218 vom 17.3.1970) aufgelöst.

Die zentrale Kritik an der Funktionsfähigkeit der Konferenz, nicht nur von Seiten der Regionen selbst, stellt die Eingrenzung ihrer Kompetenzen auf rein beratende Tätigkeiten heraus, die eine potentielle Ausdehnung ihrer Funktionen hin zu kooperativeren Formen beinah gänzlich ausschließt (Capotosti 1981). Die Konferenz leidet unter ihrem Kompromißcharakter, mit dem einerseits die politische Ausgrenzung der Regionen aus dem nationalen Politikgeschehen vermieden, andererseits aber die Ausweitung ihrer nationalen Repräsentanz durch eine effektive Regionenkammer ver-

---

27   *Disciplina dell'attività di governo e Ordinamento della Presidenza del Consiglio dei Ministri*, 23.8.1988.
28   Siehe auch desweiteren *Decreto del Presidente del Consiglio* vom 16.2.1989, vom 13.2.1990 und vom 31.1.1991 (Camera dei Deputati 1991).

hindert werden soll. Die Nutzung ihrer formalen Möglichkeiten hängt allerdings nicht zuletzt von der Initiativfähigkeit der Regionen selbst ab (vgl. Kap.IV).

III.2. DER MEZZOGIORNO IM REGIONALMODELL

1. Neue Strategien des Meridionalismus nach 1948

er Faschismus hatte die Süditalienfrage[29] negiert und stellte unter entwicklungspolitischen Vorzeichen die "Perfektionierung des landwirtschaftlich-industriellen Blocks dar, der sich in den ersten fünfzig Jahren der italienischen Geschichte herausgebildet hatte" (Guarnieri 1992, 911). Im Mezzogiorno wurden zwar einige wichtige Industrieansiedlungen durch öffentliche Maßnahmen der staatlichen Industrieholding IRI beispielsweise in Neapel realisiert (Stahl- und mechanischer Sektor). Diese und wenige andere spezifische Maßnahmen waren jedoch nur sporadische Ausnahmen einer beinah gänzlich auf die Stärkung der norditalienischen Schwerindustrie ausgerichteten Wirtschaftspolitik, während im Süden ein Verbot der inneren Migrationen ausgesprochen wurde (Praussello 1979, 14f).[30]

Die Landung der Alliierten 1943 in Süditalien und die Ausrufung der faschistischen "sozialen Republik von Salò" durch die Marionettenregierung Mussolinis im von den Deutschen annektierten Nord- und Mittelitalien[31] sowie der Kriegseintritt der Badoglio-Regierung an der Seite der Westalliierten im Oktober 1943 hatten eine Spaltung Italiens in zwei miteinander im Krieg befindliche Landesteile produziert. In Süditalien entstand durch den Abbruch der Handelsbeziehungen mit Norditalien und die Kriegszerstörungen, vor allem aber die Schwäche des Industriebestands und der infrastrukturellen Ausstattung[32], der durch die Rückkehr der Soldaten erhöhte Be-

---

[29] Unter Mezzogiornofrage wird die Entwicklungsproblematik des italienischen Südens verstanden. Der Mezzogiorno, d.h. italienisch Mittag, ist der Teil Italiens südlich von Rom einschließlich Siziliens; er umfaßt die heutigen Regionen Kampanien, Kalabrien, Sizilien, Sardinien, Apulien, Abruzzen, Molise und Basilikata. Insgesamt handelt es sich um 35,6% der Gesamtbevölkerung Italiens (1981); dem entspricht eine weit niedrigere Produktivität dieses Landesteils, der nur 24,6% des gesamtitalienischen Bruttoinlandproduktes erwirtschaftet (1988; ISTAT 1991, 29 und 98). Im ökonomischen Kontext wird häufig auch der Bereich der Cassa per il Mezzogiorno zugrundegelegt, der einige Provinzen des südlichen Latiums (Latina und Frosinone), die beiden Inseln Giglio und Elba, sowie Teile der Provinzen Rom, Ascoli Piceno und Rieti umfaßt. Dieses Gebiet betrifft insgesamt mehr als 40% des gesamten italienischen Staatsgebietes (Paussello 1979, 9).
[30] Zur Entwicklung der süditalienischen Frage während des Faschismus siehe Barbagallo 1980, 63ff.
[31] Vorausgegangen war nach mehr als zwanzigjähriger faschistischer Herrschaft der Sturz Mussolinis, die Einsetzung der Nachfolgeregierung Badaglio (26.Juli bis 8.September 1943), die Waffenstillstandsverhandlungen und am 6. September 1943 die Flucht der Badaglio-Regierung und des Königs in den von den Alliierten kontrollierten Landesteil. Rom wurde durch die Deutschen besetzt und Mussolini befreit. Am 21. April 1944 wurde dann eine "Regierung der nationalen Einheit" unter Beteiligung aller Parteien des Nationalen Befreiungskommitees CNL gebildet.
[32] Die Zerstörung des Industriebestandes wird im Süden auf über 30%, in einigen Gebieten wie Kampanien oder den Abruzzen auf über 35% geschätzt (Praussello 1979, 9). Auch die Konzentration

völkerungsdruck und die allgemeine Verarmung, eine aktuelle Notstandssituation mit äußerst schwierigen Versorgungssituationen. Die aktuelle Notlage traf dabei mit der "alten" Süditalienfrage zusammen, die unter dem Faschismus "totgeschwiegen, aber nicht gelöst" worden war (Alf 1977, 45).

Eine Veränderung war in der politischen Landschaft eingetreten. Der zweite Weltkrieg hat zu einer Fraktur zwischen dem konservativen monarchistischen Süden und der Kultur des Widerstands im Norden geführt, die vorher bestehende Gegensätze auch auf politischer Ebene weiter verstärkt hatten (Barbagallo 1980, 68).[33] Die Agrarbevölkerung wurde erstmals zu einem Subjekt der Geschichte, die neue politische Antworten einforderte[34], und im Mezzogiorno entstanden große Massenparteien, die als moderne politische Organisationen und Vertretungsinstanzen kollektiver Interessen agieren konnten.[35] Die Bauernkämpfe, die gewerkschaftliche Organisierung der Tagelöhner, die neuen Beziehungen zwischen den süditalienischen Massen und den nationalen Parteien, die Auflösung der "transformistischen Machtgleichgewichte" der Vergangenheit brachten eine substantielle Veränderung der traditionellen sozialen Beziehungen im Süden mit sich (Guaita 1981, 107f.). Nach dem zweiten Weltkrieg und vor allem nach 1950 löste sich der "soziale Block" auf, der die spezifischen Macht- und Kontrollstrukturen im Süden seit der italienischen Einigung garantiert hatte (Barbagallo 1980, 67ff.; Guaita 1981, 104f.).

In der theoretischen Debatte unterschieden sich die wirtschaftspolitischen Ansätze zur Mezzogiornopolitik vor allem durch die agrar- bzw. industriepolitische Perspektive. Die Südfrage wurde kaum in Zusammenhang mit der Regionenfrage gebracht; im Gegenteil wurde sie immer stärker mit der allgemeineren Problematik von Entwicklung und Unterentwicklung und der sozioökonomischen Rückständigkeit verbunden, wie sie in der westeuropäischen und amerikanischen Entwicklungsländerdebatte diskutiert wurde (Guarnieri 1983, 910). Zentrale analytische Erklärungsmodelle wurden dabei durch das Konzept der "nicht-stattgefundenen Entwicklung" (*sviluppo mancato*) bereitgestellt, die durch die Abhängigkeit von den Interessen der

---

der industriellen Produktion im Norden und die stärkere industrielle Zerstörung im Süden während des zweiten Weltkrieges hatten zu einer Verschärfung des Nord-Süd-Konfliktes geführt.

[33] In Neapel erreichte die Unterstützung der Monarchie in der Volksabstimmung über die neue Form des italienischen Staates 80% der Wählerstimmen (Barbagallo 1980, 69). Diese Zahlen sind Indikatoren für die monarchistische und konservative Ausrichtung der Bevölkerung, die Marginalisierung der Arbeiterklasse und die Existenz eines nur schwachen aufgeklärten Bürgertums. Zu den Phasen der politischen Entwicklung in Süditalien siehe Gaizzo 1981, 99ff.

[34] Zu der Entwicklung neuer Protagonisten der sozialen Kämpfe in den 40er Jahren kam die Entdeckung des Mythos der bäuerlichen Kultur und Zivilisation in der Kunst (Levi, Guttuso) wie in der Anthropologie (De Martino) (Barbagallo 1980, 76; Caracciolo 1950). Die Bauernbewegung erlangt erstmalig soziale Autonomie und nationale Präsenz (Guaita 1981, 108).

[35] In den 1946-Wahlen hatten die Parteien des alten Transformismus, v.a. die Liberalen, einen Einbruch. Die DC erreichte dagegen 34,5% auf dem Festland, 33,6% in Sizilien, 41,1% in Sardinien. Die Sozialisten und die Kommunisten waren jeweils zwischen 8 und 12% vertreten. Die Sozialisten erreichten 10,3% auf dem Festland, 12,3% in Sizilien und 8,9 % in Sardinien; die Kommunisten jeweils 11,5%, 7,9%, 12,5% (Keating 1988, 140).

fortgeschrittenen Gebiete erklärt wird. Andererseits wurden Kategorien entwickelt, die sich aus der Frage der Rückständigkeit ergaben ("anormaler Familismus", soziale Disgregation, Klientelismus etc.; Gribaudi 1980, 8f.). Die Frage der regionalen Autonomie verlor demgegenüber an Bedeutung.

Zwei wichtige Theoretiker des sogenannten "neuen Meridionalismus" der Nachkriegszeit sahen in einer tiefgreifenden Reform der Landwirtschaft die Grundlage der Entwicklung der süditalienischen Gesellschaft. Sereni[36] vertrat einen Ansatz, der die Organisation und die demokratisch-revolutionäre Mobilisierung der Bauernbewegung in den Mittelpunkt seiner Analyse stellte. Er bezog sich auf theoretischer Ebene auf Marx und Lenin. Zentrale Aspekte in Serenis Werk waren, wie in Gramsci, die Widersprüche und Grenzen des italienischen Kapitalismus, mit der Südfrage in ihrem Zentrum, und die grundlegende Rolle der Massen, der Bauern- und Arbeiterbewegung. In den 60er Jahren entwickelte er im Rahmen seiner Auseinandersetzung mit den Theoretikern der kapitalistischen Entwicklung seine Kritik an der "nichtstattgefundenen Agrarrevolution" als zentralem Limit der nationalen bürgerlichen Revolution, als grundlegendem Aspekt des Übergangs von der feudalen zur kapitalistischen Gesellschaft (Barbagallo 1980, 72ff.).

Manlio Rossi Doria, der sowohl von Fortunato als auch von Marx beeinflußt wurde, stellte mit seinem Vortrag auf der bereits erwähnten Bari-Konferenz von 1944 die erste und grundlegenste Analyse der ökonomischen und sozialen Verhältnisse und der Landwirtschaft in Süditalien in der ersten Hälfte des 20. Jahrhunderts. Trotz der Kritik an seinem theoretischen Pessimismus erarbeitete Rossi Doria ein komplexes Projekt der Agrarpolitik für Süditalien, mit dem Ziel der Entwicklung von landwirtschaftlichen Betriebe mittlerer Größenordnung nach angelsächsischem Vorbild und in einer Perspektive der demokratischen Modernisierung. In der Auswanderung sah er ein wichtiges Mittel der Entwicklung der rückständigen Landesteile. Die Analyse der Beziehung zwischen Bevölkerung und verfügbaren Ressourcen, die von angelsächsischen Demokratietheorien beeinflußt ist, verfolgen dabei einen ökonomischen Ansatz (Barbagallo 1980, 75).[37] In der entwicklungspolitischen Debatte sollte sich die Perspektive der Industrialisierung durchsetzen, der vor allem von Rodolfo Morandi[38] und Pasquale Saraceno[39] verfolgt wurde. Beide Theoretiker orientierten sich

---

36 Emilio Sereni (1907-77) schrieb das Werk *Il capitalismo nelle Campagne 1860-1900* (1947) sowie *Storia del paesaggio agrario italiano* (1961).
37 Von Rossi Doria stammt die Unterscheidung zwischen "Knochen" und "Fleisch" (*osso e polpa*), um die internen Entwicklungsunterschiede im Mezzogiorno zu kennzeichnen (Guaito 1981, 122).
38 PSI-Politiker, Industrieminister, marxistischer Historiker, vertritt bereits 1946 die Industrialisierungsstrategie für die Entwicklung Süditaliens.
39 Katholischer Ökonom, vertrat im Gegensatz zu den dominanten liberalem Theorien einen eher planwirtschaftlich orientierten ökonomischen Ansatz.

an den programmpolitischen Ansätzen und wirtschaftspolitischen Interventionsmechanismen des Staates aus der Zeit nach der Weltwirtschaftskrise.[40]

2. Der Zentralisierungsschub durch die Südförderung

Die Sonderförderpolitik des Zentralstaates löste die zentrale Rolle der Grundbesitzer ab und stellte die neue Grundlage des politischen Konsenses dar - und damit für die Entwicklung eines "modernen Systems der politischen Macht und der sozialen Kontrolle, das auf der Verteilung der öffentlichen Ausgaben basiert" (Barbagallo 1980, 84). Daraus sollte die große Außenabhängigkeit des Landesteils beruhen, denn die autonome Entwicklung wurde der Expansion multinationaler, staatlicher oder privater Industrieunternehmen des Nordens geopfert. Der Mezzogiorno stellte vor allem eine Ausdehnung des Absatzmarktes für die norditalienische Industrie dar.[41] Nach dem zweiten Weltkrieg mündeten neue entwicklungspolitische Ansätze nach keynesianischem Vorbild[42] in die Einrichtung der *Cassa per il Mezzogiorno*[43] und bildeten den Kern einer geplanten und koordinierten staatlichen Sondergesetzgebung für ganz Süditalien, im Unterschied zu vorhergegangenen Versuchen eher lokalen Charakters. Der Süden wurde so erstmals als unterentwickeltes Gesamtgebiet angesehen, in dem durch relevante produktive Investitionen ein autonomer und selbsttragender Entwicklungs- mechanismus in Gang gesetzt werden konnte, mit dem die "historische Verspätung" dieses Landesteiles wettgemacht werden sollte (ebenda, 79).

Die *Cassa* wurde als zentralistische Institution konzipiert, die in Mehrjahresplänen die programm- und finanzpolitische Gestaltung der Fördermaßnahmen auf nationaler Ebene für den gesamten Mezzogiorno unabhängig von der "normalen" sektoriellen staatlichen Planung vornehmen sollte. Mittel der Förderung waren Darlehen, Zuschüsse, steuerliche Anreize und niedrigere Lohnnebenkosten (Nohlen/Schultze

---

[40] Dieser industriepolitische Ansatz stand keineswegs im Einklang mit der liberalen Wirtschaftspolitik nach dem zweiten Weltkrieg, nach Ausschluß der Linken aus der Regierung, und hatte in der Confindustria, dem italienischen Unternehmerverband, und vor allem den norditalienischen Industriellen einen entschiedenen Gegner.

[41] Bis 1959 absorbierte der Mezzogiorno, dank der Zunahme seiner Konsum- und Finanzkraft, 70% der Netto-Exportationen Nordwestitaliens (Castronovo 1975, 398).

[42] Vorbild waren die Erfahrungen der roosveltschen Politik der Tennessee Valley Authority in den USA und die entwicklungspolitischen Ansätze der fortgeschrittenen Länder für die Entwicklung der 3. Welt (Barbagallo 1980, 78f.). Die Kategorie des rückständigen Gebietes geht zurück auf Rosestein-Rodan und wurde in Italien vor allem von Pasquale Saraceno vertreten. Sie basierte auf der Idee einer umverteilenden Intervention des Staates bzw. der entwickelteren Gebiete in den Ländern für die unterentwickelten Zonen, ähnlich dem keynesianischen Ansatz zur Entwicklung der Vollbeschäftigung in den Industrieländern.

[43] Sie erfolgte am 10.8.1950.

1985, 32), mit unterschiedlichen inhaltlichen und territorialen Schwerpunkten in den verschiedenen Phasen.[44]

Die politischen Eliten in Süditalien gediehen zunehmend mit und um die Verteilung und Umverteilung der öffentlichen Mittel durch das Zentrum, vor allem im Rahmen der Mezzogiornopolitik. Das Handeln der lokalen Eliten richtete sich zunehmend an der Aufrechterhaltung ihrer Vermittlerrolle aus, die durch die abhängige Entwicklung vom Zentrum gesichert wurde (Gribaudi 1980, 23). In den 80er Jahren wurde diese Rolle durch die Sondergesetzgebung für den Wiederaufbau nach dem Erdbeben 1980 ergänzt, die in dem bevölkerungsreichsten Gebiet des Mezzogiorno durch die damit verbundenen enormen finanziellen Transfers eine zentrale Rolle spielte (ebenda, 8).

Die weitere Entwicklung des Mezzogiorno wurde durch eine weitgehende Modernisierung der sozialen und kulturellen Dimension gekennzeichnet, die ohne eigenständiges ökonomisches Wachstum erfolgte (Barbagallo 1980, 87). Dies führte zu einem Teufelskreis aus Abwertung der öffentlichen Institutionen, die sich durch den Klientelismus selbst delegitimieren, und einem mangelnden Vertrauen der Bevölkerung in eine Reformperspektive, und damit den passiven Konsens mit dem System. Das daraus resultierende Modell der ökonomischen Rationalität erscheint immer stärker "spekulativ und parasitär" (Gribaudo 1980, 11).

Vor allem in den 80er Jahren wuchs das Mißtrauen in die zentralistische Förderpolitik aufgrund ausbleibender positiver Effekte der Industrialisierungspolitik und einer Förderpolitik als "Wachstum ohne Entwicklung". Das Anwachsen der verfügbaren Einkommen, mit der keine produktive Entwicklung einherging, sowie die galoppierende Zunahme der organisierten Kriminalität, der die staatlichen Organe anscheinend

---

[44] Die Südförderung wird meist wie folgt eingeteilt: 1. Phase von sogenannten "Präindustrialisierungsmaßnahmen" (Gesetz Nr.646 von 1950): Förderung v.a. von Infrastrukturmaßnahmen und Landwirtschaft; 2. Phase (Gesetz Nr.634 von 1957): Förderung von Industrialisierungsgebieten und -kernen, Verpflichtung der öffentlichen Unternehmen, 60% ihrer Investitionen im Süden zu tätigen, Finanzierungs- und Steuererleichterungen für Klein- und Mittelbetriebe; im Laufe der Zeit wurden diese allerdings auf die Großbetriebe ausgedehnt (Barbagallo 1980, 81); 3. Phase Mitte der 60er Jahre (Gesetz Nr.717 von 1965): ein mehrjähriger Koordinierungsplan sah eine Politik der selektiven Industrialisierung vor, die vor allem in der Förderung von wenigen großen Unternehmen bestand; 4. Phase: in den 70er Jahre wurden spezielle Projekte für große urbane Konglomerate geplant. Das Gesetz Nr.183 von 1976 sah dabei erstmals die Partizipation von regionalen Repräsentanten in den Gremien der *Cassa* vor (Cassese 1983, 172); 5. Phase: die Reform der Sonderförderung durch das Gesetz Nr.64 von 1986; 1993 wurde das System aufgehoben und die Südförderung in die "normale Administration" des Staates und der Regionen überführt.
Für eine weniger auf legislativen Kriterien beruhende Einteilung siehe Guaita 1981, 126ff. Vgl auch Villari 1981, 166ff., Praussello 1979, 20ff.
Zwischen 1951 und 1989 sind im Rahmen der außergewöhnlichen Maßnahmen 185.000 Milliarden Lire (in Liren 1989) effektiv ausgegeben worden. Dies entspricht einer jährlichen Zuwendung von weniger als 1% des jährlichen BIP: zwischen 1971-75, in der Phase der höchsten Ausgaben, erreichte sie 0,91%, in den 80er Jahren dagegen (1987-89) fiel sie auf 0,46% (Trigilia 1992, 59).

ohnmächtig gegenüberstanden, verstärkte die zunehmende Frustration (Trigilia 1991, Mutti 1995).

3. Mezzogiornofrage und Regionalordnung

In der Nachkriegszeit wie auch während der Periode der effektiven Einrichtung der Regionen mit Normalstatut in den 70er Jahren stellte die Mezzogiornoproblematik einen wichtigen Aspekt des staatlichen Handelns dar. Sie wurde jedoch immer wieder von anderen Problemen genereller Natur wie die Entwicklung der Demokratie allgemein und die Frage der staatlichen Einheit überlagert. In der Verfassungsdebatte wurde sie weitgehend auf die Frage des Großgrundbesitzes und die Agrarreform reduziert (SVIMEZ 1975, 21).

Vor dem Ausschluß der Linken aus der Regierungskoalition und den Wahlverlusten 1948 herrschte zwischen den demokratischen Parteien eine weitgehende Einigung bezüglich der Agrarreform als zentralem Element für die Entwicklung des Südens (Guaita 1081, 99). Nach dem starken Rechtsruck der christdemokratischen Partei 1948 und den Wahlverlusten der Linken brach die politische Übereinstimmung aus der Zeit der antifaschistischen Einheit auseinander und mündete in die Spaltung in zwei antagonistische Blöcke, den katholisch-liberalen und den sozialkommunistischen. Diese "Fraktur der politischen Landschaft" zog sich durch alle gesellschaftlichen Bereiche, vom administrativen bis zum sozialen, politischen und kulturellen Sektor, und zeitigte gravierende negative Konsequenzen für den autonomen Entwicklungsprozeß des Südens. Die Frage der Auswirkungen föderaler oder regionaler Staatsstrukturen auf den Mezzogiorno wurde zurückgestellt; die Diskussion um die Einrichtung und die Funktionsbestimmung der Regionen erreichte nicht "den Stellenwert der politischen Diskussion um den Ausgleich der erheblichen ökonomischen und sozialen Disparitäten in den verschiedenen Landesteilen, die sich besonders signifikant in der Dauerkrise des Mezzogiorno ausdrücken" (Voss 1990, 98).

Die Mehrheitsposition in der verfassungsgebenden Versammlung verband mit der Einrichtung der Regionen anfangs nur negative Konsequenzen für den Mezzogiorno. Bereits in der Parlamentsdiskussion über die Einrichtung der *Cassa* wurde jedoch Kritik geübt am zentralistischen Fördermodell, an der mangelnden Verbindung mit den lokalen Körperschaften (Kommunen und Provinzen)[45], der unzureichenden demokratischen Beteiligung der betroffenen Bevölkerung, und der mangelnden Bereit-

---

[45] Im Süden wurde anfangs gerade die Kommune als Bastion der reaktionären Kräfte abgelehnt, da sich noch kein Bewußtsein einer möglichen demokratischen Funktion der öffentlichen Institutionen und Körperschaften herausgebildet hat, die in der Verfassung vorgesehen waren.

schaft, dezentrale Lösungen der öffentlichen Politik ins Auge zu fassen (Guaita 1981, 136).[46]

In der zentralistischen *Cassa*-Politik blieb eine demokratisch-partizipative Einbeziehung lokaler Behörden und Interessengruppen aus; die Rolle der Bevölkerung als zentrales Element der Modernisierung einer Gesellschaft wurde vernachlässigt. Die enge Verbindung zwischen Demokratie bzw. Partizipation und wirtschaftlicher Entwicklung wurde durch eine abstrakte Konzeption der "Modernisierung" ersetzt, unter der ein Transformationsprozeß verstanden wurde, der durch eine externe, zentralistische Intervention in Gang kommen sollte.[47]

Das Wiederaufleben der Regionenfrage in Verbindung mit der Entwicklung des Südens erfolgt vor allem in den 60er Jahren. Bereits in der Mitte der 50er Jahre sind erste Ansätze des Aufgreifens des "demokratischen Autonomismus" in der politischen Linke zu vermerken (ebenda, 114). Ein "Volkskongreß" formulierte im Dezember 1955 in Neapel die Autonomiefrage erstmals als zentrales Anliegen der Südbevölkerung.[48] Eine breitere politische Unterstützung fand die Autonomiediskussion jedoch erst in den 60er Jahren.

Erst in der Vorbereitungsphase der Regionalisierung wurde die Südfrage in engeren Zusammenhang mit der Regionenfrage gesetzt. Die Einrichtung der Regionen wurde für die KPI eine wichtige Chance für die Neudefinition und Verbesserung der Sonderförderung (Villari 1981, 163). Die Demokratisierung des Ansatzes sollte in Form einer stärkeren Partizipation der betroffenen Bevölkerungen und der sie betreffenden Politik vorgenommen werden. Die sozialistische Partei, die erstmalig in die nationale Regierung eintrat, setzte demgegenüber gemeinsam mit der DC einen stärkeren Ak-

---

[46] Ernesto De Martino beispielsweise forderte eine Dezentralisierung, die auf dem freien Willen der Bevölkerung basiert, sich regionale Regierende zu wählen (Guizza 1981, 136). Giorgio Amendola unterstrich, daß der Weg zu einer Lösung der Südfrage nicht in einer externen Intervention von oben bestehen könne und die süditalienische Bevölkerung in die Lage gesetzt werden müsse, ihre "unzähligen Probleme" durch ihre eigenen Selbstregierungsorgane lösen müsse, in den Gemeinden, Provinzen und Kommunen (ebenda; Amendola 1950).

[47] Die Reform von 1957 brachte zwar mit dem neuen Ansatz der Konzentration der Mittel und dem Konzept der Konsortien, die als Instrument lokaler Initiativen von Kommunen, Provinzen, Handelskammern und den anderen betroffenen Behörden entstehen sollten, einen partizipativeren Gesamtansatz durch (Villari 1981, 168). Dieser scheiterte jedoch an der mangelnden Möglichkeit, die Politik der großen norditalienischen Konzerne zu steuern und wurde zugunsten der Politik der Entwicklungspole aufgegeben. Die damit verbundenen Hoffnungen an einen Anschub autonomer Entwicklungsmechanismen blieb allerdings aus.
Das Fördergesetz Nr.183 von 1976 sah die Partizipation von regionalen Repräsentanten in den Gremien der *Cassa* vor und trug mit der Einrichtung von zwei Organismen, der interparlamentarischen Kommission für den Mezzogiorno und dem Komitee der Repräsentanten der Südregionen, als institutionelle Verortungsinstanzen erstmals der Notwendigkeit einer Verbindung zwischen Zentralstaat und Regionen Rechnung (Cassese 1983, 172ff., Pugliese 1983, 460). Trotz dieser Dezentralisierungsansätze blieb die zentralistische Ausrichtung jedoch entscheidend.

[48] Zu den entwicklungspolitischen Vorstellungen der Gewerkschaften bezüglich Süditaliens siehe den *Piano di Lavoro* von 1949 (Guaizzo 1981, 110ff.).

zent auf die zentralistische Steuerung der entwicklungspolitischen Maßnahmen.[49] Ihr Schwerpunkt sollte eine nationale Politik der ökonomischen Entwicklung nach einem organischen Plan sein (SVIMEZ 1976, 65ff.). Im Gesetz Nr.717 von 1965 wurde eine Definition der Beziehung zwischen Sonderförderung und Regionalisierung versucht (Villari 1881, 151), die gleichzeitig die Wiederannäherung der DC an dezentrale Modelle dokumentiert, die sich nach der Erringung der politische Macht auf zentraler Ebene von den Autonomievorstellungen der Vergangenheit losgesagt hatte.[50] Dies stand im Zusammenhang mit der internationalen Entspannung, der Mitte-Links-Regierungskoalition (vgl. Kap.III.1), und einer allgemeinen Kritik an der bisherigen Förderpolitik (Prima Relazione 1960).

Die Einrichtung der Regionen 1970 machte eine Neubestimmung der Rolle subnationaler Körperschaften in der Mezzogiornopolitik notwendig. Die Mitte-Links-Regierung Ende der 60er Jahre entwickelte eine Richtlinienvorgabe und einen Koordinierungsvorschag für die nationale und die regionale Planung, die über Mehrjahresprogramme für "Industrieförderung und öffentliche Industriepolitik" realisiert werden sollte.[51] Die regionale Beteiligung beschränkte sich allerdings auf ein Vorschlagsrecht für die Maßnahmen, die innerhalb ihres Territoriums vorgenommen werden sollten (Villari 1981, 176). 1965 belegte eine Konferenz der Kommunen des Mezzogiorno in Neapel, an der die Hälfte (!) aller Kommunen dieses Landesteils teilnahmen, den zunehmenden Partizipationswillen der süditalienischen Bevölkerung (ebenda, 181f.).

Auch die Reform der Sonderförderung Mitte der 80er Jahre, die die alte *Cassa* abschaffte und durch die sogenannte Entwicklungsagentur (*agenzia per la promozione dello sviluppo del mezzogiorno*) ersetzte (Gesetz Nr.64 von 1986) konnte die Effizienz der Maßnahmen und die Beziehungen zwischen Sonderförderung und normaler staatlicher Intervention (der Regionen wie des Zentralstaates) nicht wirklich verbessern. Die Abschaffung der *Cassa* sollte den Verzicht auf einen "unitarischen operativen Mechanismus" (bzw. Organismus) zugunsten von integrierten Programmen und einheitlichen Maßnahmenkatalogen darstellen (Desideri 1988, 274). Die Maßnahmen sollten nun auf Initiative der interessierten Regionen wie der zentralen Verwaltung hin in Dreijahresplänen gebündelt werden. Darüber hinaus war für die endgültige Verabschiedung der Förderprogramme eine Stellungnahme des Komitees der Repräsentanten der Südregionen (*comitato dei rappresentanti delle regioni me-*

---

[49] Dennoch gab es Ausnahmen. Bereits 1959 schlug der damalige Industrieminister Emilio Colombo die Erstellung regionaler Entwicklungspläne im Mezzogiorno durch regionale Handelskammern vor; dieser Vorschlag gab der Autonomiediskussion neuen Aufschwung (Villari 1981, 153).
[50] Allerdings waren bereits in der Vergangenheit Unterschiede zwischen der nationalen, hegemonisierende DC-Regierungspolitik und der süditalienischen DC zu verzeichnen (Guaita 1981, 115).
[51] Die regionale Beteiligung sollte durch die Einrichtung der Normalstatutregionen geleistet werden; vorerst waren allerdings regionale Komitees für die Programmpolitik mit dem Dekret des Haushaltsministers vom 22.9.1964 eingerichtet worden (Villari 1981, 176).

ridionali) vorgesehen.[52] Eine Stärkung der Rolle der Region und eine Verbesserung der Zusammenarbeit der verschiedenen Träger sollte durch die Einführung der sogenannten Programmverträge erfolgen (di Gaspare 1988). Die aktive Partizipation der Regionen erlangt insgesamt im neuen Reformgesetz einen größeren Stellenwert (Desideri 1988, 260f.). Auf die Festlegung von präzisen normativen Kriterien für die Abgrenzung zentralstaatlicher und regionaler Kompetenzen wurde zugunsten eines kooperativeren Ansatzes allerdings verzichtet (ebenda, 275).

Eine wirkliche Erneuerung blieb dennoch aus; aus dieser Tatsache resultiert die definitive Abschaffung der "traditionellen" Förderstruktur 1993 (siehe Kap.V). In der Jahresplanung, die der Operationalisierung der neuen Dreijahrespläne dienen sollten, hatten die Regionen zwar ein Vorschlagsrecht für regionale Entwicklungsprojekte und gaben ihre Stellungnahmen über die vorgesehenen Maßnahmen ab. Ihre Rolle blieb aber auf diese beratenden, vorschlagenden Funktionen begrenzt. Die Finanzierung der regionalen Entwicklungsplanung durch die Regionen selbst unterstand weiterhin der nationalen Entscheidung über die Dreijahrespläne (Desideri 1988, 260ff.). Insgesamt blieb die regionale Beteiligung durch eine überwiegende nationale Verantwortlichkeit konditioniert.

III.3. AUSBLICK

1. Die Rolle der Regionen im italienischen System

Die Ausweitung regionaler Kompetenzen wurde in Italien wie in anderen europäischen Staaten zum Mittel, eine "Überexpansion" des Staates und der halbstaatlichen Bürokratie zu verhindern. Damit sollte die Funktionsfähigkeit des Systems trotz kontinuierlicher Zunahme der öffentlichen Verantwortlichkeiten gesichert werden, die mit der Expansion des Wohlfahrtsstaates und der staatlichen Aufgaben insbesondere im wirtschaftspolitischen Bereich zusammenhingen (Leonardi 1984, 508).

Erschwert wurde diese allgemeine Problematik in Italien durch die Abwesenheit einer einheitlichen und funktionsfähigen Bürokratie und die ausgeprägte Politisierung der Verwaltung. Ein Transfer der Probleme auf eine andere "politische Arena", die der Regionen, stellte in diesem Kontext in den 60er Jahren eine kurzfristig realisierbare und vergleichsweise schmerzlose Lösung dar; ihre Umsetzung wurde durch den Verfassungsauftrag von 1948 erleichtert. Die Regionen dienten ebenfalls der "politischen Gewaltenteilung" auf territorialer Ebene, mit dem Ziel, die Linke trotz gewachsener Stärke aus den Machtzentralen Roms herauszuhalten.

---

52 Zu den administrativen Prozeduren und Abläufen siehe Gizzi 1991, 526f.; zur genauen Darstellung des Gesetzes Nr.64 von 1986 und seiner Maßnahmen und Prozeduren siehe Yuill u.a. 1989, Marongiu 1988, 253ff.

Die regionale Autonomie und das Ziel einer effektiven Regionalisierung des Staates stellte in Italien immer wieder einen wichtigen Bezugspunkt für die Bewegungen und Parteien dar, die sich außerhalb des "offiziellen Spiels" der nationalen Politik bewegten oder die politische Opposition bildeten (Putnam 1993, 25). Dies galt für die Katholiken nach der italienischen Einigung ebenso wie für die Kommunisten nach dem Ausschluß aus der antifaschistischen Einheitsregierung. Die Tatsache, daß die Politik der nationalen Solidarität erst auf regionaler und später auf nationaler Ebene realisiert wurde, zeigt, wie berechtigt die Gefahr der "Unterwanderung" der nationalen Politik über die Regionen tatsächlich war. Als die nationale Regierungsbeteiligung der Linken 1976 direkt greifbar schien, ließ ihr Interesse an der Regionalisierung - und am politischen "Umweg" über die Regionen - dagegen deutlich nach.

Die Region stellte eine wichtige Vermittlungsinstanz bei sozialen Konflikten dar, da sie als eigenständige Regierungsinstanz, nicht bloß Träger administrativer Funktionen, und als Vertreter der regionalen Gemeinschaft mit eigener demokratische Legitimation konzipiert waren (Rotelli 1979, 425). Allerdings wurden die neuen regionalen Institutionen von bereits existierende Machtmechanismen "besetzt", die auf Parteienherrschaft und Klientelismus basierten, und auf die Funktion des "Zugangskanals" zum Zentrum reduziert. Vor allem in den Südregionen wurden sie schnell ein weiterer Bestandteil des christdemokratischen Patronagesystems. Die Einbeziehung der sozialistischen Partei in die Regierungskoalition änderte daran nichts, da die PSI schnell in das klientelistische System einbezogen wurde.

Der Übergang zur republikanischen Staatsform sollte in Italien laut Verfassungsauftrag mit der zum Regionalstaat zusammenfallen und die endgültige Überwindung des faschistischen Zentralismus mit all seinen demokratischen und strukturellen Defizite darstellen. Damit hatte eine grundlegende Erneuerung des politischen Lebens und der Zentrum-Peripherie-Beziehungen einhergehen sollen, die von allen politischen Kräften des Antifaschismus getragen wurde. Dies scheiterte an den langwierigen und mühseligen Verhandlungsprozessen, die mit der Einrichtung der neuen Institutionen und der Übertragung realer Kompetenzen verbunden waren und aus denen Verzögerungen und Kompromißformeln resultierten. Die Blockaden erfolgten durch das Zusammenwirken nationaler Konservativer, einiger Sektoren der zentralen Bürokratie, die einzig auf die Verteidigung der eigenen Positionen interessiert war, und traditionalistischer juristischer Kräfte; letztere setzten vielzählige legale, administrative und steuerrechtliche Begrenzungen durch, die die politische Relevanz der neuen Institutionen zusätzlich beschränkten.

Entgegen dem Verfassungsentwurf wurden die italienischen Regionen kaum als Körperschaften mit echter politischer Autonomie realisiert, sondern eher als "dezentralisierte Mehrzweckorgane" unter zentralstaatlicher Kontrolle. "Die Hypothese von der Umwandlung unseres Staates in einen echten Regionalstaat liegt völlig außerhalb unserer politischen Ordnung (...). Die Regionen Italiens in ihrer heutigen Form reproduzieren lediglich den bisher von der Zentralregierung praktizierten Verwaltungstyp, lassen ihn dabei jedoch unverändert", schrieb der spätere Ministerpräsident Giuliano Amato bereits 1975 (Chiti Batelli 1977).

Die Grenzen der italienischen Regionalisierung zeigen, daß eine Regionalreform eine Reform des politischen Systems voraussetzt bzw. durch sie ergänzt werden muß. In deren Abwesenheit werden die Regionen zur "Ausdehnung" der Machtbereiche des nationalen politischen Systems genutzt, als zusätzliche "Verteilungsmasse" des Parteienproporz- und des Klientelsystems. Ihre Entwicklung zu eigenständigen Institutionen und effektiven alternativen Machtzentren wird dadurch erschwert oder sogar verunmöglicht.

2. Regionalstaat und Bundesstaat

Der italienische Verfassungsentwurf des "Regionalstaates" von 1948 geht der Reform der anderen unitarischen Staaten in Westeuropa voraus und stellt einen ersten Versuch dar, etablierte zentralstaatliche Strukturen unter besonderer Berücksichtigung regionaler Dimensionen zu revidieren (Kreckel 1986, 398). Das italienische Modell versucht dabei einen Kompromiß zwischen unitarischem und föderalem Regierungsprinzip. Der Kompromiß zwischen den beiden Polen Föderalismus und Zentralismus sollte zentralstaatliche Funktionen (Garantie des Gleichheitsgebotes) wie dezentrale Interessen, d.h. eine politische Interessenvertretung auf einer demokratischeren Basis, gleichzeitig realisieren.

Zwar gehen die Charakteristiken des Regionalstaates über eine funktionale Dezentralisierung weit hinaus. Von einem Föderalstaat ist jedoch nur sehr eingeschränkt zu sprechen. Dennoch sind im italienischen Modell durchaus bundesstaatliche Elemente angelegt; dadurch unterscheidet sich der italienische Staat von einem zentralistischen Einheitsstaat und macht föderalistische Entwicklungsmöglichkeiten durchaus denkbar. Die italienische Regionalisierung hat Grundlagen gelegt für eine stärkere politische Beteiligung der dezentralen politischen Interessenvertretungen und Bevölkerungen.

Der Regionalisierungsschub von 1977 stellte eine neue Qualität des italienischen Regionalismus dar, der die Rolle und die Selbsteinschätzung der Regionen grundlegend verändern sollte. Das neue Selbstbewußtsein und die reale Funktionsfähigkeit der Regionen war erstmalig auf die Probe gestellt, und eine einseitige Schuldzuweisung an die nationale Ebene, im Falle von Funktionsdefiziten, sollte sich in Zukunft als weit problematischer darstellen als in der Vergangenheit.

3. Regionen und Südfrage

Die Wiederaufnahme der Föderalismusdiskussion in den 60er Jahren stellte die Demokratiefrage und die Mezzogiornofrage als die beiden wesentlichen Aspekte einer Regionalisierung in den Vordergrund. Allerdings bringt die Einrichtung der Regionen, mit über zwanzig Jahren Verspätung, keine funktionsfähige Kombination zwischen Sonderförderung und Regionalsystem mit sich. Die Einrichtung der *Cassa* 1950 stellte letztlich die Alternative zum Regionalsystem und zur Übernahme der Verantwortung für die eigene Entwicklung dar. Eine wenn auch nur graduelle Übertragung von Eigenverantwortung an den süditalienischen Landesteil wurde damit bewußt hinter die zentralistische Option zurückgestellt.

Insgesamt hat die Regionalreform "die historischen Differenzen zwischen Nord- und Süditalien verschärft statt sie abzuschwächen". Die fortschrittlicheren Regionen wurden sozusagen "von der erstickenden Umarmung Roms" befreit (Putnam 1993, 71) und damit in ihrer Entwicklung gefördert. Die Südregionen verblieben dagegen weiter in der Abhängigkeit vom Zentralstaat. Zwar profitierte der Süden des Landes insgesamt von den Umverteilungsmechanismen und Fördermaßnahmen des Staates, und damit vom Zentralismus, auch wenn das tatsächliche Ausmaß dieser Umverteilung durchaus umstritten ist (Keating 1988, 172). Eine produktive, regiozentrierte wirtschaftliche Entwicklung blieb jedoch aus. Die Tatsache, daß Autonomie von Förderinstitutionen wie der *Cassa* allerdings gleichzeitig Freiraum für Klientelismus und organisierte Kriminalität bedeutete, machte die Frage der Autonomie der Südregionen immer wieder brisant. Nachdem das Klientelsystem einmal ausgebaut war, profitierten bestimmte Bevölkerungsschichten und politische Handlungsträger zusätzlich von der Dezentralisierung der 70er Jahre, da dadurch die Ressourcenverfügbarkeit und damit die Verteilungsmasse ausgeweitet wurden. Die Entwicklung wirklich eigenständiger Organisations- und Entwicklungsmechanismen stellte sich zu diesem Zeitpunkt bereits als überaus problematisch dar.

Die unterschiedlichen Analyseansätze zur Mezzogiornofrage, von denen die einen eher die makroökonomische Ebene privilegieren, die anderen dagegen die Mikroebene der Kultur, der lokalen Gemeinschaften und der Folklore aus anthropologischer Sicht untersuchten, vernachlässigen meist die Ebene der sozialen Akteure als aktive historische Subjekte. Die äußeren Einflüsse treffen jedoch auf die endogene Faktoren der meridionalen Gesellschaft, die ein aktives Moment der Einflußnahme auf das Zentrum darstellen kann.

Die institutionellen Voraussetzungen, die durch die regionale Struktur vorgegeben sind, haben deshalb nur scheinbar gleiche Verhältnisse für die nord- und die süditalienischen Regionen geschaffen. In Wirklichkeit bestehen erhebliche Unterschiede, die eine regionale Selbstbestimmung im Süden weit mehr erschwert haben als im Norden. Dennoch bestätigt sich die These, daß es der geringe Grad an regionaler Eigenständigkeit war, der sich langfristig zum relevanten endogenen Entwicklungshemmnis entwickelt hat. Externe Entwicklungsanschübe können interne Initiativen nicht ersetzen, sondern höchstens ergänzen.

IV. AKTUELLE ENTWICKLUNGEN DER REGIONAL- UND DER FÖDERALISMUSDEBATTE

IV.1. DAS WIEDERAUFLEBEN DER FÖDERALISMUSDISKUSSION DURCH NEUE SOZIALE UND POLITISCHE KRÄFTE

Gegen Ende der 80er Jahre, vor allem aber zu Beginn der 90er Jahre lebte die Debatte um Dezentralisierung und Föderalisierung des Staates in Italien neu auf. Die Reformbedürftigkeit des regionalen Systems war aufgrund seiner Funktionsdefizite mittlerweile allgemein anerkannt. Zum anderen wurden in Norditalien Stimmen laut, die den Regionen eine wichtigere Rolle und größere Kompetenzen zugewiesen sehen wollten (Desideri 1995, 69f.).

Die Regionalisierung Italiens war bereits 1948 beschlossen worden; verwirklicht wurde sie aber erst über zwanzig Jahre später. Bereits gegen Ende der 70er und im Laufe der 80er Jahre war die Sicht der Regionenfrage vor allem, aber nicht nur im Süden durch "frustrierte Hoffnungen, unfruchtbare Projekte, ungenutzte Gelegenheiten und verlorene Zeit" gekennzeichnet. Die Regionalisierung war in vielen Fällen durch eine "kafkaeske Mischung aus Chaos und Unbeweglichkeit" und den Bruch zwischen überhöhten Zielsetzungen und mageren Resultaten geprägt, aus dem ein weit verbreitetes Gefühl der Ohnmacht resultierte (Putnam 1993, 57). Die regionalen Behörden reproduzierten die Mängel der staatlichen Verwaltung und des nationalen politischen Systems, die durch klientelistische Beziehungen, politische Parzellierungsmechanismen, eine chronischen Instabilität der politischen Institutionen und eine verbreitete Planungsunfähigkeit charakterisiert waren.

In den 90er Jahren stellt die Diskussion um die Stärkung der Regionen jedoch wieder einen der Eckpfeiler der institutionellen Reformen des italienischen Staaten dar und findet als parteienübergreifende Bewegung Zustimmung über die politischen Fronten hinweg. Als Resonanz auf diese zunehmende Aufmerksamkeit für die Regionen wird die Stärkung der regionalen Ebene 1991 erstmals Teil einer Regierungserklärung (Desideri 1995, 73). Als Anforderungen für die Reform der Regionalordnung werden in erster Linie die folgenden Aspekte formuliert:

a) die Steuerreform (Einführung der Finanzautonomie)[1];

b) eine neue und transparentere Kompetenzverteilung zwischen Region und Zentralstaat[2];

---

[1] D.h. Zusammenführung von Steuererhebungs- und Ausgabenentscheidungsbefugnis; bisher werden die Steuern zentral erhoben, nur die Ausgaben wurden dezentralisiert.

c) die Stärkung der politischen Autonomie der Regionen[3];

d) eine stärkere Repräsentanz der Regionen auf der nationalen Ebene.

Die tatsächlichen Funktionsdefizite des Regionalsystems wurden zudem immer mehr zu einer politischen Instrumentalisierung der Föderalismusfrage genutzt. Der Verlust der politischen Legitimität der politischen Repräsentanten im Zuge der Korruptionsskandale des sogenannten *Tangentopoli*[4] trugen zum Aufschwung eines "populistischen Regionalismus" bei. Das italienische Parteienspektrum wurde durch die Entwicklung territorial verankerter Parteien ergänzt, die vor allem im Norden angesiedelt waren und deren Politik der "Loslösung vom korrupten Rom" dort breite Unterstützung erfuhr. Dieser neue Ansatz räumlich verankerter Politik wurde durch die Krise der traditionellen politischen "Subkulturen" (Caciagli 1988) als geographische Prädominanz nationaler Parteien möglich, die sich aus der politischen Spaltung des kalten Krieges in einen christdemokratischen und einen kommunistischen Block entwickelt hatten.

Gegenüber den föderalen oder dezentralisierten Reformkonzepten verloren zentralistische Gegenmodelle immer mehr an Stellenwert, die in einer starken Zentralregierung die Garantie für eine Modernisierung der Infrastrukturen und der großen Kommunikationsnetze und damit der Wettbewerbsfähigkeit des Gesamtsystems nicht nur auf ökonomischer Ebene sehen. Selbst die zentralistische Position der exfaschistischen Partei *Alleanza Nazionale*, die während der Berlusconi-Regierung 1995 erstmals gemeinsam mit den föderalistischen Ligen an der Regierung beteiligt wurde, mußte dezentrale Elemente in ihre Strategie aufnehmen. Dabei sah sie jedoch keineswegs von den unitarisch und national bzw. nationalistisch ausgerichteten politischen Konzepten ab, die vor allem im Süden des Landes Zustimmung erlangten, da sie als Garantie der entwicklungsfördernden Maßnahmen des Zentralstaates galten (Fisichella 1994, 65ff.). Zwar haben diese politischen Positionen wenig mit denen der Ligen oder der radikaleren Regionalisten gemein. Dennoch geben selbst sie einer administrativen Dezentralisierung des Systems und einem fiskalischen Föderalismus Raum, wobei die Steuern an die Kommunen gezahlt und von diesen an den Zentralstaat umverteilt werden sollen (La Repubblica, 2.4.1994, 5).

---

2   D.h. Reduktion der langen und komplexen Gemeinschaftsprozeduren auf ein Minimum; Reform der politischen und administrativen Institutionen, Überwindung der "historischen Akkumulation der Institutionen" (vgl. Amato 1991).
3   D.h. Rückführung der Richtlinien- und Koordinierungsfunktion des Zentralstaates auf ihre ursprüngliche Funktion, entgegen der ausufernden detaillierten Festschreibung aller Maßnahmen bis ins einzelne, sowie Reform der Kontrollfunktion des Zentralstaates.
4   Zur italienischen Krise der 90er Jahre siehe Andreoli u.a. 1993, Braun 1994; Putnam 1993, 72; Pasquino 1995; Prokla 1995.

IV.2. DIE REFORM DER REGIONALORDNUNG IN DEN NEUNZIGER JAHREN

Die Reform der Regionalordnung, die in der öffentlichen Debatte vor allem im Zuge der provokanten Separatismusthesen der norditalienischen Ligen Stellenwert erlangt hat, hat zu vielerlei Modellen der Neuordnung Anlaß gegeben.[5] Die Positionen reichen von der Forderung nach Umstrukturierung der Zentrum-Peripherie-Beziehungen in einem pluralistischen und regionalisierten Staatssystem bis hin zu implizit separatistischen Tendenzen, die im Föderalismus die Überwindung der Einheit der Nation und die Neukonstituierung Italiens in einer Konföderation unterschiedlicher Staaten anstreben. Die Vorschläge können insgesamt in drei Typologien unterschieden werden: der "neoregionalistische" Ansatz; der Ansatz des moderaten Föderalismus; und der eines "starken" Föderalismus mit konföderalen Charakteristiken (Caretti 1994, 574f.).

1. Neoregionalistische Reformmodelle[6]

Diese Ansätze haben eine Reform der italienischen Regionalordnung zum Ziel, die durch die Stärkung der Autonomie und der Effizienz der regionalen Ebene und eine Neudefinition der Beziehungen zwischen Zentralstaat und Regionen gekennzeichnet ist. Diese gemäßigten Reformvorschläge sind in erster Linie durch das italienische Parlament formuliert worden und gehen auf einen langen Diskussionsprozeß zurück. Zwischen 1987 und 1992 orientierten sich die Reformvorschläge an folgenden Punkten (Barbera 1994, 45f.):

- Umkehrung der Logik und der Kriterien der legislativen und administrativen *Kompetenzzuweisungen* der Verfassung zwischen Staat und Regionen;

- *Steuerföderalismus.* Im Verfassungsmodell, aber mehr noch in den Gesetzen zur Umsetzung des Verfassungsauftrags, erfolgte eine Teilung der Verantwortlichkeiten. Den Kommunen und Regionen wurden bestimmte, wenn auch eingegrenzte Kompetenzen zugewiesen; dem entsprachen jedoch keine eigenständigen Steuererhebungsrechte, die die Gebietskörperschaften mit den nötigen Ressourcen versorgt hätten;

- *Reform des regionalen politischen Systems.* Abschaffung der Provinzbasis der Wahlkreise für die Regionalwahlen, da diese die Entwicklung eines eigenständigen politischen Systems auf Regionalbasis verhindere (Barbera 1994, 45);

---

5   Eine vergleichende Zusammenfassung findet sich unter Berücksichtigung der steuerlichen Aspekte und Implikationen in CENSIS 1995, 52ff.
6   "Neoregionalistisch" meint im italienischen Sprachgebrauch in erster Linie solche Positionen, die die Regionen betreffen und eine Zunahme ihrer Rechte und Autonomie befürworten; es muß sich dabei keineswegs um militante Bewegungen handeln.

- Reform der Regionalgrenzen, die immer noch auf den alten statistischen Bezirken des 19. Jahrhunderts basieren.

In der X. Legislaturperiode des nationalen Parlaments verabschiedete die Kommission für konstitutionelle Angelegenheiten (*I. Commissione permanente Affari costizionali*) der Abgeordnetenkammer am 11. Juni 1991 einstimmig einen Vorschlag zur Verfassungsänderung, der "Legislative Verfahren, normative Aktivität der Regierung und Kompetenzen der Regionen" betraf (Mariucci 1994, 409; Pagliara 1995, 241ff.). Dieses Reformprojekt sah die Abschaffung einiger nationaler Ministerien vor, deren Kompetenzen an die Regionen übertragen werden sollten (Bildungsministerium, Gesundheit, Landwirtschaft, Soziales u.a.; Putnam 1993, 72). Dies hätte eine Verdoppelung des regionalen Anteils am nationalen Haushalts nach sich gezogen.

Auf der Basis dieses Vorschlags wurde in der XI. Legislaturperiode ein Gesetzesvorschlag zur Verfassungsänderung entwickelt.[7] Bald darauf, am 23. Juli 1992, wurde darüber hinaus eine Zweikammerkommission für institutionelle Reformen (*Commissione bicamerale per le riforme istituzionali*)[8] eingerichtet; diese Tatsache bestätigt die Bedeutung, die der Regionalreform mittlerweile zukam. Die Kommission sollte einen organischen Entwurf für eine Verfassungsänderung erarbeiten; die Reform der Staatsform und der lokalen Körperschaften wurde in einem der vier Unterkomitees dieser Parlamentskommission bearbeitet (Pagliara 1995, 244).[9] Diese legte dem Parlament am 7. Januar 1994 einen Verfassungsgesetzvorschlag vor, der die Regionen erstmals mit einem wirklichen System der Selbstverwaltung und "echten" legislativen, administrativen und finanzpolitischen Kompetenzen bis hin zur politischen Autonomie ausstatten sollten (ebenda, 247). Diese relevante Zunahme der regionalen Funktionen, die sich allerdings auch weiterhin im Rahmen der verfassungsrechlich definierten "einzigen und unteilbaren Republik" bewegen sollen, kann nach den Vorstellungen der Parlamentskommission durch eine einfache Modifizierung des Art.117 der Verfassung verwirklicht werden.

Die Neuigkeit besteht vor allem in der Einführung einer realen legislativen Autonomie für die Regionen, die über die verfassungsmäßig festgelegten Grenzen weit hinausgehen würde und damit weitreichende Auswirkungen auf die anderen Bereiche der regionalen Politik hätte. Dabei wird das Verfassungsprinzip der funktionalen Differenzierung der Kompetenzen von Zentralstaat rsp. Regionen von "unten nach oben", d.h. durch die enumerative Festlegung der Regionenkompetenzen und der Zuschreibung der Restkompetenzen an den Zentralstaat (Art.117 der Verfassung von 1948), auf den Kopf gestellt. Während in der Verfassung die regionalen Zuständig-

---

[7] Verfassungsgesetzentwurf vom 23.4.1992 zur *Riforma dell'ordinamento regionale dello Stato e nuova struttura bicamerale del parlamento*.
[8] Unter der Leitung von Ciriaco De Mita, später Nilde Jotti.
[9] Die Kompetenzen und Aufgaben dieser Kommission wird vom Verfassungsgesetz Nr.1 vom 6. August 1993 geregelt, das also erst ein Jahr nach ihrer Einrichtung verabschiedet wurde (Mariucci 1994, 409).

keiten im Rahmen der staatlichen Kompetenzen definiert wurden, sollen dem Staat in Zukunft nur spezifisch festgelegte Aufgaben zugewiesen werden, während alle anderen Funktionen automatisch den Regionen zukommen. Die bisherige Logik der Kompetenzdifferenzierung soll so durch föderalistisch orientierte Kriterien ersetzt werden (Barbera 1994, 45), die Kompetenzen des Zentralstaates enumerativ festgelegt und den Regionen automatisch die alleinige oder geteilte Kompetenz für alle verbleibenden Bereiche zuweist (Pagliaro 1995, 247). Dem Staat verbleiben nur die Kompetenzen, die zu seinen existentiellen Funktionen gehören: "die Flagge, das Schwert, die Toga und das Geld" (Mariucci 1994, 414), d.h Außenpolitik (inkl. Außenhandel und internationale Beziehungen), militärische Funktionen, die mit der nationalen Verteidigung und der öffentlichen Sicherheit zusammenhängen, das Rechtswesen und das Finanzwesen im Sinne von staatlicher Buchhaltung, staatlichen Steuern, und überregionalen Finanz- und Kreditaktivitäten (Pagliara 1995, 248). Dazu kommen einige andere Kompetenzen, die mit der Garantie der verfassungsrechtlichen Normen verbunden sind, wie die wirtschaftliche Planung, die großen Infrastrukturen, die Wohlfahrt und die Sicherheit am Arbeitsplatz.[10]

In einzelnen Bereichen sind die Regionalkompetenzen im neuen Modell exklusiv, in anderen handelt es sich um "konkurrierende Kompetenzen". In letzterem Fall soll der Staat "organische Gesetze" erlassen, die die Grundprinzipien derjenigen Funktionen festlegen, die "einheitliche Bedürfnisse" aller Bürger betreffen. Den Regionen kämen Richtlinienkompetenzen und Koordinierungsfunktionen im administrativen Bereich sowie diejenigen Maßnahmen zu, die die Region als Ganzes betreffen. Provinzen und Kommunen sollen dagegen die administrativen Funktionen "von lokalem Interesse" ausüben. Den Regionen kämen auch Umsetzungsfunktionen der Richtlinien der EU in ihren eigenen Kompetenzbereichen zu, dem Zentralstaat dagegen ausschließlich substitutive Rechte (im Falle der Nichtausfüllung durch die Regionen).

Das abgeleitete Finanzsystem soll abgeschafft und ein autonomes Steuerwesen für die Regionen und lokalen Körperschaften eingeführt werden. In einigen Bereichen wäre damit ein direkter Transfer der Steuermacht des Staates an die Regionen verbunden. Die Regionen sollen sich mittels eigener Gesetzgebung ein eigenes Wahlrecht und eine eigene Regierungsform geben können, um eine wirkliche politische Autonomie zu gewährleisten.

Die Verwirklichung der Reformvorschläge der Parlamentskommission, die ein wichtiges organisches Reformprojekt der bestehenden Verfassungsnormen darstellten, wurden allerdings nach dem ablehnenden Votum der Kammer vom September 1994 erstmal zurückgestellt. Die realen Veränderungen wurden auf die Verabschiedung eines sehr reduzierten neuen Regionalwahlsystems im Februar 1995 begrenzt (Pizzetti 1995, 238). Die politische Instabilität und die daraus resultierende Unab-

---

10   Siehe dazu ausführlicher Pagliara 1995, 249ff. Vgl. auch *Bicamerale: ecco i principi. Ora si passa alle leggi vere*, in: Il Manifesto, 5.12.1992; Salvatore 1993.

wägbarkeit der politischen Vor- bzw. Nachteile spezifischer politischer Reformen hatten den Reformbemühungen die politische Durchsetzungskraft genommen; die Veränderungen blieben auf stark eingegrenzte kurzfristige Modifikationen reduziert.

Aus dieser Tatsache resultiert auch die mangelnde Kontinuität und Zusammenhanglosigkeit der beiden darauffolgenden Reformentwürfe. Beide Modelle - das des sogenannten Speroni-Komitees und der sogenannten Maroni-Kommission - erreichten jedoch keinesfalls die Relevanz der Kommissionsvorschläge (Pizzetti 1995, 226). Die Maroni-Kommission, eine Forschungskommission zur Regionalreform, die im Juli 1994 beim Innenministerium eingerichtet wurde, sollte zwar ein Reformprojekt erarbeiten; eine Verfassungsänderung war jedoch nicht beabsichtigt. Die Kommission hat ihre Arbeit auch weder offiziell beendet noch ein Abschlußdokument vorgelegt. Die auf der Plenarsitzung vom 21. Dezember 1994 vorgestellten Ergebnisse stellten keinen organischen Reformvorschlag dar. Im Gegenteil beinhaltete er zwei unvereinbare Positionen in sich; während eine die Stärkung der Regionen zum Ziel hatte, wurde in der zweiten vor allem eine rigide Trennung zwischen regionaler und lokaler Ebene angestrebt (ebenda, 226).

Der Vorschlag des sogenannten Speroni-Komitees[11], eines Studienkomitees "für die Reform der Institutionen, des Wahlsystems und der Verfassung", hat ein insgesamt provisorisches Dokument produziert, das ebenfalls die innere Homogenität vermissen läßt und eher eine Sammlung von Verfahrensvorschlägen für bestimmte Problemfälle darstellt (ebenda, 245ff.). Die darin angestrebte Staatsordnung hat darüber hinaus kaum noch föderale Charakteristiken (ebenda, 248). In dieser Tatsache kommt der Mangel an innerer Überzeugungskraft der politischen Reformprojekte zum Ausdruck.

Die Ausdehnung der Relevanz der regionalen Institutionen und die zunehmende Anerkennung autonomer politischer Gestaltung wird in Italien heute von allen politischen Kräften geteilt. Nach beinah einem Vierteljahrhundert sind die "neuen" Institutionen bei aller Kritik an ihrer realen Funktionsfähigkeit weit stärker im Bewußtsein der politischen Akteure verankert als dies häufig in der von kurzfristigen Interessenlagen geprägten politischen Diskussion erscheint. Ein überzeugendes organisches Reformprojekt steht bisher allerdings aus; das Modell der Zweikammerkommission von 1992 scheint sich dem am meisten anzunähern und wird bei allen Mängeln zum Bezugspunkt aller folgender Reformentwürfe, so auch der 1997 von der neuen Mitte-Links-Regierung eingesetzten Zweikammerkommission für die Verfassungsreformen, deren abschließende Dokumentation derzeit noch aussteht.

---

11 Vgl. Verlautbarung des Pressebüros des Ministeriums vom 15. November 1994 und den offiziellen Text vom 21. Dezember 1994; siehe Pizzetti 1994, 226.

2. Moderat-föderalistische Ansätze

a) Die Reformbemühungen der Regionen

Auch von Seiten der Regionen selbst wurden Reformvorschläge formuliert, die ihr reges Interesse an einer Ausweitung und Neuregulierung ihrer Kompetenzen dokumentieren.[12] Dazu gehören auch eine Serie von Gesetzesvorschlägen zur Verfassungsreform und zur Neugestaltung des regionalen Wahlsystems. Während die Regionen untereinander eine weitgehende Einigkeit bezüglich der Staatsreform gefunden und eine gemeinsame Vorgehensweise ausgearbeitet haben, gibt es zur Frage der Wahlreform allerdings durchaus abweichende Vorstellungen (Castellucci 1993,740). Aus der Sicht der Regionen soll in der neuen Regionalordnung die Kompetenzverteilung zwischen Zentralregierung und Regionen grundsätzlich nach dem Subsidiaritätsprinzip gestaltet werden, von der Peripherie ausgehend zum Zentrum und auf der Basis von Funktionen, nicht von Kompetenzbereichen. Entscheidungen sollen in diesem Modell jeweils auf der Ebene getroffen werden, die den Bürgern am nächsten ist, und erst dann auf die nächsthöhere verwiesen werden, wenn die unteren Ebenen nicht angemessen politisch tätig werden können. Die Parallelität der Aufgaben zwischen Zentralstaat und Regionen soll abgeschafft und durch die Anerkennung einer grundsätzlichen administrativen Kompetenz der Regionen ersetzt werden, auch in den Bereichen, in denen die legislative Kompetenz dem Zentralstaat zukommt.

Vor allem aber zielen die Reformvorstellungen der Regionen auf ihre institutionelle Beteiligung an den nationalen Regierungsfunktionen, durch die Reform des derzeitigen Zweikammersystems und die Umgestaltung der zweiten Kammer des Parlaments, des Senats, zur Regionenkammer.[13] Diese soll den Regionen Mitentscheidungsrechte an der Gesetzgebung in den Fällen ermöglichen, die gemeinsame Prinzipien in Form von Richtlinien und Minimumstandards festgelegen und damit die regionale Gesetzgebung beeinflussen (Caretti 1994, 576). Darüber hinaus soll diese

---

12   Siehe vor allem *Documento di sintesi della Conferenza dei presidenti delle regioni e province autonome sulle riforme istituzionale*, 11.3.1988, in: Regioni e governo locale, Januar-Februar 1991; *Proposte politiche delle regioni italiane per una nuova prospettiva dei rapporti e delle azioni pubbliche nel paese*, 24. November 1990, in: Regioni e governo locale, Nr.1, 1991; *Proposte politiche delle regioni italiane per una nuova prospettiva dei rapporti e delle azioni pubbliche nel paese*, in: Regioni e governo locale, Juli-August 1993; *Documento di indirizzo e proposte delle regioni: Riforma regionalista dello Stato e riforma elettorale delle regioni*, 30.9.1993, Conferenza dei presidenti delle regioni e delle provincie autonome, Conferenza dell'Assemblea e dei Consigli delle regioni, Viareggio, in: Regioni e governo locale, Juli-August 1993; *Manifesto elettorale delle Regioni italiane*, approvato dalla Conferenza delle regioni, 2.3.1994, Rom, in: Regioni e governo locale, Juli-August 1993; *Carta delle regioni*, Mailand, 19.3.1993 verabschiedet (vgl. Desideri 1995, 76).
Eine ausführliche Dokumentation der Debatte und der unterschiedlichen Gesetzesvorschläge siehe vor allem die verschiedenen Ausgaben von Regioni e governo locale 1993, 1994, 1995, 1996, 1997.
13   Über die Art und Weise dieser Vertretung existieren dabei durchaus unterschiedliche Vorstellungen (Caretti 1994, 576).

Kammer die Kontrolle über die Einhaltung des Subsidiaritätsprinzips von Seiten des Staates ermöglichen.[14]

Die andere zentrale Forderung der Regionen betrifft die finanzielle Autonomie, die durch eine eigene Steuererhebung und die tendentielle Unabhängigkeit und politische Eigenverantwortlichkeit der regionalen Organe erreicht und garantiert werden soll. Darüber hinaus soll den Regionen die Kompetenz für die Koordinierung der subregionalen Steuer- und Finanzsysteme von Kommunen und Provinzen zukommen (Caretti 19994, 576).

Im Februar 1992 wurden von mehreren Regionalräten vier Volksabstimmungen angestrengt, die die Abschaffung verschiedener nationaler Ministerien und die Verlagerung ihrer Kompetenzen auf die regionale Ebene zum Inhalt hatten.[15] Sie dokumentieren ebenfalls das erwachte Interesse der Regionen an einer Ausdehnung ihrer Rechte. Im Laufe der XI. Legislaturperiode verabschieden darüber hinaus sieben Regionalräte (Abruzzen, Kalabrien, Emilia-Romagna, Ligurien, Piemont, Toskana, Venetien) Gesetzesvorschläge für die Verfassungsreform.

Von Seiten der Regionen ist also ein weit verbreiteter und durchaus organisierter Reformdruck zu verzeichnen, der sich zum Teil bereits heute als konkrete und gebündelte Interessenvertretung gestaltet und der die öffentliche Diskussion wie die politischen Entscheidungsfindungsinstanzen auf Dauer Rechnung tragen muß.

b) Das Föderalismuskonzept der politischen Linken

Obwohl in der politischen Linken immer wieder dezentralisierte und föderal orientierte Konzeptionen diskutiert wurden, kann diese auf keine organisierte oder durchsetzungsfähige föderalistische Tradition aufbauen (vgl. Kap.I-III). Dennoch wurden immer wieder dezentrale Minderheitenpositionen formuliert, bei Ausschluß aus dem nationalen Regierungsgeschehen auf die dezentrale Strategie gesetzt, oder mit der Übernahme der Regierungsverantwortung in einigen Regionen in der zweiten Hälfte der 70er Jahre konkrete politische Erfahrungen mit einer regionalen Regierungsverantwortung gemacht. Die Wiederaufnahme der Dezentralisierungsdiskussion in der antisolidarischen und provokativen Variante der Ligen im Verlauf der 80er Jahre setzte die anderen politischen Kräfte allerdings unter Zugzwang. Dennoch fiel es schwer, eigenständige alternative Position und Strategien zu formulieren, da Begriffe wie "Föderalismus" oder "regionale Eigenständigkeit" von populistischen Kräften gezielt zur provokativen Abgrenzung vom "Schmarotzertum" Süditaliens oder der italienischen Hauptstadt eingesetzt wurden.

---

14 Zur Regionenkammer siehe Occhiocupo 1989, Violini 1989.
15 Art.75 der Verfassung gibt den Regionen die Möglichkeit, per Referendum bestehende Gesetze ganz oder teilweise abzuschaffen, wenn dies von mindestens fünf Regionalräten beantragt wird. Die Volksabstimmungen wurden am 18. April 1993 abgehalten, und die Abschaffung der nationalen Ministerien für Landwirtschaft sowie für Tourismus erhielten die Mehrheit.

Nachdem das Thema des Föderalismus über Jahre von den Ligen politisch "besetzt" und auf deren spezifische Interpretationsweise reduziert worden war, gelangt es erst mit dem Beginn der 90er Jahre zurück in die öffentliche Diskussion. In vielfältigen Diskussionen und Seminaren wurde eine neue Standortbestimmung der Linken in der Zentralismus-Föderalismusdebatte erarbeitet. Insbesondere auf einem Seminar der ehemaligen kommunistischen Partei PDS 1992 (Convegno nazionale del PDS, 1992) wurde das Konzept eines "tief unitarischen und solidaristischen Föderalismus" formuliert, der an das Gedankengut Cattaneos (vgl. Kap.II) anknüpfen und die zentralistische und konservative Tradition überwinden soll (Occhetto 1992, 2). Die Ursache der Krise des Nationalstaates und die konkrete Gefahr eines Auseinanderbrechens der demokratischen Strukturen wurde dabei einerseits in der Tendenz zur Supra-Nationalität ausgemacht, die die Idee des Staates als einzigem Träger der Souveränität zunehmend in Frage stellte. Die "lokalistische Zerstückelung" sei dafür allerdings ebenso verantwortlich. Deshalb sei eine neue Idee des Staates notwendig, für die sich das Konzept des Föderalismus anbiete. Diese neue Konzeption des Staates sei besser geeignet, die Demokratie zu verteidigen (ebenda, 6ff.). Im Gegensatz zu anderen politischen Strategien bleibt dem Konzept der nationalen Solidarität allerdings weiterhin eine grundlegende Bedeutung zugemessen; sie soll die Grundlage eines gänzlich reformierten Modell der Südförderung darstellen (ebenda, 13). Die Idee der Solidarität wird so als "Bindemittel einer föderativen Ordnung" herausgestellt, im Unterschied zur bloßen Interessengemeinschaft, die dem föderalistischen Konzept der Ligen zugrundeliegt. Das Projekt der Linken stellt sich so dem Modell der "souveränen Kleinstaaten" der Ligen explizit entgegen (Cacciari 1994, 99ff.).

Föderalismus wird als prinzipielle Neuordnung der Zentrum-Peripherie-Beziehungen verstanden, auf deren Basis die Neudefinition von Verantwortlichkeiten auf neue Handlungsträger möglich ist. Dieser Ansatz unterscheidet sich grundlegend von den "zufälligen" territorialen Untergliederungen, die die "Multiplikation von 'Zentren'" auf der Basis vom jeweiligen Interessendruck oder auf "demogagisch-gefühlsmäßiger Basis" im Ligenkonzept ausmacht (ebenda, 107). Das Konzept der Linken grenzt sich dabei explizit von der "archaischen Sichtweise" der Ligen ab, die "Holismus und Individualismus als separate oder gegensätzliche Konzepte" sieht (ebenda, 108). Statt dessen soll eine Definition des gesamten Systems als Netzstruktur gefunden werden; hierarchische und um ein einziges Zentrum rotierende Konzeptionen können so an der Wurzel zugunsten eines neuen Zusammenspiels von Machtbefugnissen, Kompetenzen und Verantwortlichkeiten überwunden werden (ebenda, 108ff.)

In den Parteiprogrammen der italienischen PDS hat sich die neue politische Strategie in Form eines "föderalistisch inspirierten Regionalismus" niedergeschlagen (Programma di Governo del PDS, 1994). Die Regionen sollen in einer "großen Regionalreform" alle Kompetenzen erhalten, die nicht explizit dem Staat zugeschrieben werden (PDS 1992, 55). Eine globale Umstrukturierung der Institutionen diene dazu, die Effizienz und die Verantwortlichkeit der öffentlichen Einrichtungen zu erhöhen.

Die Präsenz der Regionen an der nationalen Politik soll über die Reform der Kammern und die Einrichtung eines "Senats der Regionen" gewährleistet werden. Ursächlich für diese Neuerung sei die starke Verflechtung der staatlichen und der regionalen Aufgaben in immer komplexeren politisch-administrativen Abläufen (PDS 1992, 52).

Das Programm der Mitte-Links-Koalition "Olivenbaum" unter Romano Prodi übernahm 1996 den Ansatz einer Staatsreform als föderales Systems, wobei die zentralen Aufgaben der Regionen vor allem in der Schaffung von Arbeitsplätzen gesehen werden. In einer anstehenden Verfassungsreform soll das Ziel eines Föderalismus ähnlich dem deutschen Modell angestrebt werden, ohne daß allerdings Umsetzungsmodalitäten festgelegt sind. In diesem Ansatz wird der Unterschied zum Ligen-Modell herausgestrichen, dem, so die Kritik, Ernsthaftigkeit abgeht und das darüber hinaus entscheiden muß, inwieweit tatsächlich ein "emotionaler Separatismus" gegenüber einem Interessenausgleich zwischen dem Norden und dem Süden privilegiert werden soll. Dieser Ansatz stellt - nach dem Wahlerfolg der Ligen vor allem in Norditalien, die als Wählerentscheidung für die dezentrale Option interpretiert wird, die von der Linken aufgegriffen werden muß - eine prinzipielle Öffnung gegenüber den Ligen dar.[16]

Im Unterschied zu anderen politischen Konzepten ist im Programm der Linken und der Mitte-Links-Koalition von Autonomie, nicht von Separation die Rede. Dieser Ansatz wird als Verteidigung eines "echten" föderalistischen Konzepts verstanden, nach dem Vorbild der amerikanischen Nordstaaten in den Sezessionskriegen und als Gegenmodell zu den Ligenvorschlägen eines Bundes zwischen souveränen Staaten nach dem "sezessionistischem Vorbild" der amerikanischen Südstaaten (Cacciari 1994b).

c) **Die Reformbestrebungen der Agnelli-Stiftung**

Die Turiner Agnelli-Stiftung hat ein vieldiskutiertes Projekt eines "unitarischen und solidarischen Föderalismus" entwickelt, das die Erweiterung der regionalen Autonomie zum Ziel hat (Fondazione Agnelli 1994). Bereits im Dezember 1992 wurde eine erste Version des Modells erarbeitet und in der Öffentlichkeit diskutiert (Pacini 1992, 1994a). Dabei wird ein ökonomisch orientierter Ansatz vertreten, in dem die Angemessenheit der territorialen Dimension der heutigen Regionen für eine optimale Ausübung ihrer neuen Rechte und Kompetenzen analysiert und in Frage gestellt wird (Caretti 1994, 577; Pacini 1994). Durch die Zusammenlegung einiger bereits existierender Regionen in homogenere Einheiten soll die finanzielle Selbständigkeit der Regionen erhöht werden. Zwar soll dieses Modell den historischen und geographischen Gemeinsamkeiten eher Rechnung tragen als der aktuelle Zuschnitt; Regio-

---

16 *Ci vuole subito il federalismo*; vgl. Cacciari 1996, in: Corriere della Sera, 23.4.1996, 15.

nen mit kleinen Territorien und geringerer Bevölkerungszahl[17] würden allerdings eliminiert und die existierenden zwanzig Regionenzahl auf zwölf reduziert.[18]

Die föderalistische Umstrukturierung des Staates wird in dieser Konzeption in einer Begrenzung der Einwohnerzahl als Kriterium für die "optimale Regionengröße" bei vier Millionen gesehen (CENSIS 1995, 63). Die lokalen Gebietskörperschaften sollen, bei verfassungsrechtlicher Verankerung, ebenfalls durch Zusammenschlüsse eine neue Struktur erhalten. Die Struktur und Funktion der Provinzen werden dabei durchaus kritisch gesehen.

Die Kompetenzzuweisungen der Reformmodelle, die durch die Parlamentskommissionen erarbeitet worden sind, werden von der Agnelli-Stiftung kritisiert und eine Übertragung von industriepolitischen oder kultusministeriellen Verantwortlichkeiten auf die Regionen abgelehnt. Steuerpolitisch wird die Möglichkeit der eigenständigen Erhebung neuer regionaler Steuern vorgeschlagen, die bereits bestehende staatliche Steuergebühren ersetzen sollen (ebenda, 63). Die Durchsetzungsmöglichkeiten der Regionalreform wird von der Agnelli-Stiftung in zwei unterschiedlichen Methoden ausgemacht: durch einige Verfassungsänderungen, die den Titel V. des zweiten Teils der Verfassung ersetzen sollen (Fondazione Agnelli 1994), oder durch die Entscheidung für eine föderale Organisation des Staates, die durch eine neue Verfassung entstehen soll (Pacini 1994a).

Trotz der Relevanz des Regionenentwurf der Agnelli-Stiftung für die Realisierung eines "möglichen Föderalismus" sieht diese in ihren Modellen jedoch nichts anderes als Diskussionsgrundlagen, nicht aber in sich geschlossene Reformprojekte. Dennoch, oder vielleicht gerade deshalb, unterscheiden sie sich gegenüber den anderen Entwürfen durch den Mut zu radikalen Veränderungen, wie beispielsweise die Regionengröße, die aufgrund ihrer Infragestellung gewachsener territorialer Verhältnisse auf massiven Widerstand treffen würden. Daraus resultiert die Gefahr, daß ihre Umsetzung auf der politischer Ebene kaum ernsthaft ins Auge gefaßt wird.

3. Konföderale Reformkonzepte

Die Erfolge der regional bzw. territorial verankerten Ligen in Norditalien seit Ende der 80er Jahre resultieren nicht zuletzt aus der chronischen Ineffizienz des Zentralstaates. Sie griffen die weitverbreitete Forderung nach mehr "Regionalismus" auf, instrumentalisierten den Begriff Föderalismus politisch, und brachten die anderen Parteien damit in Zugzwang. Bis 1987, dem Jahr, in dem die *Lega Lombarda* das

---

17   Marken, Abruzzen, Friaul, Trentin, Umbrien, Basilikata, Aostatal, Ligurien.
18   Vgl. auch die geographischen Karten in Pacini 1994a, 33, 38 und 39; La Repubblica, 10.4.1994, 3; Pasquino 1996.

erste Mal ins nationale Parlament einzog[19], war der Föderalismus alles andere als ein vieldiskutiertes Konzept in der öffentlichen Debatte. Von da an wurde er jedoch immer mehr "eine Waffe, um das vorherige politische System zu schleifen", und weniger ein ernsthafter Vorschlag für eine grundlegende politisch-institutionelle Reform (Sabella und Urbinati 1994, 9). Er wurde "synonym für Steuerrevolte und Antimeridionalismus, sowie für Antistaatlichkeit und liberalistische Orientierungen, fähig, durch ein neues *laissez faire* die Entwicklung des (Nordens des) Landes anzutreiben".

Die Ligen stellten die Bereitschaft der prosperierenden "Motorenregionen" als angeblich überwiegende Finanzierungsquellen von Südförderung und regionaler Umverteilung in Frage. Die zunehmende Ressourcenknappheit des Staates trug dabei beträchtlich zur Durchsetzungsfähigkeit dieser Position bei. "Die Entwicklung der Ligen ist aus dem Zusammenspiel von regionalem Stolz, Wut auf die römische Ineffizienz, Reaktion gegen die 'Spenden' an den Süden, und auf rassistischem Hintergrund gewachsen" (Putnam 1993, 72). Das Feindbild ist der zentralistische Staat und der Bürokratismus, der im Süden "nur Mafia und Camorra gemästet hat" (Brindani/Vimercati 1991, 34f.). Bei allem "lombardischen Nationalstolz" gründet der ausgeprägte Antimeridionalismus der Ligen deshalb in der vermeintlichen Verbindung zwischen "Parasitentum und Zentralismus" (Corriere della Sera, 6.2.1994, 7), der die einseitige Privilegierung der Interessen des reichen Nordens legitimieren soll.

Slogan wie "Lombardei, das Huhn, das Goldene Eier legt" oder "Nein zur Übermacht des Südens" belegen den Versuch der Ligen, die anspruchsvolle Ideologie des Föderalismus in populistisch-volkstümliche Kategorien zu übersetzen. Er wurde zum politischen Schlagwort, dem über die Ebene der rein verbalen politischen Schlagabtauschs wenig inhaltliche Bedeutung zukam.[20] Der Begriff des Föderalismus wurde so auf eine Kurzformel reduziert und zum Symbol des Kampfes gegen das "diebische Rom" hochstilisiert. Diese "inakzeptable Ketzerei" stellte die politische Strategie der Ligen dar, die ihnen die Aufmerksamkeit der Massenmedien und des weiteren Publikums sicherte. Die starke Symbolisierung wurde zu einer Vision ausgebaut, die beinah Glaubenscharakter aufwies und zu einem zentralen Identifikationssymbol werden konnte.

---

19   Bei den Regionalwahlen 1990 erreichte die *Lega* bereits 29% der Stimmen auf regionaler Ebene; bei den Parlamentswahlen 1992 sogar 8,7% im nationalen (!) Durchschnitt, ein Ergebnis, das mit den 8,4% der Stimmen bei den Parlamentswahlen 1994 bestätigt wurde, und sich (nach einem vorübergehenden Rückgang bei den Regionalwahlen von 1995 auf 6,5%) 1996 sogar auf 10,1% erhöhte (Braun 1994, 186; Mannheimer 1991; Corriere della Sera vom 5.5.1996, 1; vgl. Kap.V).
20   Die öffentliche Diskussion wurde vor allem um das Konzept des Föderalismus zentriert, meist ohne analytische Unterscheidung zwischen Föderalismus und Regionalismus. Föderalismus wurde so meist als extreme Variante eines regionalistischen Staatssystems verstanden, der sich bloß durch das Ausmaß der Autonomie vom regionalen System unterscheidet. Allerdings bleibt eine Trennung hervorzuheben zwischen der akademischen Diskussion weniger Spezialisten der institutionellen Reformen, und der politischen Alltagspolemik, die mehr aus Slogan als aus konketen Argumenten und Projekten besteht (Sabella/Urbinati 1994, 78).

Die Ausarbeitung des Föderalismusmodells der Lega geht vor allem auf die Studien ihres sogenannten "Chefideologen" zurück, des Politikprofessors Gianfranco Miglio von der Katholischen Universität Mailand. Es wurde bereits im ersten Programm der Lega Lombarda von 1983 formuliert (Miglio 1990; Brindani/Vimercati 1991, 24-25). Auf dem Kongreß der Lega Lombarda vom Dezember 1993 in Assago wurde ein erster Textentwurf für eine föderale Verfassung Italiens verabschiedet[21], der im wesentlichen das Ligen-Modell eines "starken Föderalismus" in einer "provisorischen föderalen Verfassung" Italiens festlegt (Caretti 1994, 577).[22] Die "einzige und unteilbare" italienische Republik soll in diesem Modell eine politische und fiskalische Föderalisierung erfahren und durch eine "Italienische Union" ersetzt werden, die aus der "freien Assoziation" der drei Republiken Padanien, Etrurien und Süd entsteht.[23]

Die Gebiete der drei Unterrepubliken oder Makroregionen sollen durch Volksabstimmung definiert werden (Art.3), die aus der Zusammenfassung bestehender Regionen entstehen. Die Parlamente der Teilrepubliken werden direkt gewählt; diese drei Parlamente bilden zusammen mit Repräsentanten der autonomen Regionen die "politische Versammlung" der Union. Die Legislative soll ausschließlich durch eine zweite repräsentative Versammlung gebildet werden, deren 200 Mitglieder von allen Bürgern der Union ebenfalls direkt gewählt sind (Art.5). Diese neue föderale Verfassung soll durch eine nationale Volksabstimmung verabschiedet werden.[24]

Die in der bisherigen Regionalordnung vergleichsweise eng begrenzten Kompetenzen und Spielräume der subnationalen Körperschaften werden in diesem Entwurf ausgeweitet; darin unterscheidet sich das Ligenmodell durchaus nicht von anderen Reformansätzen. Die Kompetenzen der Regierung der Union sollen dagegen begrenzt werden; die zentrale Ebene ist zuständig für die auswärtige und internationale Politik, die Verteidigung der Union, die oberen Ebenen der Justiz, die Geld- und Kreditpolitik, die allgemeinen Wirtschaftsprogramme und die Ausgleichspolitik (Art.7). In Umkehrung der bisherigen Regelung, in der die Kompetenzen der Regionen enumerativ festgelegt sind, sollen alle residualen Kompetenzen in Zukunft den Teilrepubliken zukommen.

Das von den Ligen vorgeschlagene neue Finanzsystem soll das bisherige einheitliche Finanzierungsmodell abschaffen. Bisher war das regionale System durch eine schwache regionale Finanzautonomie gekennzeichnet, mit geringen eigenen Einnahmen der Regionen und großer Abhängigkeit von den meist zweckgebundene

---

[21] Vorausgegangen war die Ausrufung der "Republik des Nordens" in Pontida, dem traditionellen Versammlungort der Lega Lombarda, im Juni 1991.
[22] *Padania, Etruria, Sud, ecco la carta dell'Unione*, Corriere della Sera, 12.12.1993. Siehe auch La Repubblica, 10.4.1994, 2.
[23] Dazu kommen die "autonomen Regionen", d.h. die jetzigen Sonderstatutregionen Sizilien, Sardinien, Aostatal, Trentino Alto Adige und Friaul Venetien Julia; Art.1 des Reformentwurfs.
[24] *La nuova Italia del Cavaliere e soci*, La Repubblica, 2.4.1994, 5.

Transferleistungen des Zentralstaats[25]. Für die Umverteilung der zentral erhobenen Steuern wird im bestehenden System nicht die Höhe des in den Regionen erbrachten Steueraufkommens zugrundegelegt, sondern Quoten eines gemeinsamen nationalen Fonds. Diese Anteile werden auf der Basis von objektiven Faktoren wie Bevölkerung, Gebietsumfang und wirtschaftliche und soziale Bedingungen bestimmt. Diese Finanzierung wird durch das Recht auf Eigenverschuldung der Regionen sowie eine Reihe von Sonderfonds ergänzt, die zentral nach verschiedenen Kriterien und Zweckbestimmungen zugewiesen wurden. Auch Mittel des nationalen Haushaltes können zu solchen Sondermaßnahmen bereitgestellt werden, nach Kriterien, die jedes Jahr vom Gesetzgeber neu bestimmt wurden (Onida 1990, 255; vgl. Kap.III).

Nach dem Ligenentwurf sollen die Steuereinnahmen dagegen in Zukunft zwischen den drei Teilrepubliken nach dem Prinzip der Ortsbindung, d.h. der Höhe des lokalen Steueraufkommens verteilt werden (Art.8).[26] Dieses Kriterium soll dem reichen Norden des Landes zugutekommen, um - so die Propaganda der Ligen - den "parasitären Süden" nicht mehr weiter zu finanzieren.

Der Vorschlag Gianfranco Miglios stellt weniger ein föderales als ein konföderales Modell dar[27], denn es wäre "weit besser", wenn "die italienische Union statt einer 'Föderation' die Form einer 'Konföderation' annehmen würde: also eine Vereinigung nach internationalem Recht, zwischen 'souveränen' Gemeinschaften" (Miglio 1992, 37). Die Kompetenzen des Nationalstaates werden weit stärker eingegrenzt als in einem föderalen Modell (CENSIS 1995, 52).

In den 90er Jahren nehmen die Ligen eine strategische Umorientierung vom "nationalen" lombardischen Absatz (in der die Lombardei die "Nation" darstellt) hin zur Regierungsbeteiligung auf der nationalen Ebene vor, die eine gemäßigtere Positionsbestimmung in der Föderalisierungsdebatte als in der Phase der provokativen separatistischen Ideologie der 80er Jahre mit sich brachte. Die Forderung nach Unabhängigkeit der Nordregionen und ihre Eingliederung in die deutsche und mitteleuropäische Wirtschaftszone blieb allerdings zentral (Desideri 1995, 72).

Nach dem Ausscheiden Miglios aus der Lega Lombarda wurde auf dem Ligenkongreß (*assemblea federale*) in Genua am 6. November 1994 ein neues, nicht unwesentlich verändertes Föderalismusmodell vorgestellt, die diese neue Strategie bestä-

---

25   Vgl. Gesetz Nr.218 vom 16.5.1970, *Provvedimenti finanziari per l'attuazione delle regioni a statuto ordinario.*
26   Nach erfolgter Finanzierung der Kommunen und ausgenommen die Quote für die Finanzierung der Union sowie einige eingeschränkte territoriale Umverteilungspolitiken.
27   Auch nach Ansicht von Augusto Barbera, ehemaliger Vorsitzender der Parlamentskommission für di Regionenfragen, stellt der Miglio-Entwurf eher eine Konföderation dar, als dem föderalen Modell Deutschlands oder der USA zu ähneln (*La nuova Italia del Cavaliere e soci*, La Repubblica, 2. 4.1994, 5)

tigte (Lega Nord 1994; Pizzetti 1995, 225ff.).[28] Die Ausarbeitung, die vor allem unter der Schirmherrschaft des Prof. Ortino[29] erfolgte, macht den temporären, taktisch motivierter Rückzug aus den extremen, die Sezession des Nordens anstrebenden Positionen der Vergangenheit deutlich, der aus der Übernahme der Regierungsverantwortung in der Berlusconi-Regierung und ihrem neuen Image als nationale Partei nach den Wahlen 1994 resultiert. Es handelt sich dabei um ein äußerst komplexes Modell, das die Föderation von neun Staaten und zwanzig Regionen (zuzüglich Provinzen und Kommunen) in einem nunmehr Fünfebenensystem der Regierung vorsieht (Pizzetti 1995, 238). Der Föderation sollen enumerativ festgelegte exklusive Kompetenzen in bestimmten Bereichen zukommen, die in zwei unterschiedliche Kategorien unterteilt sind: einige unterliegen der ausschließlichen Gesetzgebung nur einer Kammer; andere unterliegen der legislativen Kompetenz beider Kammern, von denen die zweite als "Staatenkammer" nach deutschem Bundesratsvorbild konzipiert sein soll. Letztere unterscheidet sich allerdings dahingehend vom deutschen oder amerikanischen Modell, daß es eine Direktwahl ihrer Mitglieder "auf staatlicher Basis" vorsieht, analog zur aktuell existierenden, verfassungsmäßig festgelegten "Regionenbasis". Diese bezieht sich jedoch nur die Festlegung der Wahlkreise und stellt keinerlei wirkliche Verankerung in der Region bzw. regionale Repräsentanz dar (vgl. Kap.II.1).

Alle nicht enumerativ der Föderation zugeschriebenen Kompetenzen obliegen in diesem Entwurf den Teilstaaten. Die (substaatlichen) Regionen sollen dabei Kompetenzen ausüben, die ihnen jeweils von den Staaten übertragen werden und die den jeweiligen Begrenzungen durch diese unterliegen. Die Verwaltungstätigkeit obliegt in diesem Modell allerdings - und hier kommt ein unvermuteter Zentralismus des Ligen-Modells zum Vorschein - der Föderation; die neun "Staaten" haben keine eigene Administration, sondern verlagern diese in die exklusive Bundeskompetenz. Die regionale Verwaltung dagegen betrifft dieselben Bereiche wie die legislativen Kompetenzen der Teilstaaten (Pizzetti 1995, 240). Die "Staaten" unterliegen darüber hinaus grundlegenden föderalen Kontrollen, die denen des aktuellen Systems sehr nahekommen.

Das Finanzsystem bleibt in diesem Reformvorschlag unausgearbeitet; es begrenzt sich darauf, festzulegen, daß jede Regierungsebene über eigene Einnahmen für die Ausübung der Funktionen verfügen soll, die aus den jeweiligen Aufgaben resultieren. Ein Umverteilungsmechanismus fehlt dagegen völlig. Die Unausgewogenheit und Komplexität dieses Modells - ein "zu 'barockes' und in jedem Fall zu kompliziertes System" (ebenda, 238) - stellt dabei keinerlei Vereinfachung dar, und es erscheint darüber hinaus äußerst schwer umzusetzen.

---

28 Auch Gianfranco Miglio erarbeitet eine neue "föderale Verfassung", die am 17. Dezember 1994 in Mailand vorgestellt wurde; vgl. *Cuore e critica*, Dezember 1994; Pizzetti 1995, 226.
29 Ortino stellt in seinem Modell die Einrichtung von zehn Megaregionen und dreißig "Territorien" vor, die auch über legislative Kompetenzen verfügen sollen (Ortino 1995; De Siervo 1995, 57).

Einige der Mängel wurden allerdings später überwunden. Der Gesetzesvorschlag der Ligen, der auf der Basis dieses Reformmodells ausgearbeitet und am 18. Januar 1995 in der Abgeordnetenkammer präsentiert wurde, enthält konkrete Vorschläge für eine föderale Verfassung. Er nähert sich noch stärker dem deutschen Modell an und sieht einen Föderalstaat mit einer bundesratsähnlichen "Staatenkammer" vor. Es verfügt über weit größere verfassungsrechtliche Garantien, die in den Konzeptionen Miglios völlig fehlten; eine Veränderung der föderalen Verfassung soll nicht ohne das Einverständnis der Regierungen des Bundesstaaten und der Regionen vorgenommen werden können. Darüber hinaus wird in diesem Vorschlag eine artikulierte Finanzordnung ausgearbeitet, die ein "Ressourcentransfersystem" zwischen der Föderation und den Staaten sowie zwischen den Staaten vorsieht. Diese Norm stützt sich auf das deutsche Modell des horizontalen und vertikalen Finanzausgleichs (vgl. Kap.I); es wird allerdings aufgrund seiner Komplexität und seiner unzureichenden technischen Ausarbeitung kritisiert (Pizzetti 1995, 241).

Insgesamt läßt dieser Gesetzesvorschlag ebenso viele Fragen offen wie das in Genua diskutierte Modell, auf das es sich stützt. Beide Reformmodelle beschränken sich darauf, föderale Elemente in das bestehende Staatssystem einzuführen, ohne das dem eine grundlegende und globale Neugestaltung des Gesamtsystems zugrunde liegen würde. Die Umsetzbarkeit des Föderalismusansatzes der Ligen ist durch den Mangel an Geschlossenheit und Strukturiertheit fraglich; es mangelt ihm an strategischer Ausrichtung, die immer wieder zugunsten kurzfristig-taktischer politischer Manövern mit populistischen Zielsetzungen zurückgestellt und auf einen rhetorischen Extremismus reduziert werden.

Die Autonomieforderungen der *Lega Nord* wurden - nach dem unerwarteten Wahlerfolg im April 1996, der ihnen einen nationalen Durchschnitt von 10,1%, in Norditalien von über 20,5%, und in ihren den Hochburgen von bis zu 40% bescherte - erneut verschärft und mündeten in die Forderung nach einer "Spaltung Italiens nach dem Vorbild der Tschechoslowakei". Umberto Bossi, der Generalsekretär der Regionalpartei, spricht explizit von Sezession, nicht mehr von Föderalismus; die Liga kehrt damit zu einer Strategie zurück, die sie, nach der tendenziellen Niederlage von *Forza Italia* und Nationale Allianz, zum einzigen Bezugspunkt des moderaten und liberalen Wählerschaft Norditaliens machen soll. In Bossis Modell soll die Tatsache zweier unterschiedlicher ökonomischer Systeme der "beiden Italien", der Norden und der Süden, auch zu zwei separaten Staaten führen, jedes mit "eigener Kasse" und mit "eigener Zentralbank"; der Norden soll sich trennen vom "zentralistischen Staat, kolonialistisch und rassistisch" (Corriere della Sera, 5.5.1996, 3). Ein "Befreiungskomitee Padanien" (*Comitato di liberazione della Padania* Clp) soll das "Recht auf Sezession" umsetzen und seine internationale Legitimation erwirken. Als erste Maßnahmen sind die Unterschriftensammlung für einen Gesetzesvorschlag "des Volkes" vorgesehen, um die Präfekten abzuschaffen; für die Einberufung von in den Regionalstatuten vorgesehenen Referenden innerhalb der einzelnen Regionen; und für ein Referendum, das auf Abschaffung derjenigen Teile des Strafgesetzbuches abzielt, die vom "Attentat auf die staatliche Integrität" sprechen (ebenda). Die Wahl der "Poebenen-Regierung" im Mai 1996 und das "sezessionistische Happening" der Ligen im September 1996[30] sind Ausdruck dieser Strategie.

IV.3. DIE AKTUELLE SITUATION DER SÜD- UND DER REGIONENFRAGE

1. Der Süden in den neunziger Jahren

Das Süditalien der 90er Jahre zeigt eine weitgehende wirtschaftliche und soziale Abhängigkeit von den weiterentwickelten Gebieten des Landes; trotz 40 Jahren Förderpolitik bleibt die Südfrage also ungelöst. Die Arbeitslosigkeit im Mezzogiorno betrug 1993 18,9%, gegenüber nur 7,7% im Norden des Landes (Boccella 1994, 429). Aus einer Untersuchung einer Regierungskommission geht hervor, daß im Süden mit 20,8% der Bevölkerung ein weit größerer Bevölkerungsanteil von Armut betroffen ist als das Zentrum und der Norden des Landes (6,7%; ebenda). Der Anteil des Bruttoinlandproduktes ist 1992 mit 58,9% gegenüber 1970 kaum gewachsen (+0,5%), ebensowenig wie die durchschnittlichen Ausgaben der Familien, die von 68,8% des Gesamtkonsums 1979 auf 69,6% 1992 anstieg. Die Investitionen pro Kopf haben sogar wesentlich abgenommen und betragen 1992 nur 63,0% des Nordens (gegenüber 85,3% 1970; ebenda, 430).[31]

Allerdings ist der Mezzogiorno heute nicht mehr als Ganzes "unterentwickelt", sondern er ist durch mindestens drei verschiedene Entwicklungszonen charakterisiert (ebenda, 430f.): ein Gebiet jüngerer und ausgeprägter Industrialisierung (Abruzzen, Molise, Teile von Apulien); ein Gebiet, das durch eine traditionelle Industrialisierung und eine "reifere" Ökonomie gekennzeichnet ist (Kampanien, Apulien); ein dritter Bereich, der sowohl Regionen mit einem schwachen Industrialisierungsgrad[32] (z.B. Kalabrien) als auch diejenigen Gebiete umfaßt, in denen ein anfänglicher Industrialisierungsprozeß gestoppt wurde (z.B. Basilikata).

Bereits in den 80er Jahren war die Existenz zweier unterschiedlicher wirtschaftlicher Regionalisierungsmodelle immer mehr ins Bewußtsein gerückt. Während die regionale Wirtschaft im Norden des Landes um die Industrie organisiert ist, konzentriert sich die Entwicklungsdynamik im Süden dagegen um die Verteilungsflüsse der öffentlichen Ressourcen und der monetären Transfers, sowohl an die Unternehmen als auch an die Familien (ebenda, 428). Die wirtschaftliche Rezession verstärkt diese Auseinanderentwicklung jeweils noch.

---

30 Vgl. TAZ vom 13.5.1996, Corriere della Sera vom 6.9.1996, La Repubblica vom 16.9.1996, 5.
31 Bocella zitiert hier offizielle Angaben von SVIMEZ bzw. ISTAT.
32 Der Industrialisierungsgrad wird gemessen am Verhältnis zwischen Beschäftigten im Industriesektor und Bevölkerung.

Zu Beginn der 90er Jahre schafft die Annäherung des Binnenmarkts 1993 zusätzliche Anpassungsnotwendigkeiten Italiens an die Ökonomien der anderen europäischen Länder; vor allem die Vereinbarungen zur Teilnahme an der europäischen Währungsunion setzten die Haushaltspolitik des Landes unter Druck. Die allgemeine Reformnotwendigkeit hat zugenommen, und ein steigender Verteilungsdruck ist um immer reduzierter verfügbare öffentliche Gelder und Ressourcen entstanden, die durch die wiederholte Kritik der europäischen Union an der Mezzogiornoförderung und an der Industriepolitik des italienischen Staates als Verstoß gegen die Regeln des fairen Wettbewerbs noch verstärkt wird. Die traditionellen Ansätze einer entwicklungspolitischen Strategie werden so immer mehr in Frage gestellt.

2. Regionalismus und Föderalismus aus der Sicht der Nord- und der Südregionen

Obwohl die Einrichtung dezentraler Strukturen und Regionen in der Vergangenheit immer wieder mit der Hoffnung einer Lösung der Nord-Süd-Problematik verknüpft wurde, werden beide Fragestellungen in der aktuellen Diskussion gerade aus der Sicht der Südregionen kaum miteinander in Verbindung gebracht. Zwar sind Faktoren wie mangelnde Effizienz der öffentlichen Verwaltung, unzureichende Initiativbereitschaft von Unternehmen und Kooperativen, ungenügende Verbreitung von Innovation im weiteren Sinne, sowie eine mangelnde Qualifizierung der Arbeits- und Führungskräfte als wichtige Ursachen für die Entwicklungsdefizite erkannt worden. Eine wirksame Politik, die an diesen Faktoren ansetzt, kann jedoch nicht ohne funktionsfähige politisch-administrative Strukturen geleistet werden, die in den spezifischen territorialen Bezugsrahmen fest verankert sind (Barbera 1991, 24). Die Unfähigkeit der bestehenden institutionellen Strukturen tritt deshalb in den letzten Jahren besonders in den Vordergrund.

In der Mitte der 70er Jahre traten Wähler wie Berufspolitiker in Nord- wie in Süditalien entschieden für die Regionalisierung ein, selbst wenn sie der Politik ihrer eigenen Region gegenüber durchaus Kritik anmeldeten (Putnam 1993, 28ff.).[33] Die Regionalisierung stellte für die Süditaliener die Perspektive einer beschleunigten sozioökonomischen Entwicklung und eine Einebnung der Entwicklungsunterschiede zwischen den Regionen dar (ebenda, 25).

Bereits ein Jahrzehnt darauf prägten jedoch enttäuschte Hoffnungen das Bild. Die Kontrolle über die Spielregeln wie über die "Geldbörse", die weiterhin bei der Zentral-

---

33 Die im folgenden häufiger zitierte Untersuchung von Robert D. Putnam, Professor für Regierungsfragen und Direktor des Zentrums für internationale Fragen an der Universität Harvard, und seiner Mitarbeiter, die bereits seit den 70er Jahren Studien über das italienische System verfaßten, stellt die wichtigste und grundlegenste Analyse der zivilgesellschaftlichen Ursachen der Nord-Süd-Frage in Italien dar. Sie bemühte sich vor allem um die Frage der Entwicklung und des Einflusses des "Gemeinsinns" als wissenschaftlicher Kategorie; in Italien wurde sie breit diskutiert und hat bei aller Kritik bis heute kaum eine wissenschaftliche Widerlegung erfahren.

regierung lag, begünstigte von Seiten der untergeordneten Körperschaften eine Politik, die weniger auf offizielle denn auf informelle politische Strategien der Auseinandersetzung ausgerichtet war. Sie bediente sich vor allem Faktoren wie die "interregionale Solidarität, die Basisvereinigungen, die Presse und die öffentliche Meinung" und orientierten ihre Politik auf die Verfügbarkeit von finanziellen Zuwendungen. Die besser organisierten und mit mehr Ressourcen ausgestatteten Nordregionen verfügten, mit weitgefaßteren und auf der normativen Ebene angesiedelten Zielvorstellungen, über weit bessere Voraussetzungen für eine erfolgreiche Auseinandersetzung mit der Zentralgewalt. Diese Tatsache führte dazu, daß sich zwei unterschiedliche Politikstile herausbildeten; die nördlichen Regionen orientierten sich an einer "horizontalen", die südlichen an einer eher "vertikalen" Politikstrategie. Während die ersteren stärker zum Mittel der kollektiven Aktionen auf horizontaler Ebene griffen, die von einer breiten regionalistischen Front getragen wurden, privilegierten die Südregionen statt dessen "Anfragen privater Art, die an politische Patrone der nationalen Ebene gerichtet waren" (Putnam 1993, 29; vgl. Kap.V). Trotz der formalen Gleichheit von Rechten und Pflichten im Nationalstaat zwischen den nord- oder süditalienischen (Normalstatut)-Regionen[34] gibt es also erhebliche Unterschiede in der regionalen Fähigkeit, innerregionale Interessen zu aggregieren und nach außen zu repräsentieren.

3. Südförderung und Regionenfrage

Die territorialen Unterschiede in der Relevanz der Regionen als institutionelle Körperschaften wurden zum Nährboden für die in den 80er Jahren auflebenden politischen Ideologien, die eine territoriale Aufspaltung des Landes anstrebten. Die "vertikale Beziehung" zu Rom, die Süditalien charakterisiert und die aus dem Klientelsystem resultiert, wird dabei durch die zentralstaatliche Südförderung verstärkt, wobei sich das strukturpolitische Dependenzverhältnis der rückständigen Regionen in eine "Kultur der Abhängigkeit" der süditalienischen Gesellschaft allgemein und insbesondere der politischen Handlungsträger übertragen hat. Für die Auseinanderentwicklung der Nord- und der Südregionen selbst zeichnet die Südförderung nicht unwesentlich verantwortlich; lange bestehende psychologische wie soziokulturelle Unterscheidungsmerkmale wurden durch sie immer wieder von neuem verstärkt.[35]

Die jahrzehntelange Strukturförderung Süditaliens, die heute von norditalienischen Politikern immer mehr in Frage gestellt wird, geht zurück auf die italienische Verfassung. Solidarität ist im italienischen Staat Verfassungsauftrag[36]; diese legt die

---

[34] Die anderen fünf der insgesamt zwanzig Regionen, die sich vor allem in der Vergangenheit durch eine starke Minderheitenproblematik oder starke regionalistische Bewegungen ausgezeichnet haben, verfügen über Sonderstatutregelung und damit über eine vergleichsweise größere Autonomie (Gizzi 1991).
[35] Zur aktuellen Situation siehe Sales 1993.
[36] Vgl. Kap.III.

"unabdingbaren Pflichten der politischen, ökonomischen und sozialen Solidarität" fest (Art.2) und verpflichtet auf die Aufhebung aller Hindernisse ökonomischer oder sozialer Natur, die die gänzliche Entwicklung der menschlichen Person und die Freiheit und Gleichheit der Bürger behindern (Art.3). Die Basis für Sonderfördermaßnahmen sind in Art.119 festgelegt, der dem Staat die Möglichkeit einräumt, für bestimmte Ziele "und vor allem die Aufwertung des Mezzogiorno und der Inseln" per Gesetz einzelnen Regionen spezielle Beiträge zukommen zu lassen. In diesem Kontext ist auch Art.5 der Verfassung zu interpretieren, der die Einheit und Unteilbarkeit der Republik bei Achtung der lokalen Autonomien festlegt. Dabei handelt es sich keineswegs um ein ausschließlich territoriales Prinzip, sondern es geht um die funktionale Einheit des Staates, unumgänglich für die Verfolgung grundlegender Ziele wie der politischen, ökonomischen und sozialen Solidarität und dem Prinzip der substantiellen Gleichheit (Caretti 1994, 573).

Entwicklungsausgleich, interregionale Umverteilung und Anschub eigenständiger Entwicklung wurden nach dem zweiten Weltkrieg in erster Linie über die Sondermaßnahmen für den Süden versucht, deren wichtigstes Instrument die 1950 eingerichtete *Cassa per il Mezzogiorno* (die Südkasse, die von einem eigens eingerichteten Ministerium verwaltet wurde) darstellte. Kontinuierliche Transferleistungen in den Süden induzierten dort ein Wachstum des Einkommens- und Konsumniveaus, das sich jedoch kaum in einer wirklich eigenständigen wirtschaftlichen Entwicklung niederschlug, eine Tatsache, die mit dem Slogan "Wohlstand ohne Entwicklung" (CENSIS 1991, 49) treffend charakterisiert wurde. Die massive und vom gesamten politischen Spektrum geteilte Kritik an der Sonderförderung für Süditalien führte Anfang der 90er Jahre zu einer breiten Front von Befürwortern ihrer grundlegenden Reform bis hin zu ihrer gänzlichem Abschaffung (Giancane 1991, 13). Ein 1991 angestrengte Referendum zur Abschaffung der Südförderung hatte deshalb durchaus Erfolgsaussichten und setzte die öffentlichen Institutionen unter starken Handlungsdruck (ebenda; Rivista giuridica del Mezzogiorno, 400ff.).[37]

Der Staat reagierte auf diese Gefahr einer politischen Niederlage durch das Referendum mit dem Versuch, durch gesetzliche Maßnahmen die Kontrolle über die Situation zu behalten. Insbesondere zwei Gesetze verwirklichen die Abschaffung der Sonderförderung und formulieren eine erste Neuorientierung für die Zukunft: Gesetz Nr.488 vom 19.12.1992[38]; und Gesetzdekret Nr.96 vom 3.4.1993 zum Transfer der

---

[37] Unter Leitung von Massimo Severo Giannini und einem Kommittee, das sich aus verschiedenen Persönlichkeiten des öffentlichen Lebens zusammensetzte (Giancane 1991, 13). Zur genauen Formulierung der zur Abschaffung vorgeschlagenen Gesetzesartikel siehe Nuova Rassegna Sindacale Nr.37 vom 21.10.1991, 14.

[38] Gesetz Nr.488 vom 19.12.1992, abgedruckt in: Nuova Rassegna Sindacale 1993, Nr.6, vom 22.2.1993, und in Rivista giuridica del Mezzogiorno 1993, Nr.4. Zum legislativen Weg der Verabschiedung des Gesetzes Nr.488 von 1992 siehe SVIMEZ 1993.

Aufgaben der abgeschafften Institutionen für die Förderung des Mezzogiorno[39]. Die programmpolitischen und koordinierenden Funktionen der Fördermaßnahmen wurden auf das Ministerium für Haushalt und ökonomische Planung übertragen. Die neue Gesetzeslage machte die Durchführung des Referendums überflüssig, da ihre Grundlage gegenstandslos wurde.[40] Die parlamentarische Abstimmung für die Abschaffung der Sonderförderung errang deshalb Ende 1992 eine breite Mehrheit.[41] Sie wird zugunsten neuer Fördermechanismen vorgenommen, die „innerhalb der normalen politisch-administrative Tätigkeit" des Staates erfolgen und den Status der "zusätzlichen" oder "Sonder"-Förderung aufheben soll (Desideri 1995, 85). Damit sollte auf eine der grundlegenden Kritiken an der Sonderförderung reagiert werden, die dieser vorwarf, normale administrative Interventionen und Ausgaben zu ersetzen und dadurch den "Zusätzlichkeitscharakter" zu verlieren, der ursprünglich konstitutiver Moment der Südförderung sein sollte.

Das neue Förderkonzept der 90er Jahre soll nicht nur für den Mezzogiorno, sondern für alle rückständigen Gebiete Italiens gelten. Die strukturpolitischen Maßnahmen für die Fördergebiete sollen fester Bestandteil der wirtschaftspolitischen Planung des Staates werden, die in Mehrjahresplänen erfolgt. Wichtiges Element des neuen Konzeptes ist die Harmonisierung mit der EU-Gemeinschaftspolitik in der Perspektive der europäischen Integration. Die Aufgabenteilung in der Planung und Durchführung der Maßnahmen zwischen den verschiedenen institutionellen Akteuren (zentrale Verwaltung, Regionen, lokale Körperschaften) soll darüber hinaus einen wichtigen Stellenwert erlangen (Sintesi della Relazione del Ministro del bilancio e della programmazione economica, 1204f.).[42] Die Definition und Durchführung der Programme erfolgt in einem engen Kooperationsprozeß bei kontinuierlicher "Konzertierung" und "Stimulierung" zwischen Staat und Regionen (La politica di sviluppo regionale 1993, 1217).

---

[39] Die Agentur für die Förderung der Entwicklung des Mezzogiorno, und die Abteilung für die außergewöhnliche Förderung des Mezzogiorno.
[40] In Italien ist die Einberufung eines "abschaffenden" Referendums bezüglich einer bestimmten Gesetzeslage verfassungsmäßig möglich, wenn 500.000 Unterschriften gesammelt werden. Die Änderung der bestehenden gesetzlichen Basis hätte also eine erneute Unterschriftensammlung notwendig gemacht. Die Änderung der gesetzlichen Grundlage stellt damit eine Strategie des Staates dar, politisch unerwünschte oder in ihrem Ausgang unvorhersehbare Referenden (hier sei nur an den gänzlich unerwarteten Ausgang der Referenden zu Einführung der Ehescheidung und der Abtreibung in den 70er Jahren erinnert) zu verhindern.
[41] DC, PSI, PSDI, PLI und MSI (die MSI ist für eine "andere" Südförderung: sie ist für die Beibehaltung der 40%-Quote der öffentlichen Ausgaben im Süden; Biasco 1994, 309) waren dafür; PDS, Rifondazione communista, PRI enthielten sich, Ligen (sie sind zwar gegen die Sonderförderung, aber für eine Unternehmensförderung, wenn diese Teil einer Förderung aller rückständigen Gebiete wird; Briasco 1993, 310) und Grüne-La Rete waren dagegen (Briasco 1993, 307). Zum Weg der Abschaffung der Sonderförderung siehe ausführlicher Sappino 1994, 307ff.
[42] Siehe auch Spaventa 1993; La politica di sviluppo regionale nella relazione previsionale e programmatica 1993.

Den Regionen werden in der "neuen" Südförderung also eine weit relevantere Rolle und weit größere Beteiligungsmöglichkeiten zugewiesen. Inwieweit diese jedoch umgesetzt werden hängt sowohl von den endgültigen politischen Entscheidungen als auch von der Fähigkeit der Regionen ab, neue und innovative politische Maßnahmen und Programme eigenständig zu entwickeln. Insgesamt wird die Forderung nach mehr regionaler Eigenverantwortung und demokratischer Einflußmöglichkeit auf die Wirtschafts- und Strukturpolitik jedoch auch in den rückständigen Regionen selbst immer vehementer formuliert, und "regionale Emanzipation" wird eine wichtige Voraussetzung für reale Entwicklungsmöglichkeiten erkannt.

4. Neue theoretische und politische Entwicklungen in Süditalien

Die Föderalismusfrage, die in der italienischen Diskussion zu Beginn der 90er Jahre als synonym mit den Ligenkonzepten der Aufkündigung der nationalen Solidarität und der Abspaltung des Südens vom "reicheren" Italien galt, wird erst langsam auch in Süditalien als mögliche Entwicklungsperspektive diskutiert. Die föderalistische Hypothese wurde lange durch die Charakteristiken der süditalienischen Politik untergraben, die durch vertikale Politikbeziehungen mit Rom und die Forderung nach Aufrechterhaltung der Transferleistungen durch die Zentralregierung gekennzeichnet war. Dieses Modell hat jedoch nach den Korruptionsskandalen und dem Legitimitätsverlust der traditionellen politischen Handlungsträger, vor allem der christdemokratischen und sozialistischen Partei, seine Effektivität beinah vollständig eingebüßt. Das politische Vakuum, das dadurch entstand, schafft einen potentiellen Raum für neue regionale Akteure und nationale Kräfte, die eine andere Sichtweise der Mezzogiornofrage ermöglicht.

Auf theoretischer Ebene spiegelt sich diese Entwicklung in neuen Lösungsansätzen, die verstärkt soziokulturelle Faktoren in den Mittelpunkt der Analyse stellen. Dazu trug vor allem die steigende Aufmerksamkeit bei, die bereits seit den 70er Jahren die kleinen und mittelständischen Betriebe und damit die "endogenen Potentiale" vor allem im Zusammenhang mit der Entwicklung des sogenannten "3. Italiens" erfuhren, die weit über rein ökonomische Erklärungsmodelle hinausgingen (Bagnasco 1977, 33ff.)

Gegenüber den traditionellen Erklärungsansätzen, die vor allem die negativen Konsequenzen der italienischen Einigung als Ursache der mangelnden Entwicklung des Südens herausgestellt hatten, betont Bagnasco die bereits zum Zeitpunkt der italienischen Einigung existierenden Differenzen zwischen dem Süden und dem Norden des Landes, die das Erklärungsmuster der "Kolonisierung des Südens" unzureichend erscheinen lassen (Castronuovo 1975b, 47). Die italienische Einigung hatte diese existierenden Unterschiede zwar verstärkt; die Hoffnungen auf eine harmonische Entwicklung des ganzen Landes und eine daraus folgende automatische Integration des Südens ins Gesamtsystem bzw. eine Ausweitung der Entwicklungsdynamik von Norden nach Süden wurden jedoch enttäuscht (Bagnasco 1977, 34). Bereits in den Theorien der drei "Haupterben" des klassischen Meridionalismus[43] erscheint, wenn auch in unterschiedlichen Ausprägungen, der Süden als Teilgebiet eines nationalen Gesamtsystems, in dem die Entwicklung des einen wie des anderen eng miteinander verknüpft sind. Bagnasco nimmt den Ansatz einer territorialen Dimension der Entwicklung wieder auf, der die Analyse der territorialen Artikulierungen und der ökonomischen und politischen Funktionen der Teilsysteme als Grundlage für das Verständnis des italienischen Systems voraussetzt. In Analogie zu den Theorien der integrierten Entwicklung von "Stadt" und "Land" erscheint in diesem Erklärungsansatz der Norden als das entwickelte "Stadtgebiet", der Süden dagegen als das statische, unterentwickelte "Land" (ebenda, 40). Besonderen Stellenwert erlangt dabei das Konzept der "historischen Blockade" von Gramsci, als erstmalige klassenspezifische Analyse mit territorialer Dimension (ebenda, 10).

Unter den neueren theoretischen Ansätzen geht auch Trigilia (1992) über die einseitig ökonomisch orientierten Theorieansätze hinaus und integriert sie mit außerökonomischen Variablen. Das Weiterbestehen der Mezzogiornoproblematik wird so als typischer Fall von "perversen Effekten" sozialen Handelns interpretiert.[44] Die öffentliche Förderpolitik im Süden hatte zwar die Lösung der ökonomischen und sozialen Probleme zum Ziel; sie hat jedoch im Gegenteil ein Milieu geschaffen, das eine autonome ökonomische Entwicklung beungünstigt. Trigilia betont die Rolle der endogenen Faktoren der Entwicklung gegenüber Erklärungsmustern, die sich einem ökonomischen Determinismus annähern; gerade die Vernetzung dieser "endogenen Akteure", von den ökonomischen zu den politischen und soziokulturellen Handlungsträgern in der Region, habe im Süden aber nicht funktioniert. Verantwortlich ist dafür vor allem die schwache politische Funktionalität und Legitimation der "lokalen politischen Klasse", da diese ihrem politischen Auftrag der Gestaltung des öffentlichen Lebens nicht nachgekommen ist (Battisti 1992, 44f.). Eine endogene Entwicklung setzt jedoch eine größere politische Autonomie voraus. Nur daraus kann eine Zunahme des Verantwortungsbewußtseins der lokalen politischen Akteure erwachsen; und nur eine Dezentralisierung der Verwaltung und eine Zunahme der finanziellen Autonomie der regionalen und lokalen Institutionen kann das Modell der politischen Abhängigkeit ablösen (Trigilia 1992, 125ff.).

Eine neue meridionale Identität aufbauen ist für die Süditaliener De Biase und Moretti einer der wesentlichen Faktoren für die Übernahme der Verantwortung für das eigene Schicksal, um die "Untertanenmentalität" durch einen neuen Bürgersinn zu ersetzen (De Biase/Moretti 1994, 136). Die institutionelle Lösung muß dabei über eine regionale Autonomie hinausgehen. Nur der Föderalismus könne als Staatsform die Verantwortung der regionalen politischen Handlungsträger in einem System demokratischer Kontrolle über die Ausgaben sichern (ebenda, 126). Föderalismus

---

[43] Gramsci, Salvemini und Dorso, vgl. Kap.II.
[44] Vgl. Boudon 1985.

heißt aber nicht Sezession oder Abspaltung, sondern Autonomie und Kooperation (ebenda, 137). "Föderalismus ist eine Methode, um zu vereinigen, nicht um zu trennen" (ebenda, 142), in einem "präzisen Zusammenspiel von institutioneller Autonomie, Steuerdemokratie, Marktwirtschaft und kultureller Identität" (ebenda, 144f.). Gerade die Gewerkschaften zeigen sich aktiv in der Aneignung des Föderalismuskonzeptes für Süditalien (Terzi 1995, 42). Das Thema des Föderalismus, das durch die Ligen auf der Basis eines ausgeprägten ethnischen Separatismus Eingang in die politische Debatte fand, wird immer mehr durch eine neue, demokratische Ausrichtung charakterisiert: nicht mehr mit dem Ziel einer Spaltung der nationalen Einheit und Solidarität, sondern im Gegenteil als "neuen unitarischen Pakt". Daraus resultiert das Modell eines demokratischen, solidarischen Föderalismus, als "Aufbau integrierter territorialer Systeme und zur Selbstregierung fähig", von dem die Entwicklungspotentiale des Landes und insbesondere des Mezzogiorno geprägt werden. Diese Potentiale können nicht der Spontaneität des Marktes überlassen werden, sondern erfordern ein "koordiniertes Zusammenspiel" von Maßnahmen. Ziel ist dabei die Schaffung eines günstigen Umfeldes für die Entwicklung: ein System, das sich "aus Infrastrukturen, aus Dienstleistungen, aus Weiterbildungsmaßnahmen, aus Forschung und Umweltschutz" zusammensetzt (Terzi 1995, 43f.). Gerade ein föderalistischer Ansatz soll so im Mezzogiorno neue Gelegenheiten für Partizipation und sozialen Dialog schaffen und die Energien der Zivilgesellschaft aktivieren. Eine Regionenkammer auf nationaler Ebene soll in diesem Modell die Beteiligung der Regionen an der Gesetzesproduktion gewährleisten (ebenda, 45).[45]

In diesen neuen, aber immer breiter getragenen Ansätzen einer eigenständigen meridionalistischen Kultur als Basis einer selbstverantwortlichen Politikfähigkeit der süditalienischen Regionen, in der mehr Autonomie gleichzeitig mehr autozentrierte Entwicklung unabhängig von der staatlichen Fürsorge bedeutet, werden Föderalismus und Mezzogiorno immer weniger als Gegensatzpaar gesehen. Im Gegenteil erscheinen sie als grundlegende Voraussetzung einer neuen Entwicklung, die die traditionelle Interpretation der "Unfähigkeit zur Selbstregierung" überwindet und durch autonome und eigenverantwortliche Strukturen ersetzt.

---

[45] Zum Thema Gewerkschaften, Südförderung und Grenzen des Föderalismus siehe auch Viafora 1995, 27ff.; Documento unitario CGIL/CISL/UIL 1992; Dossier Nuova Rassegna sindacale 1993.

IV.4. ENTWICKLUNGSTENDENZEN

1. Die Reformperspektiven

Die Notwendigkeit einer Ausdehnung der regionalen Spielräume erlangt in Italien immer mehr Zuspruch. Der "neue Regionalismus" trägt zur Entwicklung neuer politischer Kräfte bei, die regionale Institutionen als reale Möglichkeiten sehen, bei Beibehaltung einer solidarischen und entwicklungsausgleichenden Verantwortung des Gesamtstaates subnationale ökonomische und soziale Interessen besser zu verorten als auf der fernen zentralistischen Ebene. Die Regionen scheinen heute einen festen Stellenwert im politischen Bewußtsein der Akteure wie der Bevölkerung zu haben. Diese Tatsache eröffnet neue Handlungsmöglichkeiten innerhalb der Regionalgrenzen, eine weitaus effektivere Interessenvertretung der einzelnen Regionen nach außen, sowie eine bessere Durchsetzung regionaler Positionen durch den Zusammenschluß und die Zusammenarbeit unterschiedlicher Regionen.

Das Modell der Parlamentskommission von 1994 scheint sich einem organischen und überzeugenden Reformprojekt mit effektiven Realisierungschancen bisher am meisten anzunähern. Es hat erstmalig die Notwendigkeit einer Verfassungsreform bezüglich der Regionalordnung durchgesetzt, die mittlerweile allgemein anerkannt ist. Es handelt sich um das bisher einzige Reformmodell, das die Überwindung der Krise des politischen Systems in Italien durch eine effektive und organische Reform der Institutionen anstrebt. Diese Tatsache trug zu einer Bündelung der unterschiedlichen Ansätze und einer Überwindung vielfältiger Widerstände bei. Allerdings fehlen dem Entwurf bisher die spezifischen Inhalte, die ihn umsetzbar machen. Das Limit des Parlamentsvorschlag besteht weiterhin darin, daß er den Regionen eine insgesamt nur schwache Beteiligung an der zentralen Politik und damit auch an den wirtschafts- und entwicklungspolitischen Maßnahmen des Zentralstaates einräumt. Eben diese Beteiligung, in Form einer nationalen Regionenkammer, nimmt aber in den Reformvorschlägen der Regionen selbst zentralen Raum ein. Hier sind effektive Ansätze einer demokratischen Neuorganisation des politischen Raumes des Landes festzustellen. Die Regionen scheinen sich selbst immer mehr als die Instanz zu begreifen, die es ermöglicht, daß konkrete institutionelle regionale Erfahrungen und Bedürfnisse der regionalen Bevölkerungen zusammentreffen und auf einer übergeordneten Ebene gebündelt werden.

Die *Lega Nord* hat bei allen verbalen Föderalisierungsforderungen keinerlei authentische Föderalismuskultur entwickelt. Sie vertritt letztlich konföderale Positionen, in denen das Konzept der Makroregionen eine Multiplikation von Zentralismen darstellt, die statt einer Dezentralisisierung eine erneute Zentralisierung der staatlichen Macht in (mindestens) drei Hauptstädten (Mailand, Florenz und Neapel) vornimmt. Föderalismus wird so, zumindest in der immer noch mehrheitsfähigen Miglio-Version, auf einen politischen Pakt reduziert, der je nach kurzfristiger Interessenlage durch das Fehlen einer allgemeinen und verfassungsrechtlich gesicherten Konsensbasis jederzeit auflösbar ist. Solidarbedürfnisse des Gesamtstaates werden dabei nicht nur vernachlässigt, sondern explizit hinter das Ziel einer norditalienischen Interessenvertretung zurückgestellt.

Die Linke tat sich in der Vergangenheit schwer, konsequent föderalistische Entwicklungsoptionen zu vertreten, da sie durch zentralistische Parteistrukturen und Strategien gekennzeichnet war, die der Peripherie traditionell nur eingeschränkt Raum gaben und dezentrale Bedürfnisse hinter die Verwirklichung des Gleichheitsgebotes zurückstellten. In den Nachkriegsjahrzehnten näherte sie sich föderalistischen Konzepten immer mehr an und griff teilweise vorhandene dezentrale Traditionen auf. Diese tendentielle strategische Umorientierung hin zu dezentralen und partizipativen Modellen auf regionaler Ebene haben sich in der Regionalisierungsphase weitgehend durchgesetzt und erfuhren in den Erfahrungen der "roten" Regionen vielfach positive Umsetzungen.

Die Bemühungen um eine Stärkung der Regionen werden mittlerweile von allen politischen Strömungen getragen, wenn auch nicht uneingeschränkt mit explizit föderalen Vorzeichen. Zentral für die Mitbestimmung dezentraler Organe ist dabei die Forderung nach Einrichtung einer regionalen Repräsentanz der Regionen auf der nationalen Ebene, in Form einer Regionenkammer oder ähnlichem, die bis auf wenige Ausnahmen den unterschiedlichen Reformvorschlägen gemeinsam ist. Eine wirkliche Mehrheit für ein organisches und effektives Reformprojekt regionaler oder föderaler Ausrichtung hat sich bisher allerdings noch nicht herausgebildet. Die Umsetzung bestehender Reformprojekte scheiterte immer wieder an den konsolidierten Interessen, die sich durch die Veränderung des Status Quo in Gefahr sahen, oder an der potentiellen Entwicklung oppositioneller Kräfte in neugeschaffenen politischen Räumen, die sich in den Augen der politischen Akteure längerfristig als kontraproduktiv erweisen könnten. Darüber hinaus bestehen massive Widerstände nicht zuletzt von Seiten der Provinzen und Kommunen, die eine "zentralistische Lösung" ablehnen, die den Zentralismus des Nationalstaats durch den der Regionen ersetzen könnte (Pizzetti 1995, 251).

Vor allem die politische Instrumentalisierung der Regionenfrage und die Instabilität der politischen Entscheidungsstrukturen und der Regierungen verhinderten in der Vergangenheit immer wieder eine Kontinuität in der Ausarbeitung effizienter Reformmodelle. Die untersuchten Vorschläge weisen zudem innere Widersprüche auf und sind eher auf partielle Modifizierungen einzelner Aspekte des bestehenden Systems als auf die Einführung realer und grundlegender föderaler Funktionsmechanismen des Staates ausgerichtet, die die untergeordneten Körperschaften in die politische Entscheidungsfindung einbeziehen. Nur die Überwindung kurzfristiger Problemlösungsstrategien zugunsten langfristiger organischer Reformmaßnahmen können dieser Tatsache abhelfen. Eine konsequente Interessenbündelung der Regionen und der regionalen Bevölkerungen stellt hier ein wichtiges Instrumentarium für ein innovatives Vorgehen dar.

2. Regionen und Südfrage

Die politischen Anstrengungen zur Reform der Regionalordnung gehen in den 80er und 90er Jahren vor allem von den prosperierenden Nordregionen aus, die der europäischen Erfahrungen weit näher stehen als die Südregionen; letztere leiden auf politischer wie wirtschaftlicher Ebene weit stärker unter den Nachteilen ihrer peripheren Lage. Allerdings sind auch im Süden zunehmend wichtige Veränderungen zu verzeichnen. Der Kollaps der traditionellen Südpolitik, im Kontext der Internationalisierung der Ökonomie und dem Prozeß der ökonomischen Integration in den europäischen Binnenmarkt, hat dazu mit beigetragen. Damit ging die Auflösung der alten Konsensmechanismen einher, die in der Vergangenheit die Herstellung von Mehrheitspositionen und die Entschärfung sozialer Spannungen, weniger aber die autozentrierte Entwicklung der rückständigen Regionen zum Ziel hatte. Dies schafft zunehmend Raum für Bewußtseinsveränderungen, die eine Überwindung der politischen und psychologischen Abhängigkeit der Regionen zum Ziel haben, die aus der ökonomischen Abhängigkeit resultierte. Der Weg dorthin wird auch in den Südregionen immer mehr in einer neuen Selbstverantwortung der regionalen politischen Akteure gesehen.

Die Frage der Regionalreform und der Mezzogiornopolitik werden zwar in der öffentlichen Diskussion kaum explizit in Zusammenhang gebracht. Die Ablösung der Sonderförderung und die Rückführung der Fördermaßnahmen in das "normale" politisch-administrative Handeln von Staat und Regionen macht die Funktionsfähigkeit der Regionen jedoch automatisch zu einem noch relevanteren Faktor für ihre Entwicklung. Die Südregionen bringen besonders schlechte Voraussetzungen für eine "normale Administration" mit, da der Süden, über die vielbeklagte spezifische Ineffizienz der regionalen Institutionen hinaus, durch eine ausgeprägte Abhängigkeit von den vertikalen Schienen des politischen Handelns und eine besonders geringe Autonomie der regionalen "politischen Klasse" geprägt ist. Gerade weil im Süden die Funktionsfähigkeit der regionalen Institutionen besonders reduziert ist, erscheint die Regionalreform hier besonders wichtig.

3. Die Reform des regionalen Wahlsystems

Die Reform des regionalen Wahlsystems ist allerdings ein Beispiel für die Schwierigkeit, wirklich innovative Reformen trotz breiter Unterstützung durch Politik und Öffentlichkeit durchzusetzen. Die Entwicklung einer wirklich regionalen politischen Vertretung- und Verantwortlichkeitsstruktur wurde in der Vergangenheit durch den regionalen Wahlmodus erschwert; Wahlbezirke zu den Regionalwahlen waren (und sind es in eingeschränkter Form noch heute) die Provinzen, mit dem Effekt einer ausgeprägten Konditionierung der Abgeordneten durch provinz- und lokalpolitische Interessen. Die Einrichtung regional zugeschnittener Wahlbezirke - und damit entsprechender Verantwortungsstrukturen gegenüber den Wählern - ist aber grundlegende Voraussetzung für die Ausbildung wirklich regional verankerter politischer

Strukturen. Nach ein Votum für ein Mehrheitswahlrecht[46] in der Volksabstimmung vom 18. April 1993 und nach der Reform des nationalen und kommunalen Wahlsystems mußte deshalb auch das regionale Wahlsystem umgestaltet werden.

Nach Verfassungsparagraph 122 ist das Wahlsystem für die italienischen Regionalräte zentral durch ein Gesetz der Republik festzulegen, das durch das italienische Parlament verabschiedet wird. Obwohl von Regionen und fortschrittlichen Kräften eine eigene legislative Kompetenz über die Regionalwahlen im Rahmen der Autonomie der Regionalstatute (und damit eine potentielle Unterschiedlichkeit der Wahlsysteme zwischen den einzelnen Regionen) gefordert wurde, kann diese also nur durch das nationale Parlament eingeführt werden. Die damit verbundene Verfassungsänderung konnte bisher allerdings nicht durchgesetzt werden.

Die Notwendigkeit, eine erneute Regionalwahl nach dem alten Verhältniswahlrecht von 1968 zu verhindern, die nicht der im Referendum ausgedrückten Wähleroption für ein Mehrheitswahlrecht entsprochen hätte, machte eine schnelle Verabschiedung der neuen Regeln vor Ablauf der Legislaturperiode der Normalstatutregionen 1995 notwendig. Das neue Wahlgesetz Nr.43 vom 23.2.1995 stellte allerdings eine Kompromißformel für diese Wahlen dar. Es führte ein gemischtes System ein, mit einem Mehrheitswahlrecht (das zur Erringung von 55-60% aller Sitze für diejenige Partei bedeutete, die die meisten Stimmen erringt) und einer regionalen Liste, bei weiterbestehendem Verhältniswahlrecht bei 4/5 der Stimmen[47]. Die Reform von Art.122 der Verfassung und damit die Einräumung regionaler Differenzen im politischen System wurde statt dessen zurückgestellt. Diese Tatsache belegt von neuem, daß aktuellen und kurzfristigen politischen Interessen gegenüber integrierten, strategisch ausgerichteten Reformbemühungen den Vorrang gegeben wird.

4. Möglichkeiten und Probleme der Regionalreform

Ein grundlegendes Problem der Regionalreform ist die Tatsache, daß durch die verfassungsrechtlichen Verankerung der regionalen Rechte und Kompetenzen jegliche grundlegende Veränderung der Regionalordnung eine Verfassungsänderung impliziert. Die verschiedenen Reformvorschläge stehen dabei in unterschiedlicher Nähe zum ursprünglichen Regionalmodell der italienischen Verfassung von 1948. Das italienische Parlament besitzt zwar das Recht, die Verfassung zu ändern bzw. zu integrieren, um sie an die gesellschaftlichen und politischen Veränderungen anzupas-

---

[46] Das italienische Volksabstimmungsrecht sieht zwar keine "vorschlagende", konstruktive, sondern nur eine "abschaffende" Funktion bestehender Gesetze durch eine Volksabstimmung vor. Dennoch wurde die Wähleroption von fast allen politischen Gruppierungen und Beobachtern in diese Richtung interpretiert.

[47] Die Regionalwahlen 1990 waren die letzten, die nach reinem Verhältniswahlrecht vorgenommen wurden. Zum neuen Wahlgesetz siehe Giannuli/Petrucci 1995; Mariucci 1993, 749ff..

sen.[48] Die Prozedur, die für diese Verfassungsänderung vorgesehen ist, unterscheidet sich dabei je nach unterschiedlicher Größenordnung der vorgeschlagenen Modifikationen. Die Unterscheidung, ob die Änderungen im Rahmen der bestehenden Verfassung bleibt, ist dabei laut italienischem Verfassungsgericht der "rigorose Respekt der 'höchsten' Prinzipien der Verfassungsordnung"[49], wobei weniger die genaue Formulierung als der "wesentliche Inhalt" zählt (Caretti 1994, 571; Allegretti 1995).

Die "neoregionalistischen" Modelle haben eine grundlegende Reform des Titel V. der Verfassung ("Die Regionen, die Provinzen, die Kommunen") zum Ziel. Die vorgeschlagenen Änderungen und Neufassungen der Beziehungen zwischen unitarischen Bedürfnissen und territorialen Substrukturen stellen jedoch den Kern des Prinzips der nationalen Einheit nicht in Frage (Caretti 1994, 579).

Auch die Vorschläge im Rahmen des "moderaten Föderalismus", der nicht nur die Zentrum-Peripherie-Beziehungen neu regeln will, sondern auch Außenbeziehungen der Regionen neu definiert (Caretti 1994, 579), bleiben kompatibel mit den Grenzen der unitarischen Staatsform. Trotz der vorgeschlagenen Modifikation der nationalen Regierungsform, die mit der Forderung nach Einführung einer "Regionenkammer", der Neudefinition der Aufgaben des Senats und der Beziehungen zwischen den beiden Kammern und mit der Regierung einen schwerwiegenden Eingriff in die verfassungsmäßig festgelegte Regierungsform darstellt, verstoßen die Vorschläge nicht gegen die Verfassung. Die Vorschläge der Agnelli-Stiftung sehen eine Mitbeteiligung der Bevölkerung in der Definition der neuen regionalen Grenzen vor, die in der Verfassung durch Volksabstimmungen vorgesehen wird; auch dieser Vorschlag bewegt sich damit innerhalb des von der Verfassung vorgegebenen Rahmens.

Anders dagegen die Vorschläge der Ligen, die das unitarische Prinzip explizit in seiner Wurzel negieren und durch eine Konföderation von Teilrepubliken ersetzen wollen. Dasselbe gilt für die beabsichtigte Aufhebung bzw. Einschränkung der Solidari-

---

[48] In den meisten Fällen von Verfassungsänderungen handelt es sich nur um teilweise Modifikationen, nicht um gänzliche Neufassungen oder wirklich grundlegende Änderungen, die nur durch "ursprüngliche" verfassungsgebende Verfahren durchgeführt werden können (Caretti 1994, 567ff.) und deshalb die Einrichtung einer verfassungsgebenden Versammlung voraussetzen. Vom "originären" ist das abgeleitete Recht zu unterscheiden, durch das teilweise Änderungen oder Integrationen der Verfassung vorgenommen werden können; es hat allerdings präzise verfahrensmäßige und inhaltliche Grenzen (Caretti 1994, 559).
Die Verfassungsänderungsgesetze müssen von beiden Kammern des Parlamentes in zwei aufeinanderfolgenden Sitzungen, die nicht mehr als drei Monate auseinanderliegen dürfen, bestätigt werden. Sie müssen in der zweiten Abstimmung die absolute Mehrheit der Stimmen erreichen. Unter besonderen Umständen sind diese Verfassungsänderungen durch Volksabstimmungen zu bestätigen. Dieser Fall tritt ein, wenn es ein Fünftel des Parlaments, oder 500.000 Wähler, oder fünf Regionalräte verlangen. Allerdings ist dies nicht der Fall, wenn die Gesetze in zweiter Lesung mit Zweidrittelmehrheit verabschiedet werden.
[49] Siehe beispielsweise die Beschlüsse Nr.1146 von 1988 oder Nr.366 von 1991; Caretti 1994, 571.

tätsfunktion des unitarischen Staates zwischen den Landesteilen.[50] Die Verpflichtung zu ausgleichenden Programmen wird damit durch eine bloße "Möglichkeit" solcher Interventionen ersetzt. Die liberale Ausrichtung steht dabei im Widerspruch zur sozialen Charakteristik der Verfassung von der "auf Arbeit begründeten" zur "auf den Markt begründeten" Republik (Terzi 1995, 43). Die Umgestaltung des Staates nach dem Ligenmodell betrifft vor allem die Gefahr für die Einhaltung von qualitativen und quantitativen Minimumstandards für alle Bürger, d.h. diejenigen Faktoren, die durch die Existenz des nationalen Einheitsstaates garantiert werden sollen.

Aus Sicht der Ligen stellt Art.139 der Verfassung, der besagt, daß die "republikanische Form nicht Objekt konstitutioneller Revision" sei, die einzige Grenze für Verfassungsänderungen dar. Der Föderalismus fällt in dieser Interpretation nicht darunter, sondern unter die Möglichkeit von einfachen "Modifikationen" der Verfassung nach Art.138. Nach Ansicht der kritischer Verfassungsrechtler ist demgegenüber bei so grundlegenden Veränderungen der Verfassung die Einberufung einer verfassungsgebenden Versammlung unumgänglich.

Die Verfassungsänderung für die Transformation der parlamentarischen Demokratie Italiens in eine föderale und präsidentielle Republik (letzteres ist die Forderung vor allem der Nationalen Allianz) sollte nach Ansicht der rechten Parteienkoalition "Pakt für die Freiheiten" ohne verfassungsgebende Versammlung vorgenommen werden. Sie sollte auf der Basis von Art.138 der Verfassung durch zweimalige Verabschiedung beider Kammern des Parlamentes, mit absoluter Mehrheit und im Abstand von nicht weniger als drei Monaten erfolgen. Diese Perspektive schien zur Zeit der Berlusconi-Regierungskoalition durchaus realistisch, da diese über die absolute Mehrheit in der Kammer, und beinahe die absolute Mehrheit im Senat verfügte. Sie scheiterte allerdings an internen Meinungsdifferenzen und letztlich am Rücktritt der Regierung Ende 1994.

Insgesamt scheint es weniger die mangelnde Verfassungskonformität zu sein, die die Realisierung der Regionalreformen bisher behindert hat; die Analyse der verschiedenen Modelle zeigt im Gegenteil, daß die Verfassung durchaus Möglichkeiten einer grundlegenden Reform ermöglicht. Ein Hindernis scheint eher die politische Instabilität insgesamt zu liegen, die eine kontinuierliche Neudefinition der Machtverhältnisse und der politisch-institutionellen Rahmenbedingungen zuungunsten längerfristiger und integrierter Reformprojekte mit sich bringt. Die Zukunft wird zeigen, inwieweit die Prodi-Regierung ihre weitreichenden Reformbestrebungen umsetzen kann.

---

50   Im Ligen-Modell müssen die "allgemeinen ökonomischen Programme" und die "Ausgleichsaktionen" einstimmig von den drei Mitgliedern des Direktoriums bestätigt werden; damit kann eine einzige abweichende Meinung, beispielsweise der reichen Region, ihre Verabschiedung verunmöglichen (Caretti 1994, 580).

V. DER ITALIENISCHE REGIONALSTAAT IN DER PRAXIS: AUTONOMIE UND FUNKTIONSFÄHIGKEIT DER ITALIENISCHEN REGIONEN AM BEISPIEL LOMBARDEI UND KAMPANIEN

V.1. ZIELSETZUNG DER REGIONALSTUDIEN UND REGIONENAUSWAHL

Nationalstaatliche Integration und regionale Autonomie werden vor allem durch die jeweiligen institutionellen Rahmenbedingungen charakterisiert; diese Perspektive stellte im bisherigen Verlauf der vorliegenden Untersuchung auch den wesentlichen Analyserahmen dar. Regionale Kompetenzen, Autonomiebedingungen im jeweiligen historischen und interregionalen Kontext und regionale Partizipationsmöglichkeiten im staatlichen Organisationsmodell wurden als Bestimmungsfaktoren der regionalen Handlungsspielräume angenommen. Im folgenden soll dagegen die Perspektive gewechselt und der jeweilige Aktionsradius aus der Sicht der Regionen selbst analysiert werden. Dazu wurden zwei italienische "Stellvertreterregionen" ausgewählt, Kampanien und die Lombardei, die jeweils für den süd- bzw. norditalienischen Kontext stehen. Trotz gleicher institutioneller Verfaßtheit - den 1970 eingerichteten Regionen - werden zwischen den Nord- und der Südregionen Unterschiede im Vorhandensein und in der Relevanz regionaler Identifikations- und Autonomiestrukturen vermutet, die sich in der Nutzung ihrer formalen Kompetenzen und ihrer autonomen Gestaltungsfreiräume spiegeln.

Ziel der Untersuchung ist die Analyse der Differenzierungen in den politischen Handlungsmustern der Süd- bzw. der Nordregionen und ihrer Bedingungsfaktoren. Über die externen institutionellen Determinanten hinaus, die auf der formalen Ebene gleiche Rahmenbedingungen der regionalen Autonomie festlegen, sollen dabei regioneninterne Charakteristiken untersucht werden. Faktoren wie regionale Identität, die Relevanz der regionalen Ebene im Bewußtsein der Akteure selbst, das Interesse und die Fähigkeit der Verortung politischer Maßnahmen in der Region, und effektive regionale Kompetenzen in den einzelnen Politikbereichen, so die zentrale Arbeitshypothese der Untersuchung, wirken auf die tatsächliche Formulierungs- und Durchsetzungsfähigkeit der regionalen Interessen ein (vgl. Kap.I).

Die Bedeutung der regionalen Ebene für die politischen Akteure wird auf zwei Analyseebenen untersucht: a) die Verortung politisch-administrativer Maßnahmen in zwei spezifischen Politikfeldern, d.h. die effektive Aneignung der regionalen Ebene, die an der Fähigkeit gemessen wird, regionale Gesetze in diesen Politikbereichen zu verabschieden bzw. nationale Rahmenrichtlinien auf regionaler Ebene umzusetzen (Kap.V)[1]; sowie b) die Relevanz regionaler Identifikations- und Auto-

---

1 In diesen Politikbereichen haben die beiden Untersuchungsregionen dieselben Rechte und Kompetenzen.

nomiestrukturen für die regionalen Handlungsträger, in ihrer zentralen oder peripheren Orientiertheit, und ihren spezifischen soziokulturellen Charakteristiken und Funktionsmechanismen (Kap.VI).

Mit der süditalienischen Region Kampanien und der norditalienischen Region Lombardei wurden zwei Normalstatut-Regionen ausgewählt. Die Normalstatut-Regionen sind im Kontext der zwanzig italienischen Regionen[2] repräsentativer, da die Sonderstatutregionen als Grenz- oder Inselregionen zu spezifische Problemkonstellationen darstellen, um eine vergleichende Analyse sinnvoll zu machen.

Die beiden Untersuchungsregionen repräsentieren in der Studie den properierenden bzw. den rückständigen Landesteil. Wichtiges Kriterium für ihre Auswahl war die Rolle, die sie in der Vergangenheit in ihrem überregionalen Kontext und in ganz Italien spielten und noch heute spielen. Kampanien war jahrhundertelang die Hauptstadt des Mezzogiorno, in der lange der Königshof und damit das Zentrum des kulturellen und wirtschaftlichen Lebens angesiedelt war. Heute hat die Stadt diese Leitfunktion der Entwicklung des Südens zwar verloren; die strukturellen Merkmale der Region (Bruttoinlandprodukt, Wirtschaftswachstum, Produktivität, Beschäftigungsstruktur usw.) weisen ihr im durchaus heterogenen "Leopardenfell" der wirtschaftlichen und soziokulturellen Entwicklung des Mezzogiorno nur eine mittlere Position zu. Auf symbolischer Ebene lebt die zentrale Bedeutung der Stadt - und damit der Region, deren Zentrum sie ist - allerdings weiter fort. Die Lombardei dagegen ist als eine der Regionen des "industriellen Dreiecks" seit jeher eine reiche und prosperierende Region. Aufgrund ihrer Wachstumskapazität stellte sie insbesondere in den 50er und 60er Jahren die "Lokomotive" der gesamten italienischen Wirtschaft dar. Einige Strukturmerkmale erhöhen zudem die Vergleichbarkeit der beiden Regionen. Sie sind im jeweiligen interregionalen Vergleich industriell geprägt; und sie verfügen beide über großstädtische Ballungsräume (Mailand und Neapel), die das Umland und die Wirtschaftsstruktur der Region dominierten und spezifische Probleme der Urbanisierung und der ungleichgewichtigen Entwicklung innerhalb der Region determinieren; darüber hinaus stellen sie im überregionalen Vergleich die bevölkerungsreichste Region Süd- bzw. Norditaliens dar.

---

[2] Es existieren fünfzehn Normalstatutregionen gegenüber fünf Sonderstatutregionen; vgl. Kap.III.

V.2. DER HISTORISCHE, POLITISCHE UND SOZIO-ÖKONOMISCHE KONTEXT IN DEN UNTERSUCHUNGSREGIONEN

1. Die strukturellen Charakteristiken der Region Kampanien

Die heutige Region Kampanien war im Mittelalter neben dem Herzogtum Neapel in unterschiedliche Staatsgebiete gegliedert: das Fürstentum von Capua, das Herzogtum Benevento, und das Fürstentum Salerno. Diese Teilgebiete waren ursprünglich auch von drei unterschiedlichen Völkern bewohnt: Capua von den Kampanen und Osker unter griechischem und etruskischem Einfluß, Benevent von den Sanniten, und Salerno von den Lukaniern, ebenfalls unter griechischem und etruskischem Einfluß (Galasso 1994, 192). Der Name Kampanien entstand etymologisch aus "Capua"[3] und bezeichnete ursprünglich nur das gleichnamige Fürstentum[4]; erst nach 1860 wurde die Bezeichnung auf die anderen beiden Gebiete ausgedehnt und es entstanden fünf Provinzen. Die Region unterscheidet sich durch eine klare Trennung der Dialekte von den umgebenden Regionen (ebenda, 194).

Wichtigster Aggregationspunkt der Region war in allen historischen Epochen die Stadt Neapel, selbst nach der italienischen Einigung und dem damit verbundenen Verlust der traditionellen Hauptstadtfunktion, die sie vom 13. Jahrhundert bis zur italienischen Einigung 1860 - wenn auch mit Unterbrechungen - innehatte. Neapel war jahrhundertelang Sitz des Königshofes; damit war die Stadt allerdings weniger produktives Zentrum oder Ort der Kapitalakkumulation, die in unternehmerische Tätigkeiten investiert werden konnten, als ein Zentrum des Konsums, in dem die aus den Latifundien abgezogenen Einkünfte des gesamten Reiches zusammenliefen. Hier konzentrierten sich wichtige kulturelle und wissenschaftliche Funktionen, wie beispielsweise 1224 die Gründung der Universität Neapel durch Friedrich II., die für sieben Jahrhunderte die einzige des Mezzogiorno bleiben sollte. In der Renaissance trug die kulturelle Position der Stadt stark zur Einigung des Mezzogiorno bei.

Bereits im 16. Jahrhundert hatte das Königreich Neapel[5] über zwei Millionen Einwohner. Über 300.000, d.h. mehr als ein Sechstel davon, lebten in der Hauptstadt Neapel, die nach Paris zur zweitgrößten Stadt Westeuropas wurde. Die Stadt war für über zwei Jahrhunderte eine der wichtigsten Hauptstädte des modernen Europas und ein relevanter wirtschaftlicher Produktions- und Export-

---

3 Von *regione dei campi*, d.h. "Region der Felder". die regionale Verortung politisch-administrativer Maßnahmen in zwei spezifischen Politikfeldern
4 Im Mittelalter wurde es auch *Terra di Lavoro* genannt.
5 Von 1442 bis 1458 und 1816 bis 1860, nach der jeweiligen Annektion Siziliens, heißt es Königreich beider Sizilien. Die Namensgebung beruht auf der Unterscheidung zwischen dem kontinentalen Teil (Königreich Neapel, citra pharum, der Meerenge von Messina) und der Insel Sizilien (Königreich Sizilien, ultra pharum).

faktor (Korn, Öl, Seide, Wolle). Bereits vor der italienischen Einigung war die Region durch eine industrielle Entwicklung vor allem im Bereich der Stahl- und Textilindustrie gekennzeichnet. Die wirtschaftliche und kommerzielle Struktur entwickelte sich allerdings unter prägendem Einfluß ausländischer Händler und Finanziers (Genuesen, Engländer, Franzosen). Nach der italienischen Einigung 1860 wurden bestehende wirtschaftliche Strukturen annulliert, da sie mit dem Ende des bourbonischen Protektionismus einer nationalen und internationalen Konkurrenz ausgesetzt wurden, der sie nicht gewachsen sein konnten. Heute ist Kampanien mit einer Bevölkerung von fünfeinhalb Millionen Einwohnern und einer Ausdehnung von 14.000 km^2 nach der Lombardei die zweitwichtigste Region Italiens[6]. Mit 431 Bewohnern pro Quadratkilometer hat sie die höchste Bevölkerungsdichte des Landes.[7]

Wirtschaftsgeographisch läßt sich die Region in drei Bereiche unterteilen. Der Küstenstreifen ist das industriell am weitesten entwickelte Gebiet, das auch die höchste Bevölkerungskonzentration aufweist. Das bergige Hinterland ist bis heute überwiegend von einer extensiven und unproduktiven Landwirtschaft geprägt, bei niedrigen Lebensstandards und Einkommensverhältnissen, die größtenteils weit unter dem nationalen Durchschnitt liegen. Die Ebene zwischen der Küste und dem Appenin, die traditionell durch eine reiche Landwirtschaft gekennzeichnet war, wird immer mehr von urbanen Ausweitungsprozessen besonders der Stadt Neapel beeinflußt und stellt seit den 60er Jahren das bevorzugte Gebiet für neue Industrieansiedlungen dar (EUREG 1994b, 3ff.).

Die Wirtschaftsstruktur Kampaniens weist einen geringen Autonomiegrad auf. Die großen Betriebe gehören meist nationalen oder multinationalen Unternehmensgruppen an. Ihre regionale Tätigkeit beschränkt sich fast ausschließlich auf die Produktion, während Forschungs- und Entwicklungsaktivitäten sowie Geschäftsleitungen, Vertrieb oder Zulieferungen anderswo angelagert sind. Die Entwicklung von Vernetzungsstrukturen mit der lokalen und regionalen Wirtschaft auch im Bereich der Zulieferbetriebe ist weitgehend ausgeblieben, und die wenigen vorhandenen bleiben oft von der technologischen Entwicklung ausgeschlossen.

Das Fehlen einer Verbindung zwischen den industriellen Entscheidungszentren und der regionalen Situation hat zu einer Polarisierung der Industriestruktur zwischen wenigen großen Unternehmen mit mehr als fünfhundert Beschäftigten (Fiat und Alenia haben jeweils etwa 10.000 Beschäftigte) und vielen kleinen Firmen geführt. Letztere sind durch eine hohe Abhängigkeit von öffentlichen Aufträgen staatlicher Behörden (Energie, Telefon, etc.) gekennzeichnet.

---

6   5.590.000 Einwohner (1991; ISTAT 1993, 18).
7   1992; ebenda, 13.

Kampanien ist das Bindeglied zwischen dem übrigen Mezzogiorno und den entwickelten Regionen Italiens. Trotz Krise stellt die Region ein potentielles Wachstumsgebiet vor allem im Bereich der Industrie, des Tourismus und des Handels dar. Sie verfügt über wichtige Dienstleistungs- und Kultureinrichtungen, die ihr im nationalen Wirtschaftsgefüge noch heute ein gewisses Gewicht verleihen und wichtige Infrastrukturen eines potentiellen wirtschaftlichen Aufschwungs darstellen.

Die soziale Unzufriedenheit, die in Kampanien aus der hohen Arbeitslosigkeit und der Armut resultiert, dient als Nährboden für die Rekrutierung kriminellen Nachwuchses und das Ausufern krimineller wirtschaftlicher Aktivitäten. Die soziale Krise, verbunden mit institutionellen Mängel erlauben es den camorristischen Organisationen, sich erfolgreich als Lösungsmöglichkeit für vielfältige wirtschaftliche und soziopolitische Probleme anzubieten (Commissione parlamentare antimafia 1994, 53). Administrative Funktionalität und breit angelegte Sozialisierungs- und Erziehungsmaßnahmen der Bevölkerung und der Jugendlichen stellen deshalb eine Gefahr für das Überleben dieser Organisationen dar und werden vielfach boykottiert.

2. Die strukturellen Charakteristiken der Region Lombardei

In ihren aktuellen Grenzen entspricht die Lombardei kaum einem einheitlichen geographischen, ökonomischen und sozialen Gefüge mit eindeutig definierten historischen und kulturellen Traditionen. Ein Zusammenhalt entsteht vor allem durch das gemeinsame Zentrum Mailand, der wichtigsten Stadt der Region, die lange Hauptstadt eines eigenen Staates war. Im Mittelalter bezeichnete "Lombardei" einen ausgedehnteren geographischen Raum, der fast ganz Norditalien umfaßte. Seit dem 11. Jahrhundert entwickelte sich die Region kontinuierlich, die Bevölkerung und die urbanen Gebiete wuchsen beständig und neue landwirtschaftliche Nutzflächen und ländliche Ansiedlungen wurden erschlossen. Die "Kommunen" und Stadtstaaten entstanden und überzogen die Lombardei mit einem engen Netz. Im 13. Jahrhundert war die Region zusammengefaßt unter der Herrschaft der Mailänder Familie Visconti. In der Phase ihrer größten Ausdehnung umfaßte sie ebenfalls Teile Piemonts, der Emilia, des Tessins, Venetiens und Liguriens. Nach dem Ende der Herrschaft der Visconti gingen allerdings Gebiete verloren, und in den darauffolgenden verschiedenen historischen Epochen waren die Grenzen häufig unklar und umstritten. Im 16. und 17. Jahrhundert hatte die Region[8], unter den Spaniern immer noch eine größere Ausdehnung als unter der auf den spanischen Erbfolgekrieg folgenden österreichischen Herrschaft, als Mailand und Mantova an die Habsburger fielen. In der Restauration, nach der revolutionären und napoleonischen Phase (1796-1814), wurde die Lombardei Teilgebiet

---

8 Unter dem Namen "Staat von Mailand", nicht Lombardei.

des lombardisch-venetischen Reiches, wiederum unter der Herrschaft Österreichs. Von diesem Zeitpunkt an hatte sich die Region beinah gänzlich in seiner heutigen administrativen Ausdehnung konstitutiert (Della Peruta 1994, 126f.). Unterschiedliche historische und wirtschaftsgeographische Faktoren haben die Lombardei in vielerlei Hinsicht zur Lokomotive der italienischen Wirtschaftsentwicklung gemacht. Die Region verfügt über die größte Tiefebene im italienischen Staatsgebiet, und sie profitiert vor allem von ihrer zentralen Lage und ihren guten Verbindungen zur gesamten Po-Ebene und der Hafenstadt Genua. Sie ist über die Alpenpässe ein obligatorisches Verbindungsglied zwischen dem Mittelmeer und Westeuropa. Diese Lage als Knotenpunkt insbesondere zwischen den norditalienischen Regionen und dem übrigen Europa begünstigten einen lebhaften Handel und eine schwungvolle wirtschaftliche Produktion (Kommission der europäische Gemeinschaften 1993a, 174). Diese Voraussetzungen haben dazu geführt, daß die Region schon früh über eine starke Konzentration von Arbeitskräften, gute Verkehrsverbindungen, eine gute Energieversorgung, und große Finanz- und Kapitalakkumulationen verfügen konnte.

Die Lombardei war bereits im Mittelalter und in der Renaissance ein wichtiges Wirtschaftszentrum. Im Gegensatz zu Süditalien, dessen Agrarsektor durch extensive Landwirtschaft und Latifundienwirtschaft geprägt war, entwickelte sich in der Po-Ebene eine moderne Landwirtschaft, die über Viehzucht, kapitalistische Organisationsformen und funktionsfähige Bewässerungssysteme verfügte. Insbesondere die Wirtschaftsreformen unter österreichischer Herrschaft[9] nach 1706 sorgten für eine Rationalisierung und Intensivierung der landwirtschaftlichen Produktion und eine Öffnung für die internationalen Märkte (vor allem Seide, Reis, Vieh, Baumwolle). Die Folgen der italienischen Einigung und die damit verbundene liberale Wirtschaftspolitik trafen die Lombardei weniger als die anderen Regionen, und die regionale Wirtschaft blieb durch eine starke Außenöffnung gekennzeichnet (Warenexport, Import von externem Investitionskapital und Technologien). Weitere Faktoren wie der Ausbau des Eisenbahnnetzes und die spätere Rückkehr zum Protektionismus, der den nationalen italienischen Markt für die lombardische Produktion öffnete, der Bau des Sankt-Gotthard-Eisenbahntunnels (1882), die Gründung des Elektrikkonzerns Edison (1884) und ein modernes Banksystem mit der Gründung der *Banca Commerciale Italiana* (1894) brachten die Region in den letzten beiden Jahrzehnten des 19. Jahrhunderts endgültig in eine nationale Vormachtstellung. Der Prozeß der Industrialisierung erfolgte vor allem in den Bereichen Metall, Chemie, und Textilindustrie. Darüber hinaus sind die großen Banken von nationalem Interesse ebenso wie regionale Geldinstitute (v.a. CARIPLO) präsent. Der Anteil des Kredit- und Versicherungssektors am Bruttoinlandprodukt ist in der Lombardei sogar höher als in der Hauptstadtregion

---

9   Einführung des ersten europäischen Katasteramts, Steuereform, Verkauf der Kirchengüter.

Latium, und die Mailänder Börse ist wesentlich wichtiger als die der anderen Standorte Rom, Turin, Genua und Neapel.

Diese begünstigenden Faktoren verliehen der Region die größte Industrie- und Finanzkonzentration Italiens, und Mailand wurde zur ökonomischen Hauptstadt des Landes. Während die anderen beiden Regionen des industriellen Dreiecks, Piemont und Ligurien, von einem einzigen Unternehmen (FIAT in Turin) bzw. vom öffentlichen Industriekonzern IRI (in Ligurien) dominiert wurden, stellte die Lombardei ein bevorzugtes Gebiet für die Aktivitäten des nationalen und internationalen Großkapitals dar. In den hier angesiedelten Konzernzentralen wurden wichtige ökonomische und finanzielle Strategien entworfen, die das gesamte italienische Wirtschaftsleben beeinflußten.

Mit einer Bevölkerung von über acht Millionen Einwohnern ist die Lombardei heute die bevölkerungsreichste Region Italiens[10], auf einer Ausdehnung von beinah 24.000 km^2 und bei einer Bevölkerungsdichte von 375 Bewohnern pro km^2.[11]

Die Region verfügt über ein Netz von städtischen Ballungsräumen, in dem der Großraum Mailand eine zentrale Bedeutung einnimmt. Die einzelnen Provinzhauptstädte stellen dabei wiederum die Knotenpunkte weiterer örtlicher Netzwerke dar. Nach wirtschaftsgeographischen Kriterien kann die Lombardei heute in vier relativ homogene Gebiete unterteilt werden (EUREG 1994a, 1ff.). Die Provinz Mailand macht 44,2% der lombardischen Bevölkerung aus und zeigt eine starke Spezialisierung auf den Dienstleistungssektor, wobei auch die Industrieproduktion - insbesondere im Vergleich zum restlichen Italien - noch eine bedeutende Stellung einnimmt. Die südliche Lombardei, die Teile der Provinzen Cremona, Mantua und Pavia umfaßt und in die Poebene hineinreicht, macht 14,4% der lombardischen Bevölkerung aus; sie ist stark auf Landwirtschaft und die lebensmittelverarbeitende Industrie spezialisiert. Der sogenannte "urbanisierte Rücken" dagegen, der die südlichen Teile der Provinzen Varese, Como, Bergamo und Brescia umfaßt (36% der lombardischen Bevölkerung), ist durch eine vorwiegend klein- und mittelständisch geprägte Industriestruktur bei gleichzeitiger Präsenz weniger Großunternehmen charakterisiert. Der Gebirgsbereich besteht aus dem restlichen Teil der vorgenannten fünf Provinzen sowie aus der Provinz Sondrio. In diesem Gebiet lebt lediglich ein geringer Bevölkerungsanteil (5,4%); dies ist auf einen wirtschaftlichen Marginalisierungsprozeß zurückzuführen, der nur zum Teil durch den Aufbau einer Fremdenverkehrsindustrie zum Stillstand gebracht werden konnte (EUREG 1994a).

Die Wirtschaftsstruktur der Lombardei ist sehr heterogen sowohl bezüglich der Unternehmensgrößen als auch der dominanten Sektoren. Seit den 70er Jahren

---

10   8.831.000 Einwohner (1991; ISTAT 1993, 18).
11   1992; sie wird nur von Kampanien überstiegen (ebenda, 13).

erlangen die klein- und mittelständischen Betriebe im traditionell von industriellen Großunternehmen dominierten lombardischen Wirtschaftssystem[12] eine größere Bedeutung. Die lombardische Unternehmenskultur blieb dabei durch einen "Familienbetriebs-Kapitalismus" gekennzeichnet, der eine vergleichsweise geringe Flexibilität mit sich brachte. Dennoch verfügt sie gerade im Bereich der kleinen und mittelständischen Betriebe über ein sehr anpassungsfähiges Produktionsgefüge und eine äußerst hohe Konzentration realer und finanzieller Dienstleistungen. Die Wirtschaft der Lombardei war immer durch einen hohen Grad an Autonomie gekennzeichnet. In den achtziger Jahre war allerdings ein Rückgang der Unabhängigkeit bei den Großunternehmen zu verzeichnen, da sich zunehmend außerregionale Betriebe wie FIAT ansiedelten.

In der Nachkriegszeit stellte die Lombardei, die als Herzstück des sogenannten "industriellen Dreiecks" gemeinsam mit Piemont und Ligurien die industrielle Revolution in Italien bewirkt hatte, weiterhin den Motor der italienischen Wirtschaft dar. Sie erwirtschaftete 1991 bei einem Bevölkerungsanteil von 15,6% circa 21% des italienischen Bruttoinlandsprodukts und mehr als ein Viertel der gesamten industriellen Produktion (Della Peruta 1994, 128). Die Region nimmt nicht nur im italienischen Durchschnitt, sondern auch auf europäischer Ebene eine führende wirtschaftliche Stellung mit einem hohen Pro-Kopf-Einkommen ein.[13]

Als reiche Region kam die Lombardei kaum in den Genuß spezifischer Fördermaßnahmen seitens der Zentralregierung oder der Strukturförderung der europäischen Union, bis auf wenige Ausnahmen in den 70er Jahren.[14] In den siebziger und achtziger Jahren wurden einige einzelne Umstrukturierungsprojekte in Krisensektoren wie beispielsweise die Stahlindustrie verwirklicht (Regione Lombardia 1990).

Spezifische Charakteristik der Lombardei ist gestern wie heute die sprichwörtliche positive Einstellung zur Arbeit und zum Unternehmertum, ihre Tendenz "zu arbeiten, Ersparnisse anzusammeln und unternehmerische Leistungen zu erbringen" (EUREG 1994a, 72ff; Della Peruta 1994, 127), als eine "arbeitssame, mit den Kosten des Wachstums konfrontierte Gesellschaft" mit einem "hohen wirtschaftlichen und kulturellen Potential" (Europäische Kommission 1993a, 174).

---

[12] Hier seien nur Montedison, Alfa Romeo, Pirelli, Breda, Dalmine, Franco Tosi usw. genannt (vgl. Della Peruta 1994, 128).
[13] In der Rangordnung der europäischen Regionen erreicht sie 138 Punkte des EG-Durchschnitts (100; Kommission der Europäischen Gemeinschaften 1991a). Zur Position in der europäischen Wirtschaftsgeographie vgl. Sabella/Urbinati 1995, 205.
[14] Sie ist keine Ziel 1-Region. Einige sehr begrenzte Gebiete fallen unter die Ziel 2-Förderung; dies betrifft 154.000 Einwohner, d.h. einem Anteil von 87% der Bevölkerung der Provinz Sondrio. Die Förderungsmaßnahmen betreffen die Bereiche Handwerk, Ausbildung und Umschulung. Vgl. IRER Notizie 1993.

3. Zum unterschiedlichen Profil der Untersuchungsregionen

Das Panorama der sozioökonomischen Bedingungen in den beiden Untersuchungsregionen bestätigen die deutlich unterschiedlichen Charakteristiken, die aus den oben beschriebenen historischen und wirtschaftsgeographischen Gegebenheiten resultieren. Ist die süditalienische Region durch hohe Arbeitslosigkeit und schwache wirtschaftliche Dynamik gekennzeichnet, so zeigt die norditalienische Region bei allen konjunkturellen Schwierigkeiten eine vergleichsweise hohe Leistungsfähigkeit. Wirtschaftliche Defizite und soziale Spannungen ergänzen sich also im Süden zu einer strukturellen Dimension, die eine wirkliche Modifikation der Verhältnisse immer wieder erschweren.

In Kampanien waren 1991 24% (423.000; Italien: 32%) der Beschäftigten im industriellen Sektor tätig, aber 64,1% (1.128.000; Italien: 59,6%) fielen unter die statistische Kategorie "andere Aktivitäten" im tertiären Bereich, und immer noch 11,9% (210.000; Italien: 8,4%, und Nord/Mittelitalien 5,8%) in der Landwirtschaft (ISTAT 1993, 45). Mit 28% des regionalen Bruttoinlandproduktes hat die Landwirtschaft bis heute ihren vergleichsweise bedeutenden Stellenwert in der regionalen Wirtschaftsstruktur erhalten; allerdings verringert sich die Beschäftigtenzahl und der Umfang der kultivierten Fläche ständig.

Die Lombardei dagegen erwirtschaftete mit nur ca. 16% der nationalen Bevölkerung und ca. 18% der aktiven Bevölkerung Italiens mehr als 21% der nationalen Wertschöpfung (Della Peruta 1994, 128). Der wichtigste Wirtschaftsbereich, der Industriesektor, ist in den letzten Jahren langsam in seiner Relevanz vom tertiären Sektor überholt worden. 1991 waren aber immer noch 43% (1.673.000; Italien: 32%) der Beschäftigten im industriellen Sektor beschäftigt. 53,6% (2.067.000; Italien: 59,6%) fielen unter die statistische Kategorie "andere Aktivitäten" im tertiären Bereich, und nur 3,1% (120.000; Italien: 8,4%) waren in der Landwirtschaft beschäftigt (ISTAT 1993, 45). Allerdings zeigt der tertiäre Sektor in der Lombardei weit fortschrittlichere Charakteristiken als in Kampanien, da er im Süden häufig zum Auffangbecken der Arbeitslosigkeit degradiert wird.

Das Bruttoinlandprodukt/Kopf[15] betrug 1989 in Kampanien 6,9%, in der Lombardei dagegen 20,2% des Landesdurchschnitts. Dies entsprach einer Pro-Kopf-Verteilung von 68,6 in Kampanien bzw. 130,5 (Italien = 100). Die Produktivität pro Beschäftigtem lag bei 85,4 in Kampanien gegenüber 116,8 in der Lombardei (Italien = 100).

Die Beschäftigung im öffentlichen Sektor (regionale, Provinz- und kommunale Verwaltungen) lag in Kampanien bei 10.245, in der Lombardei bei 4.752 Personen.[16] Diese Zahlen zeigen die Aufblähung des öffentlichen Sektors in Süditalien.

---

15 Zu Marktpreisen; ISTAT 1993.
16 Am 31.12.1990, ISTAT 1993, 48.

In Kampanien ist darüber hinaus die Relevanz der regionalen Ebene gegenüber Provinzen und Kommunen stark ausgeprägt (Provinzen: 4.662 Beschäftigte gegenüber 8.092 in der Lombardei; Kommunen 67.285 gegenüber 78,219 in der Lombardei).

Wichtige Grunddaten der beiden Untersuchungsregionen

	Bevölkerung[1]	Industrieanteil		Regionales BIP/Kopf	
	(in 1000)	%BIP[2]	% Arb.kräfte[3]	in %[4]	EUR=100[5]
Kampanien	5.590	23,3	24,0	6,9	137,4
Lombardei	8.831	41,2	43,3	20,2	65,5
Italien	56.411	32,4	32,0	100	102,5

(1) 1991; ISTAT 1993, 18.
(2) 1989; ISTAT 1993, 48.
(3) 1991; ISTAT 1993, 45.
(4) Bruttoinlandprodukt in Marktpreisen 1989; ISTAT 1993, 49.
(5) In Kaufkraftstandard, d.h. einheitlich definierter Warenkorb zum Vergleich der tatsächlichen Kaufkraft in den 12 Ländern der europäischen Gemeinschaft 1990 (EUR 12 = 100; Kommission der Europäischen Gemeinschaften 1992).

Die Struktur des privaten Verbrauchs zeigt den größeren relativen Wohlstand in Norditalien: einem internen Pro-Kopf-Verbrauch von 7,9% des Landesdurchschnitts in Kampanien steht der von 17,2% in der Lombardei gegenüber. Im Landesvergleich beträgt er 78,8 gegenüber 111,4 in der Lombardei.[17]

Die Einnahmen der Regionen (und autonomen Provinzen) zeigen mit 9.298 Milliarden Liren in Kampanien gegenüber 14.713 in der Lombardei das weit höhere Niveau der Einnahmen im Norden gegenüber dem Süden. Auf der Ausgabenseite standen dem 10.779 Milliarden Liren in Kampanien und 13.850 in der Lombardei gegenüber. Die Ausgaben waren damit im Süden weit höher als die Einnahmen, womit eine weit höhere tendenzielle Verschuldung einhergeht (ISTAT 1993, 50).

---

17 Italien=100; ebenda.

Die Ausgaben für Forschung und Entwicklung, als Indikator für eine wirtschaftliche Dynamik mit längerfristigen Entwicklungstendenzen, zeigen im Vergleich, daß nur 3% der gesamtitalienischen Ausgaben in diesem Bereich in Kampanien, 28,8% dagegen in der Lombardei getätigt wurden (1990). Dabei sind vor allem in der Lombardei vorzugsweise die privaten Unternehmen, in Kampanien dagegen die öffentliche Hand aktiv: auf die öffentliche Verwaltung entfielen in Kampanien 3,6%, in der Lombardei dagegen 12,5% dieser Investitionen (ISTAT 1993, 53).

Die regionalen Anteile am Import/Export des Landes zeigen die relative wirtschaftliche Isolation des Mezzogiorno, mit einer Importquote von 12,42% gegenüber 85,6% von Nord- und Mittelitalien. Auf Kampanien entfiel dabei eine Quote von 2,34%, auf die Lombardei aber 36,6%. Gleiches gilt für den Anteil am Export: auf den Mezzogiorno kamen nur 8,9%, auf Nord- und Mittelitalien dagegen 88,4%. Kampanien war dabei mit nur 2,14% am gesamten Ausfuhraufkommen, die Lombardei dagegen mit 30,64% beteiligt (1991, ISTAT 1993, 65). Diese Zahlen zeigen die Außenabhängigkeit und die Irrelevanz der internationalen Verflechtung für die kampanische Wirtschaft, aber auch die Schwierigkeiten der Lombardei, ihre nationale Position in wirtschaftlichen Krisenphasen aufrechtzuerhalten.[18]

Die sozioökonomischen Verhältnisse und die daraus resultierenden sozialen Spannungen spiegeln sich dagegen in den Erwerbs- und Arbeitslosenzahlen. In Kampanien beträgt die Erwerbsquote 1990 48% (gegenüber 49% in Gesamtitalien und 54% im europäischen Durchschnitt). In der Lombardei dagegen sind 1990 51% der Bevölkerung beschäftigt. Die Arbeitslosenquote dagegen beträgt 19,8% in Kampanien (gegenüber 10,2% in Italien und 8,3% in Europa. In der Lombardei dagegen sind nur 3,4% arbeitslos (Kommission 1993a, 229).

V.3. AUTONOMIE UND RELEVANZ REGIONALEN POLITISCHEN HANDELNS IN BESTIMMTEN POLITIKFELDERN: DIE INDUSTRIEPOLITIK

1. Industriepolitisches Handeln von Staat und Regionen

Die regionale Wirtschafts- bzw. Strukturpolitik stellt in Italien ein "klassisches" Thema des politischen Handelns dar, die in den unterschiedlichen historischen Phasen und für die unterschiedlichen Landesteile durchaus verschiedene Charakteristiken annahm. Regionalpolitisch relevant ist vor allem der Bereich die Indu-

---

[18] Der Gesamtanteil in absoluten Zahlen bestätigt die verhältnismäßigen Aussagen: waren es in Kampanien nur 7.377.529 Millionen Lire, so betrug der Import in der Lombardei dagegen 82.531.069 Millionen Lire; der Export dagegen betrug in Kampanien nur 4.744.481 gegenüber 64.276.965 Millionen Liren in der Lombardei. Dies zeigt das wirtschaftliche Gewicht sowie die Außenverflechtung der Lombardei und der nördlichen Regionen, im Unterschied zur relativen Geringfügigkeit der internationalen Verflechtung im Süden (1991, 65).

striepolitik, der in die regionale Kompetenz fällt, und damit insbesondere die Förderung der kleinen und mittelständischen Betriebe und Handwerksunternehmen.

Strukturpolitische Maßnahmen im engeren industriepolitischen Sinne wurden in Italien in der Vergangenheit kaum auf regionaler Ebene angesiedelt, da sie nicht zu den Kompetenzen der Regionen gehörten. In den fünfziger und sechziger Jahren wurden Industriepolitik in erster Linie durch eine Vielzahl von Regierungsinitiativen auf der nationalen Ebene vorangetrieben, die verschiedenste Einzelprobleme lösen sollten (beispielsweise der Energie oder der Stahlindustrie) und von unterschiedlichen Organismen getragen wurden (Adams 1990, 222). Dabei wurde der Versuch der Überwindung fragmentierter Einzelmaßnahmen im Sinne einer "globalen" Planung vor allem seit der Regierungsbeteiligung der Sozialisten gemacht. Bereits 1955 wurde das erste Mehrjahresprogramm für wirtschaftliche Entwicklung[19], der Zehnjahresplan für die Entwicklung von Beschäftigung und der Gehälter im Jahrzehnt 1955-64 (Vanoni-Plan) verabschiedet, der im darauffolgenden Jahrzehnt 1966 durch das Nationale wirtschaftspolitische Programm (Pieraccini-Plan) der Mitte-Links-Regierung abgelöst wurde.

Vor allem die 70er Jahre stellten aufgrund der Unterstützung der Regierung durch die Kommunisten den Höhepunkt eines organischen programmpolitischen Ansatzes dar, der in das Gesetz Nr.675 vom August 1977 zur "produktiven Umstrukturierung und Rekonversion" mündete. Die Zusammenfassung der verschiedenen Maßnahmen im industriepolitischen Bereich erhielt durch die Einrichtung des Interministeriellen Komitees für die industrielle Koordinierung (CIPE) und durch den eigenständigen Finanzierungsfond einen besonderen Stellenwert (EUREG 1994a, 122; Adams 1990, 226).

Keinem dieser Programme gelang es jedoch, das Ziel einer industriepolitischen Planung wirklich umzusetzen. Sie stellten insgesamt eher Absichtserklärungen dar, denen die Umsetzung in konkrete Politik nur ansatzweise gelang (Adams 1990, 223). Das Scheitern globaler Planungen führte dazu, daß sich in Italien zunehmend problemlösungsorientierte Politikansätze durchsetzten, die einen sektoral und an Einzelproblemen orientierten Ansatz verfolgten. Die Industriepolitik blieb dabei auf die nationale Ebene begrenzt und ließ den untergeordneten territorialen Ebenen kaum Raum für eigenständige Initiativen.

a) **Die Verfassung**

Die Ausgrenzung industriepolitischer Kompetenzen aus dem regionalen Handlungsspektrum geht auf die italienische Verfassung von 1948 zurück (vgl. Kap.III). Da sie als solche nicht in die verfassungsmäßig festgelegten Kompe-

---

[19] Vorausgegangen waren die Wiederaufbaumaßnahmen im Rahmen des Marschall-Plans 1948-52 sowie die 1950 eingerichtete *Cassa per il Mezzogiorno*; vgl. EUREG 1994, 121.

tenzbereiche der Regionen (Art.117) aufgenommen wurden, blieb die regionale Handlungsfähigkeit im wirtschaftspolitischen Bereich begrenzt. Einzelne ökonomische Teilbereiche vor allem im landwirtschaftlichen, handwerklichen und touristischen Sektor sowie der kleinen und mittelständischen Betriebe werden zwar durchaus benannt und weitgehend in die regionale Kompetenz überführt. Das politische Handeln der Regionen wurde jedoch in erster Linie auf die sozialen Dienstleistungen und auf Probleme der Raumordnung und der Bodennutzung orientiert, unter Ausschluß von Handel und Industrie als Wirtschaftsaktivitäten im engeren Sinne (Pastori 1993, 13). Die Ausübung regionaler Kompetenzen unterliegt zudem den verfassungsmäßig verankerten Grenzen, d.h. sie bleiben auf die "von den staatlichen Gesetzen festgelegten Einschränkungen", auf die nationalen Rahmenbedingungen ökonomisch-sozialer Reformanstrengung, und auf die internationalen Verpflichtungen des Staates (inklusive europäische Gemeinschaft) und insgesamt den "nationalen Interessen" verpflichtet (vgl. Kap.III).

b) Die Übertragungsgesetze

Das wichtigste Übertragungsgesetz ehemals nationaler Kompetenzen an die Regionen, das Präsidialdekret Nr.616 vom 24.7.1977, blieb zwar innerhalb der Grenzen des Art.117 der Verfassung. Die Einteilung der regionalen Gesetzgebungszuständigkeiten in vier "organische Sektoren" (Verwaltungsordnung und -organisation, soziale Dienste, Raumordnung und -nutzung sowie die wirtschaftliche Entwicklung) stellt jedoch eine wichtige Neuerung dar, die den Regionen ausgedehntere Spielräume ermöglicht. Die Industriepolitik wird zwar auch hier nicht explizit in den Katalog der regionalen Kompetenzen aufgenommen, da dies gegen das Verfassungsgebot verstoßen hätte. Die neu festgelegte regionale Verantwortung für die wirtschaftliche Entwicklung ihres Gebietes eröffnet den Regionen jedoch mehr Möglichkeiten in diesem Bereich, da diese kaum von industriepolitischen Maßnahmen absehen kann. Sie deckt darüber hinaus einen der wichtigsten Aspekte der ökonomischen Entwicklung ab, nämlich die Entscheidungsbefugnisse über die Industriegebiete[20] und die Erstellung von Regulierungsplänen und infrastrukturellen Maßnahmen für neue Industrieansiedlungen (Sgroi 1993, 96).

Damit wurde ein wichtiger Schritt hin zu einer dezentralisierteren Gestaltung wirtschaftspolitischer Belange getan. Die Grenzen des regionalen Handelns gerade im industriepolitischen Bereich waren so in den 80er Jahren weniger streng

---

[20] D.h. Übertragung der administrativen Funktionen bezüglich der "Struktur der Vereinigungen für die Gebiete und die Kerne industrieller Entwicklung" und "all derjeniger vom Staat oder anderen öffentlichen Körperschaften ausgeführten Funktionen, die - ausgenommen die Kommunen und die Provinzen -, in den Bereich von Struktur, Systematisierung und Gestaltung der Industriegebiete und der ausgestatteten Industriezonen, und die Realisierung von Infrastrukturen für neue Industrieansiedlungen" fallen (Sgroi 1993, 96).

gezogen als in der Vergangenheit, und zumindest in einigen Regionen war eine tendentielle Ausdehnung des politischen Handlungsradius in diese Richtung zu beobachten (ebenda, 95). Allerdings blieben die Grenzen der regionalen Kompetenz weiterhin durch die Grundzüge der national festgelegten ökonomischsozialen Reformen und der internationalen Verpflichtungen definiert, die aufgrund ihrer Unbestimmtheit immer wieder Auslegungsdifferenzen nach sich ziehen.

c) Die Regionalstatute

Die tendentielle Ausweitung der industriepolitischen Verantwortung der Regionen gegenüber dem Verfassungsmodell ist bereits in den Regionalstatuten abzulesen, die durch das nationale Parlament bestätigt worden sind. Das Ziel einer Förderung der globalen ökonomischen Entwicklung der regionalen Territorien wird in diesen "Regionalverfassungen" festgeschrieben; sowohl das kampanische wie der lombardische Regionalstatut benennen die ökonomische Entwicklung der Region als explizites Ziel des politischen Handelns (Statuti regionali 1971, 30f., 213). Die legislativen und administrativen Tätigkeiten der Regionen werden so in den industriepolitischen Bereich ausgedehnt.

Im kampanischen Regionalstatut schreibt Artikel 4 die ausgeglichene ökonomische und soziale Entwicklung der Region sowie das Recht auf Arbeit und Vollbeschäftigung fest. Die industrielle Entwicklung und die Aufwertung der landwirtschaftlichen und touristischen Ressourcen werden als die wichtigsten Aspekte angesehen, um diese ausgeglichene Entwicklung zu verwirklichen. Die Region beteiligt sich deshalb "an der Ausarbeitung, Formulierung und Durchführung des nationalen Wirtschaftsprogramms, unter besonderer Berücksichtigung der Mezzogiornopolitik und der sektoralen Politiken in denjenigen Bereichen, die ihr direkt oder über staatliche Delegierung zugeordnet sind".

Artikel 3 des lombardischen Regionalstatuts legt die hauptsächlichen Ziele des regionalen Handelns auf die "ökonomische und soziale Entwicklung" sowie die "Überwindung der Ungleichgewichte der Region und des gesamten nationalen Territoriums" (!) fest (ebenda, 30). Mit diesem Ziel beteiligt sich die Region darüber hinaus aktiv an der nationalen Programmpolitik (Sgroi 1993, 96; Statuti regionali 1971, 30f.).

2. Die Analyse der Regionalgesetzgebung in den beiden Untersuchungsregionen

a) Der industriepolitische Kontext in Kampanien

In Kampanien war die strukturpolitische Debatte lange durch die Förderpolitik des Nationalstaates vor allem im Rahmen der *Cassa per il Mezzogiorno*, der italienischen Südkasse bestimmt (vgl. Kap.II und IV). Dennoch blieben der Region Möglichkeiten, vor allem seit den 80er Jahren, eigene industriepolitische Akzente zu setzen, die auf eine Förderung der klein- und mittelständischen Unternehmen allgemein und insbesondere im traditionellen handwerklichen Bereich abzielten.

Die Charakteristiken der Mezzogiornopolitik und der traditionelle nationalstaatliche Ansatz der Industriepolitik als Ansiedlung von Großbetrieben durch den Staat, die wichtige Rolle der Staatsindustrie und der außerregionaler Unternehmen machten eine Förderung der endogenen Potentiale in Süditalien schwer. Vor allem nach dem zweiten Weltkrieg spielte der Nationalstaat in Italien, ebenso wie in Südspanien und Südfrankreich, eine immer wichtigere Rolle in der Ausgleichspolitik der Entwicklungsunterschiede und der regionalen ökonomischen Ungleichgewichte, da Unterentwicklung zunehmend als Bedrohung der Effizienz des wirtschaftlichen Gesamtsystems begriffen wurde.

In Süditalien wurden anfangs vor allem Infrastrukturmaßnahmen und Fördermaßnahmen für Industrieansiedlungen realisiert; später erforderte die Wachstumspoltheorie Großinterventionen des Staates in spezifisch festgelegten Wachstumsregionen[21]. Gestützt durch Infrastrukturmaßnahmen sollten selbsttragende Wachstumszyklen durch die Stimulierung komplementärer Industrien bewirkt werden (Keating 1988, 149). Diese Politik war in Italien allerdings im Laufe der Zeit immer mehr durch eine "Verteilungsstrategie" ersetzt, die produktive Strategien zunehmend in Frage stellte (Tarrow 1977). Wirtschaftspolitische Maßnahmen wurden durch territoriale klientelistische Netze "besetzt" und die Ressourcenallokation durch politischen Druck auf lokaler Ebene beeinflußt.[22] Dadurch wurde die Möglichkeit verspielt, mittels einer wirkungsvollen und zielorientierten Entwicklungsplanung im Süden die Macht der dominanten Parteien, die Kontrolle über die Verteilung von Fördermitteln und Krediten, und die Abhängigkeit der lokalen Gemeinschaften von der Parteimaschinerie zu unterminieren (Keating 1988, 155).

Die Ausrichtung wirtschaftspolitischer Maßnahmen auf die öffentliche Förderung zeitigte allerdings auch hier einige "perverse Effekte". So führte sie beispielsweise zu einer ständigen Ausweitung und Vergrößerung der Industrieanlagen, um die Mittel überhaupt in Anspruch nehmen zu können. Die sektoral orientierten wirt-

---

21 In Italien wurde die Theorie der Wachstumspole den Bedürfnissen des politischen Systems angepaßt. Da die lokalen politischen "Bosse" die industrielle Entwicklung des Mezzogiorno nicht verhindern konnten, sorgten sie dafür, daß die Fördermittel einzelnen, kontrollierbaren Entwicklungsprojekten zugute kamen, die jedoch keine eigenständige Entwicklung des Gebietes auslösten. Auch die Mafia oder Camorra verhinderte gezielt industrielle Entwicklungen, um die Fördermittel eigenen Projekten zugute kommen zu lassen.   Andere Fördermittel wurden so weit gestreut, daß sie keine Wirkung erzielen konnten (Keating 1988, 155).
22 Zu den Phasen der Mezzogiornopolitik und ihre Funktion als *sottogoverno* siehe Keating 1988, 154f. (vgl. Kap.IV).

schaftspolitischen Maßnahmen bestimmten die zentralstaatlichen Förderstrategien immer stärker und orientierte sich dabei in erster Linie an den Bedürfnissen staatlicher und privater Großunternehmen, während die erhofften Multiplikatoreffekte auf der Zulieferebene ausblieben (EUREG 1994b).[23] Die außergewöhnliche Förderpolitik wurde zudem mit der Zeit zu einem regulären, d.h. nichtzusätzlichen Haushaltskapitel und ersetzte die auf normalem Wege bereitgestellten Mittel. Das gesetzte Ziel der "Zusätzlichkeit", das durch die gravierende Situation in den Südregionen gerechtfertigt war, wurde damit verfehlt.

Zwar nahm der Umfang der Maßnahmen sowie der Einfluß der regionalen Regierungen im Bereich der Mezzogiornopolitik nach Einrichtung der Regionen zu. Bereits 1975 überstiegen die öffentlichen Ausgaben im Süden dabei die des Nordens (ebenda, 231). Die wirtschaftlichen Entwicklungen zu Beginn der 70er Jahre, die vor allem auf externem und staatlichem Kapital basierten, wurden jedoch durch die Auswirkungen der Ölkrise Mitte der 70er Jahre unterbrochen. Von da an orientierte sich die Förderpolitik wieder stark an den klassischen Faktoren niedrige Löhne und Ausbeutung der Produktivkräfte statt an der wirtschaftlichen Modernisierung (Keating 1988, 231). Es war immer wieder der Zentralstaat, der durch gezielte Sondermaßnahmen sowie durch industriepolitische Förderung oder Einflußnahme gerade im Bereich der Staatsholdings, aber auch der Privatindustrie entwicklungspolitische Akzente setzte.

Mit dem Gesetz Nr.64 von 1985 zur Regelung der nationalen Förderpolitik für Süditalien wurde der Einfluß der Regionen erstmals gestärkt, indem ihnen Mitwirkungsrechte in der Zielfestlegung und der Planung der entwicklungspolitischen Strategien eingeräumt wurden. Zur Effizienzsteigerung des Mitteleinsatzes wurden Programmverträge eingeführt; Ziel war dabei, durch eine geregelte Zusammenarbeit zwischen Staat, Gebietskörperschaften und Unternehmen die Effizienz und Wirksamkeit der Fördermaßnahmen zu verbessern. Mittel der Förderpolitik waren die Schaffung vereinfachter Kreditvergabemechanismen und finanzielle Fördermöglichkeiten im Bereich berufliche Bildung und technologische Innovation.

Korruption und politische Beeinflussung der regionalen Entwicklungsprogramme existierten allerdings weiter, ebenso wie Ineffizienz und mangelnde Orientierung an einem regiozentriertem, selbsttragendem Wachstum. Daraus resultierte langfristig eine Vergrößerung der Nord-Süd-Schere und der Abhängigkeit des Südens vom Zentralstaat, mit der eine verbreitete "Wohlfahrtsmentalität" einherging, die eigenständige wirtschafts- oder sozialpolitische Initiativen behinderte (Keating 1988, 168).

---

23 Paradoxerweise kann gesagt werden, daß diese sektorale Politik in Kampanien insgesamt eher zum Abbau des bestehenden als zum Aufbau neuer Produktionsstrukturen beigetragen hat; das Beispiel der Stahlindustrie ist hier bezeichnend.

b) Die Industriepolitik in der Lombardei

Das Beispiel Lombardei und die Analyse der regionalen Gesetzgebung zeigt die progressive Ausdehnung der regionalen Handlungsmöglichkeiten in den industriepolitischen Bereich. Die Begrenzung der regionalen industriepolitischen Kompetenzen wurde aus der Sicht der Region zunehmend als unzumutbare Einschränkung empfunden; bestehende Handlungsmöglichkeiten wurden deshalb immer weiter ausgedehnt, die engen Kompetenzbegrenzungen insbesondere in den 80er Jahren immer wieder überschritten und programmpolitische Maßnahmen realisiert, die der Region formal gar nicht zustanden (Pastori 1993, 14f.). Die Praxis des konkreten Eingreifens auf der Wirtschaftsebene setzte sich durch, insbesondere mit dem Ziel, spezifische Branchen- und Gebietsmerkmale festzulegen und auf deren Grundlage spezielle Unterstützungsmaßnahmen für die Unternehmen und die Arbeitsmarktpolitik zu entwickeln. Die wichtigsten Förderinitiativen betrafen Maßnahmen zur Herstellung eines territorialen Gleichgewichts, die Unterstützung von Forschung und technologischer Innovation speziell in kleinen Unternehmen, Maßnahmen zur Förderung eines strukturellen Ausgleichs durch Umstrukturierungsmaßnahmen in Krisenbranchen (Stahlindustrie), sowie die Förderung von neugegründeten Unternehmen und Kooperativen. Im Bereich der Arbeitsmarktpolitik kommen Orientierungs- und Ausbildungskurse sowie Förderungsmaßnahmen zur Stellenvermittlung hinzu (EUREG 1994a).

c) Die Fördermaßnahmen für die kleinen und mittelständischen Betriebe und das Handwerk

Die mittelständische Industrie

Die 80er Jahre erscheinen im Nachhinein als das Jahrzehnt der kleinen und mittelständischen Betriebe. 1983 wurde in der EG zum europäischen Jahr der kleinen und mittleren Industrien (KMI) erklärt; diese Tatsache zieht ein vielfältiges nationales Engagement für diesen Bereich nach sich, vor allem in Form einer Bereitstellung von Dienstleistungs- und Informationsangeboten. Das Handwerk stellt einen wichtigen Teilbereich der KMIs dar; allerdings umfaßt dieser Sektor ein viel breiteres Spektrum nicht nur im industriellen, sondern immer mehr auch im tertiären Sektor.

Kleinbetriebe mit weniger als 300 Beschäftigten stellen in Italien circa 3/4 der Gesamtbeschäftigung in der Industrie, eine höhere Quote als in den anderen industrialisierten Ländern. Handelsbilanzüberschüsse resultieren dabei vor allem aus denjenigen Sektoren, in denen eine stärkere Präsenz von Kleinbetrieben vorherrscht (vor allem Mechanik, Textil und Bekleidung; Annuario 1987, 340). In den 70er bis Mitte der 80er Jahre sind hier weit höhere Entwicklungsraten zu verzeichnen als für die Großbetriebe (Annuario 1991, 419). Dazu trägt vor allem die Entwicklung des sogenannten "3. Italiens" im Zuge der wirtschaftlichen Dezentralisierungsprozesse bei (Bagnasco 1977).

Aus den wirtschaftlichen Umstrukturierungsprozessen resultierte eine Neuorientierung der theoretischen Ansätze der wirtschaftlichen Entwicklung, bei der weniger die Größe als die Struktur der Unternehmen in den Vordergrund rückte. Informations- und Organisationstrukturen in und zwischen den Unternehmen, die Entstehung und die Funktionsmechanismen von Informationsnetzen, die Entwicklung flexibler Organisationstrukturen von mehreren Unternehmen, die Existenz von Industriedistrikten usw. erlangten einen ganz anderen Stellenwert; die technologische Innovation wird zum strategischen Begriff. Die Rolle von industrienahen institutionellen Trägern wird dabei zunehmend aufgewertet, und vor allem die Regionen werden als Träger solcher unterstützenden Funktionen ausgemacht (Annuario 1986, 365). Von Seiten der Unternehmen selbst wird die Forderung nach spezifischen Fördermaßnahmen formuliert, durch die Bereitstellung finanzieller Ressourcen, die Förderung der technologischen Innovation, eine Reform des Steuersystems und eine Verbesserung der Beteiligungsmöglichkeiten von Kleinunternehmen an den Internationalisierungsprozessen (Annuario 1989, 379).

In Italien hat das Fehlen von klaren Übertragungskriterien an die Regionen im Bereich der Förderpolitik für den Mittelstand lange die Ausarbeitung präziser politischer Maßnahmenkataloge auf subnationaler Ebene verhindert (Annuario 1990, 360). Auch das nationale Gesetz Nr.142 vom 8.6.1990 zur Neuordnung der lokalen Autonomien hat dieses Problem nicht gelöst, sondern im Gegenteil teilweise neue Widersprüche in der Kompetenzzuweisung geschaffen.[24] Auch Gesetz Nr.83 vom 21.2.1989, das die Maßnahmen zur Förderung der Zusammenschlüsse von kleinen und mittleren Industrie-, Handels- und Handwerksunternehmen regelt, deckt nur Teilbereiche ab, ohne eine organische Rahmenvorgabe für autonome Initiativen der Regionen zu formulieren (Annuario 1990, 359).

Für die kleinen und mittelständischen Industrieunternehmen stellt vor allem das nationale Gesetz Nr.317 vom 5.9.1991, "Maßnahmen für die Innovation und die Entwicklung der Kleinbetriebe", die grundlegende Rahmennorm für die regionale Politik dar. Es erkennt erstmalig eine Beteiligung der Regionen in der Definition und Realisierung industriepolitischer Maßnahmen an und stellt damit eine entschiedene Ausweitung gegenüber Art.117 der Verfassung dar. Es sieht außerdem ein artikuliertes Informationssystem vor sowie von den Regionen eingerichtete "ökonomische Beobachtungsstellen" (*osservatori economici*) und regionale Finanzierungsgesellschaften.

Staatliche Maßnahmen sollen nach diesem Rahmengesetz komplementär zu den regionalen Maßnahmen für die Unterstützung der mittelständischen Industrie rea-

---

24 Siehe beispielsweise Art.127 zur Methode der Programmvereinbarungen.

lisiert werden; diese sind darüber hinaus nicht mit anderen (regionalen oder staatlichen) Initiativen kumulierbar. Daraus resultiert eine große Koordinierungsnotwendigkeit zwischen den unterschiedlichen Interventionsebenen. Im Bereich der Planung und Zuweisung der Mittel und der Festlegung der Berechtigungskriterien kommen den Regionen dabei eine weitaus wichtigere Rolle zu als in der Vergangenheit. Erstmalig wird die Erstellung von regionalen Industrieentwicklungsprojekten möglich, die vom Zentralstaat finanziert werden: ein wichtiger Indikator für die zunehmende staatliche Bereitschaft, den Regionen immer mehr normative Aufgaben auch im Bereich der Industriepolitik zuzuweisen.

In Kampanien ist bis zum 1.1.1995 keine Umsetzung von Gesetz Nr.317 vom 5.9.1991, "Maßnahmen für die Innovation und die Entwicklung der Kleinbetriebe", erfolgt. Das Gesetz ist in der Region "auf kein ausreichendes Interesse gestoßen, wahrscheinlich weil es abweicht von den traditionellen Fördermechanismen für die Unternehmer, die es nicht gewürdigt haben" (EUREG 1994b, 103). Die kampanische Gesetzgebung ist statt dessen allgemein durch Einzelmaßnahmen charakterisiert, läßt aber sowohl besonders innovative als auch organische Absätze vermissen. Insofern spiegelt die politische Intervention der öffentlichen Hand die Initiativlosigkeit der Unternehmerschaft selbst, die immer wieder als Ursache der mangelnden Entwicklung des Mezzogiorno herausgestellt wird. Selbst die modernsten Unternehmen in Kampanien reagieren in erster Linie auf externe Impulse, ohne daß eine strategische Planung ihres Handelns erfolgen würde (Federazione regionale degli industriali della Campania/Centro Studi Confindustria 1991, 118).

In der Lombardei ist die regionale Durchführung vom Gesetz Nr.317 vom 5.10.1991 durch das Regionalgesetz Nr.7 vom 16.2.1993 erfolgt. Bereits Regionalgesetz Nr.34 vom 23.4.1985 hatte allerdings regionale Maßnahmen für die Innovationsförderung in den kleineren Unternehmen ermöglicht (Annuario 1986, 367) und als regionales Beratungsorgan die *Consulta regionale per l'innovazione* eingerichtet. Bereits vorher war ein Einvernehmensprotokoll für die Durchführung des "Interventionsplans technologische Innovation für die Klein- und Mittelbetriebe in der Lombardei" zwischen Region, Arbeitnehmervereinigungen und anderen regionalen Körperschaften und Forschungszentren unterschrieben worden (ebenda).

Die Regionalgesetzgebung greift zudem der nationalen Rahmengesetzgebung vor allem im Bereich der technologischen und professionellen Qualifizierung mit sehr innovativer Ausrichtung vor. Regionalgesetz Nr.41 vom 10.5.1990 beispielsweise bestimmt in einem sehr modernen Ansatz "Regionale Maßnahmen für die Entwicklung von qualitativen Systemen in den kleineren Unternehmen", die vor allem die Entwicklung technischer und professioneller Ressourcen und die Erarbeitung von Organisationsmodellen als Qualitätsgarantien zum Ziel haben (Annuario 1991, 421).

Das Handwerk

Gerade im Bereich des Handwerks bestätigen sich die strukturellen Unterschiede zwischen Nord- und Süditalien, die bereits im Bereich der kleinen und mittelständischen Betriebe allgemein ausgemacht worden sind. Insgesamt stellen die Handwerksbetriebe in Italien 60% der bestehenden Unternehmen dar (Annuario 1989, 55), von denen fast 1/3 in Nord-Ost-Italien, der Emilia Romagna und Venetien angesiedelt sind. Mehr als die Hälfte befinden sich in Mittelitalien und im Nordosten des Landes. In Süditalien befinden sich gerade 28% der Betriebe.

Der Vergleich zwischen der Lombardei und Kampanien zeigt die unterschiedliche Relevanz dieses Unternehmenstyps, aus der unterschiedliche wirtschaftspolitische Problemstellungen resultieren. In der Lombardei machen sie 11,2%, in Kampanien dagegen nur 5,8% aus (ebenda). In Kampanien erwirtschaften sie 6,9% des BIP, in der Lombardei dagegen 12,6% (Annuario 1990, 62). Letzteres widerlegt die verbreitete These, traditionelle Industriezweige und -strukturen seien im süditalienischen Kontext besonders dominant.

Das nationale Rahmengesetz Nr.443 vom 8.8.1985, das nach beinahe dreißig Jahren Gesetz Nr.860 vom 8.8.1956 abschafft, legt die Inhalte und die Grenzen der Ausdehnung der regionalen Aufgaben "in Harmonie mit den Richtlinien der nationalen Programmplanung" fest[25] und stellt die Grundlage für die volle Aneignung der Kompetenzen durch die Regionen dar. Den Regionen obliegt es, Maßnahmen für den Schutz und die Entwicklung des Handwerks und der Aufwertung der handwerklichen Produktion in ihren unterschiedlichen territorialen, künstlerischen und traditionellen Ausprägungen zu treffen. Insbesondere Finanzierungserleichterungen, technische Betreuung, angewandte Forschung, Berufsbildung, ökonomische Zusammenschlüsse, Realisierung von Handwerksansiedlungen und Erleichterungen des Exports sollen gefördert werden. Außerdem werden die Kriterien für die administrativen Funktionen der lokalen Körperschaften und die Definition von Unternehmertum, Handwerkstätigkeit und Verbandswesen sowie die Einrichtung der Handwerkskommissionen der Regionen und der Provinzen festgelegt (Annuario 1986, 42f.). Die Regionen erhalten damit eine wichtige Rolle in der Durchführung des Rahmengesetzes, das außerdem die Möglichkeit unterschiedlicher Ausführungen von Region zu Region erlaubt (Annuario 1987, 48).

In den Jahren darauf wurden in den italienischen Regionen organische Durchführungsgesetze erarbeitet, aber auch Modifikationen und Integrationen von bereits bestehenden regionalen Regelungen, die durch die Verabschiedung des Rahmengesetzes notwendig geworden sind.

---

[25]   Art.1, 2.Komma.

In Kampanien erfolgte die regionale Umsetzung des Rahmengesetzes Nr.443 von 1985 durch das Regionalgesetz Nr.53 vom 28.2.1987 (Annuario 1991, 77); es legt die Normen für die Ausstattung der Berufsverbände und die Regelung der Kommissionen für das Handwerk auf Regionen- und Provinzebene fest (Annuario 1988, 43).[26]

In der Lombardei wurde die regionale Umsetzung des nationalen Rahmengesetzes erst durch Regionalgesetz Nr.73 vom 16.12.89, "Institutionelle Ordnung des lombardischen Handwerks" verwirklicht (Annuario 1991, 77; Vinciguerra 1995, 332) und durch Gesetz Nr.17 vom 20.3.1990, "Regionale Ordnung der Förder- und Entwicklungsmaßnahmen im Bereich Handwerk in der Lombardei" vervollständigt (Annuario 1991, Bd.2, 733).

Allerdings sind auf eigene regionale Initiative hin lange vor Verabschiedung der nationalen Normen systematische Maßnahmenkataloge erarbeitet worden, mit denen regionale Anpassungen und Neuordnungen der bestehenden Gesetzgebung erfolgten. Bereits 1980 wurde mit Gesetz Nr.48 vom 30.4.1980 eine organische Konzeption der Födermaßnahmen festgelegt, die durch weitere spezifische Gesetze integriert wurde, ehe überhaupt ein nationales Rahmengesetz bestanden hatte.

V.4 AUTONOMIE UND RELEVANZ REGIONALEN POLITISCHEN HANDELNS: DIE UMWELTPOLITIK

1. Umweltpolitisches Handeln des Staates

Die Umweltpolitik stellt in Italien ein vergleichsweise neues Politikfeld dar, das erst in den 80er Jahren ins öffentliche Bewußtsein getreten ist. In den Regionen, die zu diesem Zeitpunkt bereits existierten, brachte die Thematik über die traditionellen politischen Akteure hinaus neue und stärker zivilgesellschaftlich verankerte Handlungsträger (Umweltverbände usw.) auf die politische Bühne; damit wurde die Möglichkeit eröffnet, neue Handlungsstrukturen und Gestaltungsräume zu entwickeln.

Mit den "Maßnahmen gegen die Luftverschmutzung" wird Mitte der 60er Jahre erstmals eine nationale Gesetzgebung verabschiedet, die explizit und direkt den Schutz der Umweltqualität zum Ziel hat (Marcello 1991, 727).[27] Seit Mitte 80er Jahre entwickelte sich langsam eine neue Konzeption der Umweltfrage, nicht zuletzt im Kontext der wachsenden Aufmerksamkeit der EG-Ebene für diesen Be-

---

26 Siehe auch Gesetz Nr.28 vom 4.5.87.
27 Gesetz Nr.615 vom 13.Juli 1966.

reich.[28] Die Fragestellung wird dabei zunehmend über den ursprünglichen Ansatz der Einschränkung und Kontrolle von Umweltverschmutzung auf Vorsorgemaßnahmen ausgeweitet und neue, weiter gefaßte politische und kulturelle Ansätze einer umweltverträglichen Entwicklung werden mit einbezogen (Cocchi 1995, 314).

Diese Entwicklung spiegelt sich in der zweite Hälfte 80er in wichtigen Maßnahmen wider, die auf der zentralstaatlichen Ebene getroffen werden. Mit Gesetz Nr.349 von 1986 wird das nationale Umweltministerium eingerichtet, das "in einem organischen Rahmen die Aufgaben der Förderung, der Konservierung und der Rückgewinnung der Umweltbedingungen (...) sichern (soll), in Konformität mit den Interessen der Kollektivität und der Lebensqualität, sowie die Konservierung und die Aufwertung der nationalen Naturgüter und den Schutz der natürlichen Ressourcen vor Umweltverschmutzung" (Franco 1990, 22f.).[29] Außerdem soll es weitgehende Recherche- und Informationsarbeiten übernehmen und alle zwei Jahre einen Umweltbericht erstellen. Auch hier wird ein Versuch unternommen, die ausgeprägte Sektorialisierung der Umweltpolitik zu überwinden, die ihre Wirksamkeit immer wieder in Frage stellt.[30] Das Prinzip der "Untrennbarkeit" der unterschiedlichen Bereiche des Umweltschutzes wird dabei erstmalig explizit anerkannt und so eine Grundlage für einen in sich geschlossenen Interventionsansatz geschaffen (Zucchetti 1990, 95).

Die neue Gesetzgebung sieht Koordinierungsprinzipien zwischen den verschiedenen Akteuren vor, die in erster Linie den Bereich der Raum- und Landschaftspläne betreffen (Franco 1990, 25). Der tendenzielle Anspruch einer effektiven Abstimmung der Kompetenzen und der Maßnahmen für den Umweltschutz gelang jedoch trotz wichtiger innovativer Prinzipien nicht.

Das nationale Gesetz Nr.305 von 1989 stellt die erste Dreijahresplanung für den Umweltschutz dar. Es definiert Prozeduren eine integrierten Planung und sieht eine konzertierte Aktion der privaten und öffentlichen Körperschaften auf der Basis strategischer Projekte und programmatischer Vereinbarungen vor (Cocchi 1995, 315). Die Fragmentierung der administrativen Zuständigkeiten zwischen nationalem Umweltministerium, Region, Provinzen und Kommunen sowie die mangelnde Integration der Politikbereiche, die die Umweltproblematik im weiteren Sinne betreffen, wird allerdings auch hier nicht überwunden.

---

28   1983 und 1988 werden das erste und das dritte "Aktionsprogramm" der EG für die Umwelt verabschiedet und explizit in die Einheitliche Europäische Akte aufgenommen.
29   Außerdem richtet das Gesetz Nr.349 von 1986 einen wissenschaftlichen Beirat (mit der Aufgabe der Erstellung von Gutachten und Einschätzungen), einen nationalen Rat für die Umwelt (unter Beteiligung von Regionenvertretern sowie der lokalen Autonomien, mit Beratungsfunktionen) sowie ein nationales Kommitee für den Bodenschutz ein (Zucchetti 1990, 99ff.).
30   Zu den Aufgabenbereichen des Umweltministeriums im einzelnen siehe Zucchetti 1990, 95.

Im nationalen Gesetz Nr.142 von 1990 (Art.14) wird den Provinzen mit der Übernahme wichtiger Teilzuständigkeiten in bestimmten Sektoren der Umweltpolitik eine wichtige Rolle im Umweltschutz zugewiesen (Cassese 1991, 62). Dies löst jedoch nicht die Problematik der unklaren Aufgabenteilung zwischen Regionen, Provinzen und Kommunen, denen durch die Verfassung oder durch spezifische Gesetzgebung ebenfalls die unterschiedlichsten Kompetenzen zukommen (Marchi 1995, 319).

Zu Beginn der 90er Jahre ist der Übergang von allgemeinen und integrierten Planungs- und Regulierungsansätzen zu selektiveren und gezielteren Maßnahmen für spezifische Gebiete und Bereiche zu beobachten; die vorherigen Bemühungen um die Überwindung der Fragmentierung werden damit weitgehend zurückgenommen. Die Umweltpolitik bleibt weiter durch eine weitgehende Dominanz der zentralen Ebene bestimmt, wobei dennoch Spielräume für die untergeordneten Körperschaften bestehen; das Verteilungsverhältnis ist dabei in den verschiedenen Politikbereichen durchaus unterschiedlich und reicht von autonomen Kompetenzen bis hin zu einer vollständigen Unterordnung unter die nationale Entscheidungsebene. Sie wird darüber hinaus von den Regionen je nach spezifischer Interessenlage in unterschiedlicher Weise genutzt.

a) Regionale Kompetenzen in der Verfassung und in den Übertragungsgesetzen der siebziger Jahre

Obwohl die Umweltkompetenzen ursprünglich nicht zu den in der Verfassung von 1948 ausgewiesenen regionalen Aufgabenbereichen gehören, weist diese den Regionen Funktionen zu, die mit der Umweltschutzproblematik eng zusammenhängen; vor allem im Gesundheitswesen, in der Land- und Forstwirtschaft, der Urbanistik, oder dem Bereich lokale Transporte und Verkehrswege (vgl. Kap.III). In diesen Bereichen werden den Regionen administrative und legislative Kompetenzen zugewiesen, deren Grenzen durch die staatliche Gesetzgebung festgelegt sind; der Staat verliert so nicht automatisch jegliche Rechte, sondern ihm verbleibt die allgemeine Rahmenvorgabe, an die sich die regionalen Gesetzgeber halten müssen.

Die Garantie der Einheitlichkeit bleibt auch in den Übertragungsgesetzen der 70er Jahre ein zentrales Anliegen der Gesetzgeber. Beim Staat verbleiben deshalb die Formulierung der Ziele und die Koordinierung der administrativen Tätigkeiten der Regionen, "nicht zuletzt hinsichtlich der nationalen ökonomischen Planung und der Aufgaben, die aus den internationalen und gemeinschaftlichen Verpflichtungen erwachsen".[31] Nach Gesetz Nr.382 vom 22.6.1975 blieben die Festlegung der Kriterien der nationalen ökonomischen Planung insgesamt staatliche Domäne,

---

31 Art.3 von Gesetz Nr.382 vom 22.6.1975; wiederaufgelegt in Gesetz Nr.349 von 1986.

mit denen die regionalen Pläne in Einklang gebracht werden müssen. Darüber hinaus obliegen dem Zentralstaat die Maßnahmen von spezifischem nationalen Interesse wie beispielsweise die Wasserwege; die Finanzierung der Regionen mittels Transfer aus dem nationalen Haushalt unterliegen darüber hinaus insbesondere im Investitionsbereich häufig spezifischen Auflagen, die den regionalen Aktionsradius stark einschränken (Zucchetti 1990, 111).

Die langwierigen und schwierigen Prozeduren, die mit der Übertragung vormals zentralstaatlicher umweltpolitischer Aufgaben an die Regionen erforderten, verwirklichen erst mit dem Präsidialdekret Nr.616 von 1977 den Transfer der Umweltpolitik im engeren Sinne, als Schutz von Umwelt und Natur und damit eng verbunden an die Raumplanung, an die Regionen.[32] Zwar hatte das oben erwähnte Gesetz Nr.382 von 1975 bereits eine Zentralität der Regionen im Bereich der Raumplanung festgelegt, die über eine einfache Delegierung staatlicher Aufgaben hinausging. Erst hier erhalten die Regionen die administrativen Funktionen, die Bodenhygiene, Verunreinigung von Luft, Wasser, Wärme und Lärm inklusive derjenigen industriellen Bereiche, die Gesundheits- und Hygienefragen betreffen. Ausgenommen sind nur diejenigen Kompetenzen, die explizit per Gesetz dem Zentralstaat zukommen (Zucchetti 1990, 111ff.).

Insgesamt kristallisiert sich so ein System heraus, das die Zusammenarbeit und Kooperation der verschiedenen Ebenen unumgänglich macht. Die Komplexität der Umweltphänomene erfordert ein solches Vorgehen, führt aber häufig zu Komplikationen, die ein kohärentes und einheitliches Handeln der unterschiedlichen Akteure erschweren. Auch die Effizienz und Handlungsfähigkeit der jeweils beteiligten Behörden belasten die Funktionsfähigkeit des Systems in unterschiedlichem Ausmaß.

b)   **Die Regionalstatute**

Die Statute fast aller Normalstatutregionen sehen allgemeine Normen für die Konservierung der Natur und den Schutz der Umwelt vor, allerdings ohne spezifische Kompetenzzuweisungen zu formulieren.

Die Regionalstatute sowohl Kampaniens als auch der Lombardei sehen bereits 1971 den Schutz der Umwelt als regionale Aufgabe, also zu einem Zeitpunkt, als die Umweltfrage noch weit weniger als heute im öffentlichen Bewußtsein verankert war. Im lombardischen Statut garantiert die Region "im Bereich ihrer verfassungsmäßigen Kompetenzen"... "den Schutz der Umwelt; erarbeitet Pläne für den Schutz des Bodens, für die Vorsorge und die Beseitigung der Ursachen von Umweltverschmutzung, und führt sie durch" (Art.3; Galgano 1972, 30f.). Im

---

[32]   Eine Aufzählung der Kompetenzen der Regionen im Umweltbereich laut Dekret Nr.616 von 1977 findet sich in Zucchetti 1990, 115.

kampanischen Statut ist vorgesehen, daß die Region "notwendige Maßnahmen (ergreift), um die natürliche Umwelt zu konservieren und zu verteidigen, auch durch die Einrichtung von Parks und Schutzgebieten". Darüber hinaus fallen der "Schutz der ökologischen Charakteristiken" und die "Pläne für den Schutz des Bodens und des Untergrundes" sowie die Beseitigung der "Ursachen der Wasser- wie der Luftverschmutzung" in ihren Aufgabenbereich (ebenda, 214).

2. Die Analyse der Regionalgesetzgebung in den beiden Untersuchungsregionen

a) Die Umweltsituation in Kampanien

Stärkstes umweltbelastetes Gebiet der Region ist die Provinz Neapel, die 8,6% des gesamten Gebiets der Region und mehr als 55% der Bevölkerung ausmacht (1991; Commissione parlamentare antimafia 1994, 56). Von der Stadt Neapel als regionalem Kernstück dehnt sich ein "urbanisiertes Kontinuum" aus, das durch eine exessive und chaotische Urbanisierung des Territoriums gekennzeichnet ist; über 50% der Kommunen der Provinz sind dabei ohne urbanistisches Planungsinstrument. Neapel verfügt über nur 0,2 m^2 Grün pro Einwohner, einem Standard, der niedriger ist als in jeder anderen europäischen Stadt. Diese Umweltkrise zeitigt negative Auswirkungen nicht nur auf die Lebensqualität der Bevölkerung, sondern auch für die wirtschaftliche Situation vor allem im Bereich des Tourismus, einem der wichtigsten Wirtschaftssektoren der Region. Die Umweltbelastung stellt damit eine zentrale Infragestellung der natürlichen Standortvorteile Neapels und der kampanischen Küste und damit der potentiellen Entwicklungsfaktoren der Region dar.

Besonders gravierend stellt sich in Kampanien die Problematik der Abfallbeseitigung dar. In der Region existieren eine unverhältnismäßig große Anzahl an illegalen Mülldeponien, die keinerlei Schutz- und Kontrollmechanismen unterliegen und für die "wilde" Entsorgung von Hausmüll an den Straßenrändern, an Flußufern usw. ebenso wie von verseuchtem und hochgiftigem Industrieabfall genutzt werden (Commissione parlamentare antimafia 1994, 57). Gerade dem Industrieabfall stehen ungenügende offizielle Beseitigungs- und Entsorgungsanlagen zur Verfügung. Die fehlende öffentliche Kontrolle macht Kampanien zur "Müllhalde Italiens" (Kommission 1993a, 233). Die extreme Brisanz der Situation hat dazu geführt, daß europäische Regionalförderung für Kampanien insgesamt 13% der für ganz Italien verfügbaren Mittel zur Systemmodernisierung bereitstellt (ebenda; EUREG 1994b, 20f); die Effektivität der Sanierungsmaßnahmen scheitert dennoch häufig an den systemimmanenten Hindernissen und Partikularinteressen.

Ebenso extrem stellt sich das Problem der Wasserverschmutzung dar. Die Region verfügt über nur 76 Kläranlagen, 34 davon befinden sich noch im Bau. Die Millionenstadt Neapel besitzt nur eine einzige Kläranlage (EUREG 1994b, 20f). Die

Seen, Flüsse, Bäche und Kanäle der Region sind durch ungeregelte zivile und industrielle Abflüsse verseucht. Vor allem die unkontrollierte Entsorgung ins Meer stellen ein Problem dar; nur weniger als 10% der Ableitungen verfügen über offizielle Genehmigungen (Commissione parlamentare antimafia 1994, 56f.).

Hohe Luftverschmutzung und akustische Belastungen sind vor allem in der Provinz Neapel zu verzeichnen. Verursacht sind sie in erster Linie durch den Verkehr, die unzulänglichen Verkehrswege, die allgemein kritischen Gebäudeverhältnisse, und die Koexistenz von Industrie- und Wohnvierteln auf engstem Raum (ebenda, 58f.). Ein hohes Risiko besteht insbesondere durch die Industrieanlagen im Osten der Stadt und die äußerst hohe Konzentration von Risikoindustrien in räumlicher Nähe von Wohnvierteln und Dienstleistungszentren.

Das ungeregelte urbane Wachstum, die Abwesenheit von offiziellen Bebauungsplänen und die weite Verbreitung betrügerischer oder erst nachträglich erlassener Baugenehmigungen hat dazu geführt, daß ganze Städte ohne jegliche öffentliche Kontrolle entstanden sind und über keinerlei grundlegende Dienstleistungseinrichtungen wie Schulen, Sportanlagen usw. verfügen. Gerade in diesen Gebieten verfügt die organisierte Kriminalität über große Rekrutierungs- und Profitreservoirs (ebenda, 61f.). Trotz der Bemühungen der öffentlichen Institutionen und der durch Gesetz Nr.219 von 1981 bereitgestellten Gelder hat sich an dieser Situation bis heute kaum etwas verändert (ebenda, 67).

b) Die Umweltsituation in der Lombardei

Die intensive wirtschaftliche Entwicklung der Lombardei hat auch tiefgreifende Umweltprobleme mit sich gebracht. Sie betrifft vor allem die großen Ballungsräume, in denen sich aufgrund der Bevölkerungs- und Siedlungsdichte auch die Probleme der Region insgesamt konzentrieren (EUREG 1994, 20ff.). Zu den wichtigsten Umweltproblemen auf regionaler Ebene zählen die immer intensivere urbane Nutzung der Flächen sowie die Zerstörung und Auszehrung der Böden in den Gebieten landwirtschaftlicher Nutzung wie in den Gebirgen, in denen die Ausbeutung der Böden und der Mangel an Bodeninstandhaltungsarbeiten infolge der Entvölkerung zusätzlich zu Risikofaktoren werden. Dazu kommt auch hier das Problem des urbanen und industriellen Abfalls, das im gleichen Maße Haushalte und Industrie bis hin zu giftigem Sondermüll betrifft und durch unzureichende offizielle Entsorgungsmöglichkeiten verschlimmert wird; die Luftverschmutzung und Lärmbelästigung, die in immer größerem Maß auch kleinere Städte betrifft; das Problem der Trinkwasserversorgung, vor allem durch die Verschlechterung der Gewässerqualität allgemein und insbesondere im Bereich der Abwasserableitung und -wiederaufbereitung und die Folgen des Chemieeinsatzes in der Landwirtschaft (Kommission 1993a, 174).

c) Die Gesetzgebung im Bereich Umweltschutz und Müllentsorgung

Wasser- und Luftverschmutzung

Die Kompetenzen im Bereich von Wasser- und Luftverschmutzung wurden durch Präsidialdekret Nr.616 vom 24.7.1977 an die Regionen übertragen[33], die regionale Kompetenz für die Urbanistik anerkannt und der "Schutz der Umwelt" erstmals als deren expliziter Bestandteil definiert (Franco 1990, 22). Der Schutz und die Reinhaltung der Wasserressourcen wird durch Gesetz Nr.319 von 1976 (Merli-Gesetz) und Gesetz Nr.650 von 1979 den Regionen übertragen; dazu kommen Integrationen, die durch die Anwendungsverordnungen der EG-Richtlinien in den letzten fünfzehn Jahren notwendig wurden. Bis heute liegt in Kampanien allerdings kein integrierter Regionalplan vor; in der Lombardei wird ein solcher Plan gerade erarbeitet (Legambiente 1995).

Im Bereich der Luftverschmutzung regelt Präsidialdekret Nr.203 vom 28.3.1983 die regionalen Kompetenzen und weist den Regionen die Aufgabe zu, die Grenzen der Verunreinigung der Luftqualität zu bestimmen und bis 1993 die Pläne zur Verbesserung der Luft zu erstellen.[34] In Kampanien wurde dieser Plan bisher nicht einmal entworfen; in der Lombardei wurde er bereits verabschiedet (Legambiente 1995).

Regionale Naturschutzparks

Die nationalstaatlichen Kompetenzen für den Schutz von Natur, Naturparks und Naturschutzgebieten wurden 1977 ebenfalls durch das Präsidialdekret Nr.616 an die Regionen übertragen.[35] Die staatliche Rahmengesetzgebung für den Naturschutz, als Schutz der natürlichen Umwelt bzw. Landschaftsschutz, wurde bis 1985 durch Gesetz Nr.1497 vom 29.6.1939 geregelt und dann durch das zentralstaatliche Gesetz Nr.431 vom 8.8.1985 abgelöst.[36]

Gesetz Nr.431 macht die Einrichtung und Pflege von Gebieten, die aufgrund ihrer Fauna, Flora oder anderen wichtigen natürlichen Ressourcen als regionale Naturparks schützenswert sind, sowie den allgemeinen Landschaftsschutz zur Aufgabe der Regionen. Mit diesem Ziel sollte bis 1986 ein Landschaftsplan aufgestellt werden, der die landschaftlich und ökologisch wertvollen Bereiche identifiziert und Maßnahmen zu ihrem Schutz formuliert. In Kampanien war dieser Plan 1995 verabschiedet, in der Lombardei ist die Verabschiedung in Vorbereitung (Legambiente 1995).

---

33 Art.101.
34 Die Norm wurde durch Präsidialdekret Nr.208 von 1988 erneuert und spezifiziert.
35 Art.83.
36 Dies erfolgte als Umsetzung des Dekrets Nr.312 vom 27.6.1985 (das sogenannte Galasso-Dekret) in reguläres Recht.

Dennoch steht die Lombardei von allen italienischen Regionen an erster Stelle der tatsächlich realisierten regionalen Naturparks. Mit 443.703 Quadratmetern waren 1995 18,6% der gesamten regionalen Oberfläche (insgesamt 2.385.700 Quadratmeter) von solchen Regionalparks[37] bedeckt; die Lombardei fällt damit (gemeinsam mit Südtirol) in die erste Kategorie aller italienischen Regionen. In Kampanien dagegen war kein einziger Quadratmeter zu regionalem Park umgewandelt (Legambiente 1995).[38]

Müllentsorgung

Der Bereich der Abfallbeseitigung stellt einen traditionell von den Regionen reglementierten Bereich dar. Präsidialdekret Nr.616 von 1977[39] überträgt die Kompetenz für die "Sammlung, Umwandlung und Entsorgung von festem urbanem Industriemüll" bereits an die Regionen. Aber erst Präsidialdekret Nr.915 vom 10.9.1982, "Prioritäten und Kriterien für die Vergabe staatlicher Finanzierungen und von Bauten und Anlagen für die Müllentsorgung", überträgt den Regionen auch die Kompetenzen für die Planung im Bereich Müllentsorgung, die Bestimmung der für die Abfallbeseitigung vorgesehenen Flächen sowie die damit zusammenhängenden Genehmigungen. Damit wird endgültig die staatliche Gesetzgebung Nr.366 vom 20.3.1941 über die Sammlung und den Transport des festen städtischen Mülls ersetzt.[40] Durch Ministerialdekret Nr.559 vom 28.12.1987 wird die Erstellung von Müllentsorgungsplänen durch die Regionen weiter spezifiziert (Franco 1990, 22).

In Kampanien wird die regionale Kompetenz im Bereich Müllentsorgung erst mit zehnjähriger Verspätung durch Regionalgesetz Nr.10 vom 10.2.1993, "Normen und Prozeduren zur Müllbeseitigung in Kampanien" verwirklicht (Annuario 1994, Commissione parlamentare antimafia 1994, 57). Bis 1993 wurde keine eigene Gesetzgebung verabschiedet, die das Präsidialdekret Nr.915 von 1982 umgesetzt hätte; die Maßnahmen zur Abfallentsorgung wurden bis dahin ausschließlich direkt durch die staatliche Gesetzgebung geregelt. Integrative regionale Maßnahmen wurden zwar teilweise erlassen (Marcello 1991, 757). Sie erreichten aber keine Gesetzeskraft, sondern formulierten in erster Linie erneuerbare Bewilligungen mit mehrjähriger Laufzeit und über bestimmte Kontingente (Commissione parlamentare antimafia 1994, 57). Diese wurden an die Kommunen für "Mikrohalden" für den festen urbanen Müll der einzelnen kommunalen Gebiete vergeben, oder aber an private Träger. In der zweiten Kategorie wurden insge-

---

37 Nach Gesetz Nr.394 von 1991.
38 Ausgenommen sind nationale Naturparks.
39 Art.101.
40 Dem Umweltministerium untersteht die Formulierung der administrativen Ziele für die Koordinierung der Regionalpläne für die Abfallentsorgung durch interregionale Konferenzen (Zucchetti 1990, 98).

samt zweiundzwanzig Genehmigungen vergeben, die in der Mehrzahl (15) vergleichsweise ungeregelte Müllabladeplätze betrafen. Ein Großteil des regionalen Mülls wird aufgrund ihrer Größenordnung von solchen Halden aufgenommen, in denen der Abfall wahllos und ohne jegliche Verwertungsmaßnahmen abgeladen und gelagert wird; allein in der Provinz Neapel, die zu den am dichtesten bevölkerten Gebieten Europas zählt und beträchtliche Naturdenkmäler aufweist, bestehen zehn davon (ebenda, 59).

In der Lombardei wurde die staatliche Gesetzgebung von 1982 bereits 1980 durch Regionalgesetz Nr.94 vom 7.6.1980, "Normen und Maßnahmen für die Müllentsorgung", vorweggenommen. Dadurch erfolgte eine organische Strukturierung des ganzen Maßnahmenkomplexes, d.h. der Entsorgung von Abfall verschiedenster Sorten und Herkunft auf der Basis der "Urbanismusordnung für das regionale Territorium und Maßnahmen für den Natur- und Landschaftsschutz" von 1975 (Regionalgesetz Nr.51 vom 15.4.). Die Müllentsorgung wurde als integrativer Teil der regionalen Raumplanung definiert, um ihre Einbeziehung in den regionalen Kompetenzbereich zu legitimieren; als Teilbereich der Urbanistik fällt sie in die regionale Zuständigkeit (Marcello 1991, 733ff., 765). Durch Regionalgesetz Nr.94 von 1983 wurde die regionale Gesetzgebung nachträglich zumindest teilweise an die zentralstaatliche Gesetzgebung angepaßt.

Bereits vor der staatlichen Gesetzgebung hat die Lombardei also eine fortschrittliche Regelung verabschiedet, in der das System der Müllbeseitigung in zwei funktionale Sektoren unterteilt und in der Sondermüll erstmalig als solcher thematisiert wird.

V.5 DIE BEDEUTUNG DER POLITISCHEN HANDLUNGSEBENE REGION IN DEN UNTERSUCHTEN POLITIKFELDERN

1. Die Nord-Süd-Differenzierung und die Ausdehnung der regionalen Kompetenzen

Bei allen Einschränkungen der regionalen Kompetenzzuweisungen haben die veränderten Rahmenbedingungen zwischen 1948 und der Einrichtung der Regionalisierung 1970 dazu geführt, daß die Regionen insgesamt weit ausgeprägtere industriepolitische Verantwortung beanspruchten, als ihnen durch den Verfassungskatalog offiziell zustehen würde. Die Analyse der regionalen wirtschaftspolitischen Gesetzgebung zeigt, daß die Regionen eine Ausdehnung ihres legislativen Aktionsradius in industriepolitische Bereiche vorgenommen haben, direkt oder im Rahmen bereichsübergreifender Maßnahmen. Auch der Zentralstaat selbst trug zu dieser Entwicklung bei, indem er die Durchführung nationaler Maßnahmen im industriepolitischen Bereich immer mehr an die regionale Ebene delegierte.

Vor allem diejenigen Aufgabenbereiche standen dabei im Vordergrund, die kleine und mittelständische Unternehmen betrafen und in den letzten beiden Jahrzehnten einen starken Bedeutungszuwachs erfuhren, denn diese standen in enger Verbindung mit den direkten und unumstrittenen Kompetenzbereichen der Regionen wie Handwerk, Landwirtschaft oder Tourismus.

Insgesamt wurden in Kampanien zwischen 1985 und 1995 elf Gesetze zum Bereich Handwerk und Kleinindustrie verabschiedet, in der Lombardei dagegen vierundzwanzig.[41] Es ist also ein relevanter Unterschied in der Gesamtanzahl der verabschiedeten Gesetze festzustellen. In Süditalien ist trotz gravierenderer wirtschaftlicher Verhältnisse eine weit geringere Aufmerksamkeit für die eigenständige regionale Förderung der Wirtschaft vorhanden, die eher durch die nationalen Sonderförderungen erfolgten. Hier spiegeln sich ebenfalls die wirtschaftsstrukturellen Unterschiede zwischen Nord- und Süditalien.

Im Bereich der kleinen und mittelständischen Unternehmen erfolgte in Kampanien bis Anfang 1995 keine Umsetzung der nationalen Rahmengesetzgebung; in der Lombardei dagegen griff die Regionalgesetzgebung der nationalen Rahmengesetzgebung mit zum Teil sehr innovativen Ansätzen sogar vor. Im Gegensatz dazu wird im handwerklichen Sektor die regionale Anpassung in der Lombardei erst später als in Kampanien vorgenommen. Dies ist allerdings darauf zurückzuführen,

---

[41] Annuario delle Autonomie locali, verschiedene Jahrgänge. Hierbei sind auch die "Modifikationen und Integrationen" bereits bestehende Gesetze berücksichtigt, da sie Aufschluß geben über die Flexibilität und Anpassungsfähigkeit des regionalen Systems an sich verändernde Rahmenbedingungen.

daß bereits seit 1980 eine organische Förderpolitik in der Region bestanden hatte, d.h. sogar bevor die nationale Regelung überhaupt erfolgt war. Deshalb waren in der Lombardei nur Angleichungen vorzunehmen, während in Kampanien erst eine organische Gesetzgebung erarbeitet und verabschiedet werden mußte.

Im Bereich der Umweltpolitik fällt im Gesamtvergleich der beiden Regionen auf, daß in Kampanien im gesamten Politikbereich Umweltschutz/Müllbeseitigung in den Jahren 1985-1995 elf Gesetze, in der Lombardei dagegen sechsundsechzig Gesetze verabschiedet wurden. Diese Tatsache zeigt die frühzeitige und intensive Tätigkeit der Lombardei in diesem Bereich. Kampanien dagegen zeigt sich extrem untätig, weit weniger aktiv noch als im wirtschaftspolitischen Bereich. Andere Probleme scheinen die Umweltproblematik in den Schatten zu stellen. Die Lombardei ist insgesamt nicht nur in quantitativer Hinsicht die aktivste aller italienischen Regionen (Marcello 1991, 729).

2. Der "Immobilismus" Süditaliens

Eine Zunahme eines regionalen Engagements, das über die direkten Kompetenzbereiche hinausgeht, ist also in erster Linie für die norditalienische Region festzustellen. Die These weitaus geringerer Aktivitäten im Süden bestätigt sich, denn die Zahl der verabschiedeten Gesetze ist in Kampanien in den untersuchten Politikbereichen unterdurchschnittlich, während in der Lombardei vielfältige legislative Aktivitäten zu verzeichnen sind, in deren Rahmen durchaus neue Formen und Modalitäten regionaler Präsenz im wirtschaftlichen Leben entwickelt wurden.

Zwar ist nicht auszuschließen, daß in der süditalienischen Region in anderen Politikbereichen durchaus mehr normative Aktivitäten entwickelt werden, die eher als primäre und traditionelle regionale Kompetenzbereiche gelten, wie beispielsweise die berufliche Aus- und Weiterbildung. Häufig stellt sich jedoch auch hier das Problem, daß Gesetze zwar verabschiedet, aber häufig unzureichend genutzt werden. Zum Problem der Maßnahmenfinanzierung, die meist eine Teilfinanzierung der Region voraussetzt und so häufig aufgrund administrativer Ineffizienzen ein Hindernis darstellt, kommt zusätzlich ein Kommunikationsproblem, das sich als mangelnde Zugangsmöglichkeiten zu den entsprechenden Informationen äußert, sowie Einschränkungen in den wachstumsfördernden Verhaltensdispositionen wie Mobilität, Innovations- und Risikobereitschaft. Vielfach handelt es sich um außerökonomische Probleme, die bereits die herkömmliche zentralstaatliche Förderpolitik im Süden zum Scheitern verurteilt hatten und deren Ursachen eher im soziokulturellen Bereich und in der politischen Kultur auszumachen sind. Organisierte Kriminalität und Klientelismus spielen dabei eine wichtige Rolle und sind mitverantwortlich für die Starrheit und Unbeweglichkeit des Südens. Es kommt so zu eine "Mischung aus operativer Trägheit und der Erwartung großer Finanzzuweisungen, die aus Rom oder Brüssel kommen sollten" (EUREG 1994b, 104); die "Kultur der Abhängigkeit" stellt eins der wichtigsten endogenen Entwicklungshindernisse für Süditalien dar. Die Möglichkeiten einer eigenständigen Gestaltung der regionalen Belange wurde so auch in den potentiell dafür prädestinierten Politikbereichen nur unzureichend genutzt. Die grundsätzliche Problematik ist also weniger die vielbeklagte Entwicklung neuer endogener Potentiale als die Überwindung bestehender endogener Entwicklungshindernisse und "Wohlfahrtsmentalitäten", die eigenes Engagement durch Fördermaßnahmen, Unternehmenszuschüsse usw. ersetzt.

Trotz vieler auch berechtigter Kritik hat die Südförderung zwar erlaubt, den Mezzogiorno aus der Isolation zu holen, ihn mit einer grundlegenden Dienstleistungsstruktur auszustatten und die Realisierung einer breiteren Industrialisierung voranzutreiben, wie Alfa Sud oder die Investitionen des FIAT-Konzerns in der Basilikata zeigen. Dennoch hat sie zum sozioökonomischen Immobilismus des Südens beigetragen, denn sie hat ein Anwachsen des gesellschaftlichen Reichtums bewirkt, ohne daß sich dieses in der wirtschaftlichen Produktivität reflektiert hätte.

VI. POLITISCHE IDENTITÄT UND AUTONOMIE IN DEN UNTERSUCHUNGSREGIONEN

VI.1. REGIONALE IDENTITÄT UND PERZEPTION DER REGION ALS SOZIOPOLITISCHEM HANDLUNGSFELD

Das italienische Regionalmodell wurde als Versuch angesehen, im Kontext einer diversifizierten staatlichen Wirtschafts- und Ressourcenstruktur einen neuen, funktionsfähigen Staat zu schaffen, der die einzelnen Landesteilen gleichberechtigt einbindet. Unterschiedlichen Formen und Größenordnungen der Autonomie und der Beteiligung waren auf die unterschiedliche Realität der Sonderstatutregionen begrenzt; die Normalstatutregionen dagegen erhielten eine gleichartige institutionelle und politisch-administrative Struktur.[1]

Innerhalb dieser gleichartigen Rahmenbedingungen erlangen soziokulturelle Faktoren - wie das regionale Identitätbewußtsein und der symbolische Stellenwert, der dem regionalen Bezugsrahmen als politischem Gestaltungsraum zugemessen wird - großen Einfluß auf die Fähigkeit der Region, ihre Interessen durchzusetzen. Die regionale oder nicht-regionale Ausrichtung von Parteien, Institutionen und Interessengruppen gehörten zu den wichtigsten Bedingungen einer effektiven regionalen Interessenvertretung; aus ihr resultiert die Bereitschaft, sich mit der Region zu identifizieren und sie zum Rahmen des eigenen politischen Handelns zu machen.

1. WAHRNEHMUNG DES SOZIOPOLITISCHEN HANDLUNGSRAHMENS REGION IN NORD- BZW. SÜDITALIEN

a) Die Effizienz der Regionen

Die Wahrnehmung der Leistungsfähigkeit der öffentlichen Institutionen stellt eine wichtige Grundlage für ihre Anerkennung durch die jeweilige Bevölkerung und die regionalen politischen wie zivilgesellschaftlichen Interessengruppen dar. Ihre mangelnde Leistungsfähigkeit führt dagegen dazu, daß diese die Erfüllung ihrer politischen oder praktischen Bedürfnisse auf anderen Ebenen verorten.

Zwischen Nord- und Süditalien sind beträchtliche Unterschiede in der Bewertung der regionalen Institutionen zu verzeichnen. Ende 1988 erklärten sich 57% der norditalienischen Wähler "ziemlich zufrieden" mit der Regionalregierung, gegenüber nur 29% der Süditaliener. In fast allen Regionen Norditaliens (9 von 10) bezeichnet sich die Bevölkerung in dieser Umfrage als "sehr zufrieden" oder "zufrieden", dagegen in

---

[1] Vgl. Kap.II-IV.

keiner (!) der Regionen Süditaliens (Putnam 1993, 62). In den 80er Jahren erklärten 60% der süditalienischen Bevölkerung, die Administration ihrer Region sei "entschieden ineffizient", gegenüber nur 35% der Norditaliener (ebenda, 57). Klientelismus und Parteizugehörigkeit stellen aus Sicht der Befragten die wichtigsten personalpolitischen Kriterien dar, denen ein weit größerer Stellenwert zugemessen wird als der beruflichen Qualifikation und Professionalität. Vor allem im weniger reichen Süden bringt "eine effiziente Administration weniger Wahlvorteile als das antike klientelistische System" (ebenda, 59). Daraus resultiert ein schwerwiegender Mangel an kompetenten regionalen Führungskräften, die potentielle Träger einer innovativen regionalen Politik sein könnten.

b) Regionale Autonomie und Föderalismus

Bei aller Kritik an den "real existierenden" regionalen Institutionen versprechen sich die Italiener jedoch insgesamt im Süden genauso wie im Norden des Landes eine Verbesserung der Situation durch eine Reform der Regionen, die eine Ausweitung ihrer legislative Kompetenzen und Autonomie bewirkt (Putnam 1993, 62). Unabhängig von der territorialen Verortung scheint die italienische Bevölkerung stärkere, nicht schwächere Regionen zu wünschen, trotz weit ausgeprägterer Kritik an der Funktionsfähigkeit der Regionen in Süditalien als im Norden des Landes (ebenda, 62 und 246).[2]

Aus einer Untersuchung des Forschungsinstituts CENSIS (1994 und 1995) geht hervor, daß die Italiener dabei keineswegs Sezessionisten sind. Auf die Frage, welche territoriale Dimension in Zukunft die stärkere werden solle, nennen immerhin 32% die Regionen, 36,1% dagegen - also die Mehrheit - weiterhin den Nationalstaat (CENSIS 1994, 7).[3] Allerdings ist eine große Unzufriedenheit mit den aktuellen Kriterien der Kompetenzverteilung zu verzeichnen, die einer Reform bedürfen. Die europäische Dimension erlangt dabei einen wichtigen Stellenwert, im Kontext eines gemäßigten Föderalismus, der "von unten nach oben" aufgebaut sein soll (ebenda, 1ff.).

Die regionale Dimension erscheint derzeit nicht besonders relevant. Sie leidet vor allem unter ihrer geringen "Sichtbarkeit", und zwar in allen Landesteilen und Bevölkerungsgruppen (ebenda, 10). Auf die Frage, welcher territorialen Dimension man sich zugehörig fühle, wird weiterhin vor allem die Nation genannt. Die Bürgerrechte sind für eine Großteil der Bevölkerung vor allem auf der staatlichen Ebene verankert (44,9%); aber auch Europa (33,5%) und die jeweilige Kommune (13,7%) stellen wichtige Bezugspunkte dar. Die Region schneidet allerdings am schlechtesten ab, mit nur 7,3% (Süden: 7,6%, Nordwesten 6,9%; Kampanien 5%, Lombardei 6,2%; ebenda, 15).

---

2 Die Zahlen beziehen sich auf Interviewergebnisse von 1982.
3 Nur 20,3% dagegen nennen die Kommunen (ebenda).

Das Thema des Föderalismus im engeren Sinne wird dagegen kontroverser diskutiert und spaltet die Bevölkerung in zwei Lager: 39,7% sind entschieden oder ziemlich entschieden für eine föderalistische Umstrukturierung des Landes. Eine gleich große Gruppe von 38,5% dagegen spricht sich für eine Zunahme der nationalen Aufgaben aus (ebenda, 3). Unterschiede sind zwischen Nord- und Süditalien zu verzeichnen: im Norden ist eine absolute Mehrheit (52,6% im Nordwesten bzw. 55,2% im Nordosten) für eine Stärkung der Regionen. Entgegen aller von den Ligen geschürten Erwartungen verbleiben also circa 45-47% für eine Stärkung der nationalen Ebene oder stimmen sogar explizit gegen eine föderalistische Lösung. Im Süden überwiegt allerdings die zentralistische Lösung: 22,7% der Befragten sind für eine Stärkung der nationalen Ebene, während weitere 26% explizit antiföderalistisch und für eine Einschränkung der regionalen Kompetenzen sind. Ein Viertel (25,3%) spricht sich jedoch für die Regionen aus (ebenda, 31), und nur 18,2% möchte die Dinge belassen wie sie sind.[4]

Der Föderalismus als explizites politisches Ziel wird also vor allem im Norden (Nordwesten 44,9%, Nordosten 45,8%) gewünscht, im Süden dagegen wird eher der Zentralstaat favorisiert (in Kampanien 52,4%). Der Föderalismus "gewinnt" wie erwartet im Norden; allerdings sind weniger als 20% der Bevölkerung für seine "entschiedene" Verwirklichung. Im Süden dagegen überwiegen zwar die Zentralisten, aber es gibt dennoch eine nicht zu vernachlässigende "föderalistische Komponente". In Kampanien sind nur 20,8% der Bevölkerung explizit für Föderalismus[5], in der Lombardei dagegen 52,8% der Bevölkerung. Über die Hälfte der Bevölkerung (52,4%) ist in Kampanien für die Stärkung des Zentralstaates, nur 14,5% dagegen für die der Regionen. In der Lombardei ist das Verhältnis beinahe umgekehrt: nur 23,5% sind für Zentralstaat, während 44,2% die Regionen stärken wollen (ebenda, 27).

Das politische Ziel des Föderalismus unterliegt also in den 90er Jahren einer Logik, die den Willen nach mehr Wettbewerb und nach mehr Autonomie der starken Gebiete mit der Föderalismusfrage verbindet; in den wirtschaftlich schwachen Gebieten dagegen stößt er auf weit größeren Widerstand. Ursächlich ist dafür in erster Linie die Tatsache, daß dem Nationalstaat bei der Aufgabenteilung zwischen Zentralstaat und Regionen vor allem die Garantie der sozialen Grundrechte abverlangt wird.[6] Im

---

[4] Die Basis einer angestrebten Föderalisierung soll nach der CENSIS-Umfrage weniger durch Kriterien wie die "ethnische" oder politisch-ideologische Zugehörigkeit (wie z.B. das "weiße" Venetien oder die "rote" Emilia) erfolgen, sondern nach jeweiligen Interessenkonstellationen (CENSIS 1994, 6).
[5] Im Unterschied zur obengenannten Quelle, die nach der gewünschten zukünftigen Machtverteilung fragte, wurde hier expliziter nach dem Verhalten bezüglich des Föderalismus gefragt, wobei die Antwortmöglichkeiten von "sehr dafür", "einigermaßen dafür", "für den Status Quo", "Für die Stärkung der zentralen und nationalen Kräfte" sowie "anti-föderalistisch" lauteten (dazu kam "weiß nicht"); ebenda, 32.
[6] Polizei und Rechtswesen, Pensionen, soziale Sicherheit und allgemeine Funktionen des Wohlfahrtsstaates sollen für 76,4% der Befragten auf der zentralen Ebene verankert bleiben (ebenda, 2, 23).

Süden besteht ein weit größeres Bedürfnis nach einer zentralstaatlichen Garantie der Grundbedürfnisse als im Norden des Landes, da die sozioökonomische Sicherheit weniger ausgeprägt ist.[7] Auch die Ökonomie (Industriepolitik) wird - wenn auch weniger ausgeprägt als die sozialen Garantiefunktionen - von den meisten Befragten vor allem auf der staatlichen Ebene angelagert.[8] Im Süden ist der Widerstand gegen die Regionen als potentielle Träger dieser Funktionen mit 65,7% weit ausgeprägter als im Nordosten (49,8%).

c) Die "Kultur der Abhängigkeit"

Die sozialen Garantiefunktionen ebenso wie die Entwicklungsförderungen stellen in Süditalien auch nach der Einrichtung der Regionen eine wesentliche Abhängigkeit von den Transferleistungen und den strukturpolitischen Interventionen des Zentralstaates dar. Die Orientierung auf die nationale Ebene der politischen Entscheidungsfindung ist weitaus stärker als im Norden; bestehende kulturelle und soziopolitische Besonderheiten wurden dadurch noch weiter verstärkt. Diese Tatsache wirkte sich negativ auf die eigenständige Politik dieser Regionen aus, da die regionale Dimension als weniger relevant wahrgenommen wurde. Gerade die häufig bewiesene Unfähigkeit der Süd-Regionen, ihre von der Verfassung zugewiesenen Kompetenzen auszufüllen, macht es den zentralstaatlichen Instanzen dabei immer wieder leicht, konkurrierende oder substituierende Maßnahmen zu realisieren.[9]

Die Tendenzen zur Selbstbestimmung scheinen in denjenigen Regionen, die über keine relevante regionale Orientierung verfügen, zugunsten der zentralstaatlichen Solidarität reduziert zu werden, vor allem im Kontext ausgeprägter wirtschaftlicher Rückständigkeit. Die einseitige Ausrichtung auf den Ressourcentransfer mit dem Ziel höherer finanzieller Zuwendungen durch den Zentralstaat geht meist mit einer Initiativlosigkeit der eigenen politischen und unternehmerischen Führungsklasse einher, für die eine Infragestellung des Status Quo zur Gefahr für den traditionell privilegierten Zugang zu Ressourcen und Finanzmittel wird (EUREG 1994c, 13ff.). Die Defizite eines regional verankerten Selbstbewußtseins in den strukturschwachen Regionen äußert sich auch in der psychologischen Distanz zu Europa, die im Süden weit stärker ausgeprägt ist als in anderen Regionentypen. Die Orientierung bleibt in erster Linie der Nationalstaat und die staatliche sowie zunehmend auch die europäische

---

[7] Gegenüber 83,4% im Süden wollen nur 70,5% im Nordosten, daß die Pensionen auf der nationalen Ebene bestimmt werden (ebenda, 29).
[8] Gegenüber den 56% der Befragten, die sich für den nationalen Staat aussprechen, sind nur 33,3% für die Regionen als politischen Träger dieser Funktionen.
[9] Dabei sind zwischen den süditalienischen Regionen durchaus Unterschiede zu verzeichnen. Die Bildung einer eigenständigen regionalen Führungsklasse, die in der Lage ist, Selbstregierungsfähigkeit auf regionaler Ebene zu entwickeln, scheint wesentlich effektiver in den kleinen bis mittelgroßen Regionen vonstatten zu gehen, während die großen Regionen weit ausgeprägtere Schwierigkeiten haben (D'Onofrio 1991, 74). Ein weiterer Faktor ist die Ausdünnung der lokalen Verwaltungskräfte durch die massive Abwanderung der Bevölkerung in den 50er und 60er Jahren, die die Basis für einen meridionalen Regionalismus geschwächt hat (ebenda).

Entwicklungsförderung, wobei letztere jedoch durch den Zentralstaat vermittelt und teilfinanziert wird. Daraus resultiert die Skepsis gegenüber einer zukünftigen Regionalisierung der politische Entscheidungsebene, die die umverteilende Rolle des Nationalstaates in Frage stellen könnte. Ursächlich für diese psychologische Distanz sind in erster Linie Mängel der Regionen an politisch-administrativer Effizienz, wie etwa die Differenz zwischen bereitgestellten und nicht abgerufene Finanzmittel in Kampanien belegt; sie hängt zusammen mit der nur eingeschränkten Bedeutung, die der regionalen Ebene von Seiten der Akteure selbst beigemessen wird (EUREG 1994c, 15f.).

2. Regionalbewußtsein in Kampanien

Die Region Kampanien stellt heute immer noch eher eine geographische und institutionelle als eine kulturelle oder ökonomische Einheit dar (EUREG 1994c, 15). Erst mit der Schaffung der Region als Institution konnte sich auch eine Perzeption der regionalen Dimension herausbilden, doch der Zeitraum von gerade fünfundzwanzig Jahren reichte nicht aus, sie zu einem relevanten Rahmen des politischen Handelns zu machen.

Kampanien verfügt mit Neapel allerdings über einen historisch wie aktuell dominanten kulturellen wie wirtschaftlichen Faktor, der aus der einstigen Hauptstadtfunktion für den zentralistisch organisierten unitarischen Mezzogiorno der Vergangenheit resultiert. Erst mit der italienischen Einigung setzte ein politisch gewollter Prozeß der "Entneapolitanisierung" ein, der die bewußte Distanzierung Neapels von seinen süditalienischen Provinzen, deren direkte Anbindung an den Norden, und damit die Überwindung des neapolitanischen Zentralismus zum Ziel hatte (EUREG 1994b, 26). Die Abwesenheit eine regionalen Identitätswahrnehmung geht einher mit der Rom-Orientiertheit der "politischen" Klasse und damit der Abwesenheit einer politischen Deutungskultur, die sich der regionalen Traditionen selbst bedient. Deshalb werden innerhalb der Region weit eher die innerregionalen Unterschiede als die Gemeinsamkeiten wahrgenommen und letztere tendentiell negiert, obwohl sich die kampanische soziokulturelle Identität sichtlich von der ihrer Nachbarregionen unterscheidet (ebenda).

Im Unterschied zur norditalienischen Lombardei, in der die Ligen gezielt traditionelle Faktoren der regionalen Geschichte aufgriffen, gelang es in Kampanien nicht, an durchaus vorhandene historische Identitäten anzuknüpfen und ein Regionalbewußtsein zu schaffen, das den gesamten regionalen Raum zum Bezugspunkt der lokalen Akteure werden ließ. Aus diesem Grund haben regionalistische Bewegungen kaum einen Stellenwert.

Die Frage der Konsensherstellung ist in Kampanien stark von den klientelistischen Methoden der Politik wie von der Existenz der organisierten Kriminalität beeinflußt. Deren kampanische Variante, die Camorra, besetzt heute mit ihren unternehmerischen Aktivitäten nicht nur den illegalen Markt, sondern zunehmend auch das legale Wirtschaftsleben und erscheint eng verstrickt mit den lokalen politischen und ökonomischen Handlungsträgern. Öffentliche Aufträge, Lizenzvergaben, Bebauungspläne und andere Wirtschaftsaktivitäten können so kontrolliert und beeinflußt werden, und die staatlichen und gemeinschaftlichen Transfers stellen eine attraktive Quelle finanzieller wie wirtschaftlicher Macht dar, die über die politische Einflußnahme angezapft werden kann.[10]

In Kampanien ist eine "große Distanz und Verständnislosigkeit" den Rollen und Funktionen gegenüber, die in Brüssel wahrgenommen werden, und ihre Rückwirkungen auf die eigene regionale Realität zu verzeichnen. Europa scheint so eher eine "Idee, ein Mythos, als eine reale Entwicklungsmöglichkeit". Die Beteiligung an europäischen Netzen ist dementsprechend sehr begrenzt, und es fehlt eine administratives und institutionelles Gefüge auf regionaler Ebene, das fähig wäre, mit der Kommission der europäischen Union oder mit den anderen Regionen Europas effektiv zu kommunizieren. Sprachbarrieren und geographische Distanz stellen dabei psychologische und objektive Kommunikationsbarrieren dar (EUREG 1994b, 176f.).

3. Regionalbewußtsein in der Lombardei

In der Lombardei ist eine regionale Identität oder ein lombardisches Regionalbewußtsein im engeren soziologischen und anthropologischen Sinne nicht auszumachen. Zugehörigkeitsgefühle sind eher in einer Vielzahl von strukturierten lokalen Identitäten aufzufinden, die ihre Ursprünge bis ins Mittelalter zurückverfolgen. Dennoch versuchen regional orientierte Bewegungen wie die *Lega Lombarda*, solche identitätsstiftende Faktoren zu mobilisieren und für ihre politischen Strategien zu nutzen (Mannheimer 1991). Als Züge eines lombardisches Selbstverständnisses können eher "Mentalitätsfaktoren" herangezogen werden, wie sie anscheinend in der sprichwörtlichen lombardischen Arbeitsethik, d.h. einer bestimmten Einstellung der Lombarden gegenüber ihrer Arbeit oder ihrem Besitztum existieren (EUREG1994a, 80ff.). Daraus resultiert ein wirtschaftliches Milieu, das sich äußerst positiv für die Entwicklung des Klein- und Kleinstunternehmertums darstellt und sich in einem eher partizipativen als konfliktorientierten Wirtschaftsklima in den kleinen wie in den großen Unternehmen äußert.

Das Spannungsverhältnis zwischen der legitimen Vertretung regionaler Interessen und der Negierung der nationalen Verantwortung für die benachteiligten Gebiete im Süden des Landes wird in der Lombardei besonders deutlich (Diamanti 1993). Die

---

10 Zur Rolle der Camorra in den EU-Fördermaßnahmen siehe Commissione parlamentare antimafia 1994, 180ff. Die Camorra fungiert als Verbindungsglied zwischen unternehmerischer Organisation, Politikern und öffentlicher Verwaltung; sie garantiert politische Protektion, Beziehungen mit den öffentlichen Behörden und Zugang zu Finanzierungsmöglichkeiten. Besonders betroffen ist im Rahmen der Landwirtschaftsförderung der wichtige Wirtschaftszweig der Tomatenindustrie (ebenda, 180).

Bewegung der Ligen, die für diese Politik steht (vgl. Kap.IV), überwindet allerdings heute die Grenzen der Lombardei und die Ausrichtung auf die "lombardische nationale Identität" der 80er Jahre zunehmend zugunsten einer Interessenverankerung des gesamten italienischen Nordens. Die Ausrichtung unterliegt dabei taktischen Erwägungen, je nachdem, ob - wie in der Phase der Regierungsbeteiligung in der Koalition mit *Forza Italia* und *Alleanza Nazionale* - verstärkt die nationale Ebene, oder aber - wie in den 80er Jahren und wieder nach den Wahlen 1996 - eher die separatistische Richtung im Vordergrund steht.

VI.2. PARTEIENZENTRALISMUS UND REGIONALE POLITIK

1. Autonomie der regionalen Parteien

Eine der zentralen Ursachen für die nur zögernde Anerkennung der Region, nach ihrer Einrichtung, als relevante Ebene des politischen Handelns durch die regionalen Akteure selbst ist die zentralistische Ausrichtung des italienischen Parteiensystems. In den 70er Jahren waren die politischen Parteien weit stärker zentralisiert als es 1948, dem Jahr der Verfassung, vorauszusehen gewesen war. Die neu eingerichteten Regionen sahen sich mit rigide zentralistisch organisierter Parteien mit nationalen Schwerpunkten einerseits, und traditionell starken Provinzstrukturen andererseits gegenüber.[11]

Die Parteien strukturierten sich zwar nach Einrichtung der Regionen um und richteten regionale Zwischenebenen ein. Eine politische Strategieverlagerung ging damit jedoch nicht einher.[12] Die Regionen saßen "in der Falle ... zwischen den bereits existenten nationalen und lokalen Kräften" (Putnam 1993, 46), die die Autonomie des regionalen politischen Systems einschränkte. Die gesamte Organisations- und Finanzstruktur privilegierte die nationale Ebene; öffentliche Finanzierungen wurden zwischen den politischen Kräften, nicht aber zwischen den unterschiedlichen Ebenen ein- und derselben politischen Kraft vorgenommen, was eine finanzielle Beeinflussung der peripheren Strukturen durch die Zentrale begünstigte (CINSEDO 1989).

Bis auf wenige und territorial begrenzte Ausnahmen - wie etwa die Südtiroler Volkspartei - sind nach der Einrichtung der Regionen kaum separatistische politische Kräfte entstanden, die sich auf ihr spezifisches Territorium als wesentlichen Identifikationsfaktor beziehen. Erst mit den Ligen sind in den letzten Jahren Regionalparteien entstanden, die gerade die regionale Verankerung als wichtige Ressource im Parteienwettkampf herausstellen (Onida 1990, 250).

---

[11] Dasselbe gilt für die Gewerkschaften, wobei letztere mit dem zusätzlichen Problem der komplexen Organisation in horizontale bündische und vertikale Branchenstrukturen auf regionaler wie auf Provinzebene belastet waren (Rotelli 1976, 434).
[12] Zur Charakteristik der regionalen Politiker siehe Putnam 1993, 33ff., und Istituto di Studi sulle regioni/CNR 1988.

2. Wahlverhalten und territoriale Differenzierungen von politischem Handeln

Allerdings ist in Italien eine vergleichsweise starke territoriale Differenzierung der politischen Orientierungen der Wähler zu verzeichnen, auch wenn diese vor allem in der Ausdifferenzierung des Wahlverhaltens bezüglich national relevanter Parteien zum Ausdruck kommt.

Bei den Regionalwahlen 1995 beispielsweise gewinnt die rechte Parteienkoalition die Regionalregierung sowohl in der Lombardei als auch in Kampanien. Im Süden ist ein Rechtsruck zu verzeichnen; der befürchtete Sieg der ex-faschistischen *Alleanza Nazionale* ist jedoch nur eingeschränkt eingetreten. Die CCD, der Splittergruppe der DC, die der Rechtskoalition angehört, hat unter der Leitung von Clemente Mastella die Erbschaft der "alten klientelistischen und korrupten DC" (Il Manifesto 1995, 4) angetreten.

Bei den Parlamentswahlen von 1996 bestätigt sich das unterschiedliche politische geographische Wahlverhalten.[13] *Forza Italia* erringt 20,1% im Norden gegenüber 22,3% im Süden des Landes. Bei der *Alleanza Nazionale* sind die geographischen Unterschiede weit deutlicher: den 11% im Norden stehen 19,2% im Süden gegenüber. Die DC-Nachfolgeparteien CCD-CDU erreichen im Norden 4,8%, im Süden 8,1% der Stimmen. Insgesamt stehen den 37,7%, die der Polo delle Libertà im Norden erringt, im Süden 51,3% gegenüber; dieses Ergebnis zeigt die Rechtslastigkeit eines Großteils der süditalienischen Wählerschaft auf der Suche nach einer Nachfolgeorganisation der Klientelismuspartei DC und der Sozialisten.

Die Präsenz der Mitte-Links-Koalition dagegen leidet im Norden unter der Präsenz der Ligen, die ihnen Stimmen entziehen. Im Norden erlangte die PDS 18,6%, Rifondazione 7,5% der Stimmen; im Süden standen dem die 20,9% der PDS und die 9% der Rifondazione gegenüber. Insgesamt erreichte die Olivenbaum-Koalition im Norden 37,5%, im Süden dagegen 41,3% der Stimmen. In Süden stehen sich bei aller Dominanz der "Olive" zwei Bevölkerungsgruppen mit politisch unterschiedlicher Ausrichtung gegenüber; der überraschende Sieg der "Linken" ist damit im Süden weit weniger eindeutig als im Norden.

Während die Ligen im Norden 20,5% der Stimmen erringen, stellen sie sich im Süden gar nicht erst zur Wahl; im Zentrum erringen sie gerade mal 0,9% der Stimmen

---

13   Die Zahlen betreffen die proportionale Quote der abgegebenen Stimmen zum Abgeordnetenhaus. Das Zentrum und die Inseln werden bei dieser Gegenüberstellung unberücksichtigt gelassen.

REGIONAL- UND PARLAMENTSWAHLEN IN ITALIEN

		Regionale Wahlen	Politische Wahlen	Politische Wahlen
		1995 (%)	1994 (%)	1996 (%)
Forza Italia	Lombardei	29,6	26,0	23,4
	Kampanien	21,0	15,4	23,3
	Italien	22,3	21,0	20,6
Alleanza Naz.	Lombardei	10,3	5,7	9,3
	Kampanien	18,6	20,3	18,7
	Italien	14,0	13,5	15,7
CCD/CDU	Lombardei	2,2	-	4,7
	Kampanien	12,1	-	8,2
	Italien	3,9	-	5,8
Lega Nord	Lombardei	18,1	22,1	24,3
	Kampanien	-	-	-
	Italien	6,5	8,4	10,1
PDS	Lombardei	16,5	13,0	15,9
	Kampanien	21,5	19,7	19,8
	Italien	25,4	20,3	21,1
Rif.Comunista	Lombardei	8,0	5,1	7,7
	Kampanien	9,5	6,9	9,0
	Italien	8,4	6,0	8,6
Verdi	Lombardei	3,1	2,2	2,4
	Kampanien	2,7	3,9	3,0
	Italien	2,9	2,7	2,5
PPI	Lombardei	6,5	11,2	-
	Kampanien	8,4	9,6	-
	Italien	5,7	11,2	-
Patto Dem.**	Lombardei	3,1	5,2	-
	Kampanien	5,8	7,1	-
	Italien	6,7	7,8	-
Per Prodi****	Lombardei	-	-	6,4
	Kampanien	-	-	8,2
	Italien	-	-	6,8
Lista Dini	Lombardei	-	-	4,3
	Kampanien	-	-	4,2
	Italien	-	-	4,3

*   Die Prozentzahl bezieht sich auf die PPI vor der Trennung zwischen der Buttiglioni- (die spätere CDU) und der Bianco-Fraktion (PPI).
**   Patto, Alleanza democratica, Sinistra Indipendente
*** Die Zahlen beziehen sich auf die proportionale Quote der Abgeordnetenkammer.
**** (PPI, Svp, Pri, Ud, Prodi)

Quelle: Corriere della Sera und Il Manifesto vom 25.4.1995, Corriere della Sera vom 23.4.1996; z.T. eigene Berechnungen.

(La Repubblica, 23.4.1996, 18). Diese Tatsache zeigt ihre geographisch-regionalistische Gebundenheit. Die 20,5% der Ligen, die sich keinem der beiden Wahlkoalitionen angeschlossen haben, bindet einen großen Teil der Protestwählerschaft und entzieht sie der Mitte-Links-Koalition.

Kampanien

In Kampanien ist die regionale Regierungsfähigkeit durch eine Schwäche der öffentlichen Institutionen und eine ausgeprägte politische Instabilität gekennzeichnet, die die Konsens- und Entscheidungsfindungsfähigkeit häufig bis hin zur völligen Blockade und Paralyse der öffentlichen Politik und Verwaltung gemindert hat.[14] In zweiundzwanzig Jahren Regionalgeschichte hatte die Region neunzehn Regionalregierungen, mit einer mittleren Lebensdauer von nur 11-12 Monaten (Commissione parlamentare antimafia 1994, 90).[15]

Politische und administrative Krise hängt dabei eng zusammen. Die politische Instabilität wird für die administrativen Entscheidungsträgern nicht selten zum Alibi ihrer Untätigkeit; die Verantwortlichen für die mangelnde Ausfüllung der politisch-administrativen Tätigkeiten wurden so jeglicher Verantwortlichkeit enthoben und die Ursachen auf die Vergangenheit oder auf sozusagen "transzendentale" oder "genetische" Faktoren abgeschoben (ebenda, 91). Die Auswirkungen eines solchen Teufelskreises der Mißwirtschaft, in dem Verantwortung vom einen zum anderen verschoben wird, waren eine völlige finanzielle und planerische Lähmung der Regional-, Provinz- und Kommunalregierungen.[16]

Obwohl die Parteien über regionale Gliederungen verfügen, erscheinen die politischen Strukturen in der Region bis heute schwach und wenig repräsentativ. Wichtige politische Entscheidungen wurden in der Vergangenheit von neapolitanischen "Statthaltern" getroffen, die in der Hauptstadt Zugang zur Steuerung öffentlicher Mittel haben. Die politischen Gestaltungsspielräume der lokalen und regionalen Kräfte verloren dadurch an Stellenwert. Ihre politische Einflußnahme und die Entwicklung von eigenen Planungskapazitäten und Kompetenzen wurden so auf die Durchführung von anderswo getroffenen Entscheidungen reduziert (EUREG 1994b, 136f.). Die starke Durchdringung von Politik, Wirtschaft und organisierter Kriminalität

---

[14]   Zur Krise der öffentlichen Institutionen siehe ausführlicher Commissione parlamentare antimafia 1994, 89ff.
[15]   Siehe ebenda, 87f. die Chronik der Stadtregierung von Neapel und anderen Kommunen Kampaniens. Nach den Regionalwahlen 1990 folgten beispielsweise auf die Einsetzung der Regionalregierung am 20. September 1990 bereits am 19.3.1992 eine erste, und am 7.4.1993 eine weitere Regierungskrise.
[16]   Beispielhaft für die Einschätzung der Arbeitsfähigkeit der neapolitanischen Stadtverwaltung bezüglich der Aufdeckung von Verwicklungen zwischen Camorra und öffentlichen Beamten ist die Feststellung der Parlamentskommission (!) der "Problematik einer solchen Kontrolle von Seiten einer Behörde, der selbst die Zahl seiner eigenen abhängig Beschäftigten unbekannt ist" (Commissione parlamentare antimafia 1994, 101).

und die Beeinflussung der politisch-administrativen Entscheidungen durch die Camorra reduzierten die Effizienz der Maßnahmen und die Finanzflüsse noch weiter.[17]

Die politischen Kräfteverhältnisse in Kampanien waren lange Zeit durch die Dominanz der christdemokratischen Partei geprägt, die vor allem in den 80er Jahren zunehmend durch die sozialistische Partei ergänzt wurde. Noch bei den Wahlen zum regionalen Parlament von 1990 wurden in Kampanien 40,8% der Stimmen für die christdemokratische Partei und 19% für die sozialistische Partei abgegeben. Auf der anderen Seite des politischen Spektrums war die kommunistische Partei mit 16,7% zwar ein wichtiger Faktor in der politischen Landschaft. Gegenüber den nationalen Stimmverteilungen hat sie jedoch einen geringeren Stellenwert, während die Sozialisten (als "Aufsteigerpartei" des Klientelismus) ihre Stellung sehr stark ausbauen konnten.[18] Die neofaschistische Partei MSI (*Movimento Sociale Italiano/Destra Nazionale*) erreichte mit 7,4% einen dem süditalienischen Durchschnitt entsprechende, aber den nationalen Durchschnitt (5,9%) übersteigende Quote des Wählerkonsenses (ISTAT 1991, S.78).

Der politische Umbruch in Italien brachte allerdings den Niedergang der gerade in Süditalien dominanten christdemokratischen und sozialistischen Parteien mit sich, der auch die politischen Machtverhältnisse und Entscheidungsmechanismen in Kampanien umwälzte. Die bei den Kommunalwahlen 1993 attestierte zunehmende Stärke der faschistischen Partei, gleichzeitig aber die Wahl eines linksdemokratischen Bürgermeisters in der Stadt Neapel lassen allerdings auf eine Polarisierung des Parteienspektrums schließen, auch wenn die kommunalen Ergebnisse kaum Rückschlüsse auf die gesamtregionale Situation zulassen.

Die kampanischen Wahlergebnisse der nationalen Parlamentswahlen vom März 1994 bestätigen diesen Trend. Sowohl die progressistische Parteienkoalition als auch die rechte Allianz[19] erreichten je dreiunddreißig der insgesamt für die Region zur Verfügung stehenden Sitze in der ersten Kammer des italienischen Parlaments; der gemäßigten Mitte, in der die christdemokratische Nachfolgepartei *Partito Popola-*

---

17 Selbst der Entwicklungsplan der Region, der - wenn auch unter Schwierigkeiten und Verzögerungen - ein wichtiges Indiz für ein zunehmendes Interesse der regionalen Akteure ist, ihr Schicksal selbst in die Hand zu nehmen, verfügt weder über die finanziellen noch über die technischen Ressourcen, die zu seiner Umsetzung notwendig sind.
Auch die *civil society* und insbesondere die lokale Unternehmerkultur ließen teilweise die Dynamik vermissen, die eine kreative Planung unter Beteiligung der Betroffenen möglich machen. Z.B. nutzten die Unternehmen in Kampanien kaum Förderangebote, die für größere Unternehmensstrukturen und technische Möglichkeiten konzipiert waren und eine Kooperationsbereitschaft voraussetzten, die der örtlichen Unternehmenskultur fremd ist (EUREG 1994c, 11.).
18 Bei den nationalen Wahlen zur Kammer von 1987 erreichte die sozialistische Partei in Kampanien nur 14,5,die Kommunisten dagegen 23,5% der Stimmen; bei denselben Wahlen war der nationale Durchschnitt 14,3% bzw. 28,3% (ISTAT 1991).
19 *Forza Italia, Alleanza Nazionale* und *Lega Nord*.

re kandidierte, erreichte dagegen nur noch elf Sitze.[20] Mit 20,3% der Stimmen scheint die Nachfolgepartei der MSI, die *Alleanza Nazionale*, allerdings die Nachfolge der ehemaligen Klientelismusparteien anzutreten; sie verfügt gemeinsam mit *Forza Italia* über mehr als 35% der Stimmen.

Die Regionalwahlen 1995 brachten insgesamt einen unerwarteten Sieg der Linken, mit 39,2% der Stimmen für die Mitte-Links-Koalition und 8,6% für die kommunistische *Rifondazione Comunista*, insgesamt also fast 48% der Stimmen. Das rechte Parteienbündnis erreichte allerdings immer noch 44% der Stimmen; die *Lega Nord*, die sich keiner Koalition angeschlossen hatte, 6,9% (Il Manifesto 1995, 1). In Kampanien reflektierten sich diese Ergebnisse mit 21% der Stimmen und damit eine überdurchschnittliche Zunahme der Berlusconi-Partei *Forza Italia* seit den politischen Wahlen 1994.[21] Die Nachfolgerin der faschistischen Partei, die Alleanza Nazionale, hatte eine geringe Abnahme zu verzeichnen, erreichte aber immer noch über 18% der Stimmen. Zusammen mit der CCD, d.h. demjenigen Abspalter der DC, der sich dem Rechtsbündnis zugeordnet hatte und die 12% der Stimmen erreicht, werden sie zum Erben der klientelistischen Christdemokraten.

Die Rechtskoalition erreichte in der Region insgesamt die absolute Mehrheit, obwohl die Linke zunimmt und insgesamt circa 45% der Stimmen erreicht. Die ehemalige kommunistische Partei PDS (+1,8%) wird zwar zur stärksten Partei, *Rifondazione Comunista* nimmt stark zu (von 6,9 auf 9,5%). In Neapel erlangt die PDS sogar 30,1% und *Rifondazione Comunista* beinahe 11% der Stimmen (Il Manifesto 1995, 5). Die PDS überholt damit erstmalig die *Alleanza Nazionale*; allerdings gewinnt der ehemalige Untersekretär von AN Antonio Rastrelli den Sitz des Regionalpräsidenten, der nach dem Mehrheitswahlrecht gewählt wird, und zeigt die bleibende Kraft der Rechten.[22] Die nationalen Wahlen von 1996 bestätigen den Trend, auch wenn sie kaum die Aussagekraft der Wahlen für das regionale Parlament erreichen. Der Durchbruch der Mitte-Links-Koalition ist in Süditalien und in Kampanien weit weniger überwältigend als im Norden des Landes.

Lombardei

Die politische Landschaft unterschied sich in der Lombardei lange kaum von den nationalen Kräfteverhältnissen, und die nationale Fünfparteienkoalition[23] charakterisierte bis zu den Korruptionsskandalen auch die regionalen Bündnisse. Die lombar-

---

20 Für die zweite Kammer, den Senat, war die entsprechende Sitzverteilung dreizehn für die Progressisten und sieben für die rechte Koalition (Il Manifesto, 30.3.1994, 13).
21 Gegenüber den Europawahlen 1994 hatte diese allerdings eine Abnahme von 10% zu beklagen.
22 Es handelt sich dabei um den einzigen Fall eines (post)faschistischen Regionalpräsidenten in ganz Italien.
23 Die nationale Koalition setzte sich zusammen aus christdemokratischer Partei, sozialistischer Partei, Republikanern, Liberalen und Sozialdemokraten.

dische Regierung wurde bis 1992 von einer Mitte-Links-Koalition geführt. Die Präsenz der *Lega Lombarda* mit 18,9% und einem nationalen Durchschnitt von 5,4% wurde erstmals bei den Kommunalwahlen vom Mai 1990 relevant. Die *Lega* erreichte damit auf regionaler denselben Stimmenanteil wie die kommunistische Partei (18,8%) und überrundete bei weitem die sozialistische Partei (14,3%). Allein die christdemokratische Partei konnte mit ihren 28,6% zu diesem Zeitpunkt noch als wichtigste regionale Partei gelten, die dem Umschwung der Wählergunst scheinbar standhalten konnte.

Bei den politischen Wahlen im März 1994 war ein deutlicher Rechtsruck festzustellen. Die rechte Regierungskoalition Koalition aus *Forza Italia*, *Lega Nord* und *Alleanza Nazionale* hatte ihre Hochburg in der Lombardei: 103 der insgesamt 640 Sitze in der nationalen Kammer wurden in den Wahlen zum nationalen Parlament im März 1994 in dieser Region errungen. Diese Zahl entspricht mehr als drei Vierteln der insgesamt für die Region zur Verfügung stehenden Sitze in der Kammer in Rom.

Bei den Regionalwahlen 1995 nahm *Forza Italia* beträchtlich an Stimmen zu und erhöhte ihren Anteil noch von 26% auf fast 30%. Damit wurde sie erste Partei in der Lombardei, während die Ligen mit einem Rückgang der Wählerstimmen von 22 auf 18% einen relativen Bedeutungsverlust erlitten. Die Nachfolgepartei der Christdemokraten, die PPI, nahm ab (von 11,2 auf 6,5%), während die linken Parteien PDS (+ 3,5% auf 16,5%) und *Rifondazione* (+3,1 auf 8%) hinzugewannen; der PDS gelingt allerdings nicht, die Ligen zu überholen. Dennoch ist die Lombardei die Region, in der die Mitte-Links-Koalition mit nurmehr 28% der Stimmen insgesamt das schlechteste Ergebnis in Italien erzielt (Il Manifesto 1995, 6). Bei den Wahlen zum nationalen Parlament 1996 erleiden aber vor allem *Forza Italia* einen Bedeutungsverlust (- 6,2%), während die Ligen dazugewinnen (+ 6,2). Auch die Mitte-Links-Koalition hat keinen besonderen Bedeutungszuwachs zu verzeichnen.

VI.3. CHARAKTERISTIKEN DER ZIVILGESELLSCHAFT UND NORD-SÜD-DIFFERENZIERUNG DER ELITENSTRUKTUR

1. Elitenstruktur, Zivilgesellschaft, politische Kultur

a) Der Gemeinsinn

Wesentliches Charakteristikum, das in den Untersuchungen über die süditalienische Gesellschaft und die Ursachen der sozioökonomischen Entwicklungshindernisse im Mezzogiorno immer wieder herausgestellt wird, ist das Fehlen von zivilgesellschaftlichen Strukturen und gesellschaftlichen Konfliktlösungsverfahren sowie das Vorherrschen partikularistischer Verhaltensmechanismen. Das Konzept des Gemeinsinns wird herangezogen, um die Funktionsunfähigkeit der Südregionen und den mangelnden Dynamismus des Unternehmertums auf wirtschaftlicher Ebene zu erklären und die ökonomischen Erklärungsmuster der Effizienz von Institutionen zu ergänzen (Putnam 1993, 103ff.); dabei werden außerökonomische Faktoren wie Verhandlungs- und Kompromißbereitschaft, Konsensfindungtendenzen und ähnliches in den Vordergrund gestellt (ebenda, 122).

Das Entstehen bzw. die Abwesenheit von Verhaltensorientierungen wie die des Gemeinsinns hat antike Wurzeln. Bereits im 14. Jahrhundert bestanden zwei Regierungssysteme in Italien: die normannische feudale Autokratie im Süden, und die produktiven Republiken im Norden. Letztere waren durch die Entwicklung von Solidaritätsstrukturen gekennzeichnet, die nicht auf Verwandschaftsbeziehungen gegründet waren; im Norden entwickelten sich so eher horizontale Formen der Zusammenarbeit. Während sich im Süden des Landes zunehmend Kriterien wie Machtzuwachs und Familiensinn als Orientierungen des kollektiven Handelns herausbildeten und als Konfliktlösungsstrukturen dominierten (ebenda, 145), entwickelten sich im Norden eher Verhaltensmaximen wie gegenseitiges Vertrauen und Sicherheit von Gesetzen und Verträgen, die die Voraussetzung für die Entstehung des Kreditwesens als wichtige Verbindungsinstanz zwischen dem Privatkapital und der ökonomischen Entwicklung darstellten und damit eine wichtige Grundlage für die ökonomische Entwicklung insgesamt boten (ebenda, 149f.). Der Süden dagegen litt sowohl am Fehlen eines "überparteilichen Staates" wie auch eines "sozialen Kapitals" (ebenda, 196) von Gegenseitigkeit und gegenseitigem Vertrauen, von Netzwerken sozialen Engagements und horizontalen Organisationen (von den Sportvereinen bis zu den Kooparativen; ebenda, 201). Dagegen dominierten hierarchische Organisationen wie die Mafia und die Kirche (ebenda, 207). Seine extreme Variante erreicht diese Verhaltensnorm im sogenannten "amoralischen Familismus", den Banfield (1958) als wichtigste und dominante rationale Überlebensstrategie der süditalienischen Agrargesellschaft ansah. Mit diesen unterschiedlichen kollektiven Werte- und Verhaltensorientierungen zwischen den beiden Landesteilen gingen Unterschiede in der politischen Kultur einher, die bis heute weiterbestehen. Im Norden bedeutet Politik kollektives Entscheiden über öffentliche Fragen; im Süden dagegen ist Politik hierarchisch organisiert und hat tendentiell eher den Zugang zu persönlichen Vorteilen zum Ziel (ebenda, 112).

b)   Die Elitenstruktur

Die Gemeinsinn-These hängt eng zusammen mit einer unterschiedlichen Elitenstruktur in Nord- und Süditalien, die ebenfalls weit zurückreichende historische Ursachen hat. War das Bürgertum in ganz Italien immer schon schwach entwickelt und weniger repräsentativ als in anderen Ländern, so war die Schwäche der lokalen Bourgeoisie und die Heterogenität und Gespaltenheit des sozialen Gefüges im Mezzogiorno noch weit ausgeprägter (Tullio-Altan 1986, 86). Die intellektuelle Elite, die die italienische Einigung im 19. Jahrhundert vorangetrieben hatte, setzte sich vor allem aus norditalienischen Persönlichkeiten mit ausgeprägt politischen Interessen zusammen; die Intellektuellen im Süden[24] hingegen stellten stärker philosophische und weniger pragmatische Interessen in den Vordergrund ihrer wissenschaftlichen Tätigkeit. Daraus resultierte eine stärkere Spaltung zwischen intellektuellen Eliten und Zivilgesellschaft im Süden des Landes als im Norden (ebenda, 87; Caracciolo 1973, 593-594). Diese Tatsache war im Mezzogiorno mitverantwortlich für das häufig beklagte Fehlen jenes "Bewußtseins der Mitverantwortung" des Bürgers an den öffentlichen Fragen, jenen "Defektes der öffentlichen Moral", der in der Dominanz partikularistischer, individualistischer gegenüber allgemeinen, die gesamte Gesellschaft betreffenden Interessen zum Ausdruck kam (Tullio-Altan 1986, 88).

c)   **Das spezifisches Verhältnis zum Staat**

Das geringe Vertrauen in die politische Elite und die "traditionelle Distanz zwischen der politischen Elite und der bürgerlichen Gesellschaft" reicht weit in die Geschichte Italiens zurück (Trautmann 1991a, 288). Die Identifikation der Italiener mit dem eigenen Land orientiert sich weniger an den zentralen politischen Institutionen (Regierung, Parlament, Justiz, Parteien, Massenmedien), denen im Gegenteil meist eine skeptische Haltung entgegengebracht wird. Dagegen existiert eine starke Bindung an die Heimat über die "gesellschaftlichen Nahbereiche" (Familie, Kommune, geschichtsbewußte Regionen, Alltagskulturen, Sport), d.h. im sozusagen "vornationalen Raum". Der "ungeliebte Staat" wird so fast zum „Besatzungsregime" (ebenda, 295). Über die Abwesenheit des Gemeinwohls als sozialer Bindungsmasse hinaus ist so auch "das Konzept des Staates als eine gesellschaftliche Agentur kollektiver Interessen für die meisten Italiener ein Gedanke aus fremden Welten"; aus dieser Tatsache resultiert die große "Legitimitätslücke zwischen Bürger und Staat" (ebenda, 296f.).[25]

Besonders in Süditalien besteht die kritische Distanz zum Staat in besonders ausgeprägter Form bis heute weiter. Über Jahrhunderte hatte sich der Staat "als fremde, nicht gewachsene Macht (erwiesen); seine Repräsentanten wurden zu Recht in der Regel als Störenfriede und Ausbeuter empfunden" (Raith 1992, 225). Der Süden mußte sich im Laufe der Geschichte völlig unterschiedlichen politischen und ideologischen Systemen beugen, die vor allem gemeinsam hatten, "nichts mit einer eigenständigen Entwicklung der Region zu tun zu haben" (ebenda, 226). " 'Lo Stato' klingt für italienische Ohren deshalb bis heute fern, fremd und fast feindlich" (Trautmann 1991a, 280).

---

[24]   Hier sei beispielhaft auf die philosophische Elite Neapels verwiesen. Diese unterschiedliche Charakteristik der historischen Rechten, die im Norden des Landes das politische Geschick bestimmte, und ihre ausgeprägte Ausrichtung auf philosophische und abstrakte Probleme in Süditalien sollte die meridionale Kultur weiterhin bestimmen, v.a. unter Einfluß des deutschen Hegelismus (Tullio-Altan 1986, 87).
[25]   Zu den Ursachen siehe ausführlicher Trautmann 1991, 298ff.

In Süditalien treffen deshalb zwei Phänomene zusammen: auf der einen Seite eine ausgeprägte Distanz zum Staat; auf der anderen Seite eine weit verbreitete "Wohlfahrtsmentalität", die den Zentralstaat zum Garanten von sozialer Fürsorge und Entwicklung macht. Vermittelt werden beide Charakteristiken über klientelistische Seilschaften, die die ferne Hauptstadt mit den individuellen, partikularistischen und lokal verorteten Bedürfnissen wirkungsvoll ineinander verstrickt.

2. Regionale Autonomie und Zentralismus am Beispiel der Gewerkschaften

Die Gewerkschaften sind als soziopolitischer Entscheidungsträger eine wichtige Schaltstelle zwischen politischer und ziviler Gesellschaft. Sie verfügen als institutionalisierte Interessenvertretung über viel ausgedehntere Handlungsmöglichkeiten als andere zivilgesellschaftliche Akteure; andererseits bewegen sie sich hinsichtlich ihrer Strategien und Handlungsmechanismen auf der politischen Ebene. Ihre Verankerung auf der regionalen Ebene stellt deshalb ein aussagekräftiges Beispiel von Organisations- und Interessenvertretungsmöglichkeiten unterhalb der zentralstaatlichen Ebene dar.

Historisch waren im italienischen Tarifverhandlungssystem vor allem die nationale und die betriebliche Ebene relevant. Die regionale Ebene hat keinen großen Stellenwert, da sie erst im Zuge der Regionalisierung der staatlichen Strukturen Ende der 60er bzw. Anfang der 70er Jahre eingerichtet wurde und bis heute nur sehr eingeschränkt über Tarifverhandlungskompetenzen im engeren Sinne verfügt.[26]

Die Bedeutung der einzelnen Ebenen ist jedoch nur unzureichend durch die formalen Kompetenzen beschrieben, da die besondere Relevanz gesellschaftspolitischer Themen in der die Bedeutung der "Kollektivverhandlungen" weit über die traditionellen Tarifverhandlungen ausdehnt und letztlich alle Verhandlungen, die die Regelung der Arbeitsbeziehungen im weiteren Sinne betreffen, bis hin zur gewerkschaftlichen Gesetzesinitiative oder ähnlichem umfaßt. Aus diesem weitgefaßten Verständnis erklärt sich die Bedeutung der horizontalen, konföderalen Komponente, die gerade auf der regionalen Ebene gegenüber den Einzelgewerkschaften seit 1970 ihre Rolle und ihre Einflußnahme auf diese neue "institutionellen Gegenüber" auszubauen sucht. Die Funktionsdefizite des Verhandlungspartners, d.h. der Institution Region, schränken allerdings den gewerkschaftlichen Handlungsspielraum stark ein. Deshalb

---

[26] Im traditionell dualistisch ausgerichteten System der industriellen Beziehungen war die nationale Ebene zuständig für die Verhandlungen von wirtschaftspolitische Maßnahmen und dem automatischen Anpassungsmechanismus der Löhne und Gehälter (*scala mobile*) sowie die nationalen Tarifverträge. Die betriebliche Ebene dagegen dient der Verhandlung betriebsspezifischer oder lokaler Gegebenheiten. Beide Ebene verfügen, im Gegensatz zur regionalen Ebene, über Tarifverhandlungskompetenzen im engeren Sinne.
Diese liegt dabei bei den Einzelgewerkschaften, während die Gewerkschaftsbünde eine politische Koordinationsfunktion ausüben und die Beziehungen zu den öffentlichen Institutionen zu ihren Aufgabenbereichen zählen (Giugno 1991).

wurde in der Phase des "neuen Regionalismus" der letzten Jahre eine Verstärkung der Regionalisierung oder Föderalisierung des Staates auch von Seiten der Gewerkschaften angestrebt und innergewerkschaftliche Reformen in Gang gesetzt, mit der die regionale Ebene entsprechend aufwertet werden.[27]

Ursächlich ist für diese Umorientierung auch die abnehmenden Relevanz wichtiger nationaler wirtschaftspolitischer Mechanismen. Dazu gehört vor allem die vergleichsweise schwächere industriepolitische Rolle der staatlichen Holdings im Zuge des Privatisierungsprozesses, und die Abschaffung der Sondermaßnahmen für Süditalien. Beide Aspekte eröffnen neue Interventionsmöglichkeiten und Gestaltungsräume auf der subnationalen Ebene, gerade im regional- und strukturpolitischen Bereich, die von den Gewerkschaften zunehmend erkannt werden.

In Norditalien erscheint die regionale Ebene allerdings weit größere Verhandlungsspielräume zu eröffnen als dies in Süditalien der Fall ist. Der Vergleich der lombardischen und der kampanischen Gewerkschaften zeigt, daß die Strategien sich zwischen nord- und süditalienischen Regionen durchaus aufgrund ihrer eher regionalen bzw. nationalen Orientierung unterscheiden. Für die Südregionen steht traditionell eher die zentrale Regulierungsebene im Vordergrund, sowohl bezüglich der industriepolitischen Rolle der staatlichen Unternehmen als auch der Sonderförderung durch die *Cassa per il Mezzogiorno*.

a) Kampanien

In Kampanien bestimmt die allgemeine Beziehungsstruktur zwischen Zentralstaat und Region auch die Beziehungen zwischen den nationalen Gewerkschaftsbünden und den regionalen Organisationsstrukturen; regionalistische Anstrengungen sind nicht zu beobachten. Die besseren politischen Eingriffsmöglichkeiten für die regionale Entwicklung scheinen für die Gewerkschaften in erster Linie auf der nationalen Ebene (d.h. der öffentlichen Verwaltung und Politik) angesiedelt zu sein (EUREG 1994b, 133ff. und 1994c, 38).

Die relevanten Einflußmöglichkeiten auf die sozioökonomische Entwicklung des Mezzogiorno werden insbesondere im Bereich der Sondermaßnahmen für den Süden, in der Industriepolitik (Staatsbetriebe) und der sektoralen Wirtschaftsförderung, oder sonstigen nationalen Sondergesetzen oder Haushaltsentscheidungen (z.B. die Sondergesetzgebung zum Wiederaufbau nach dem Erdbeben Anfang der 80er Jahre) gesehen. In der Folge orientiert sich auch die Gewerkschaftsstrategie immer mehr an den nationalen Gewerkschaftsbünden. Ebenso wie das existierende Gleichgewicht zwischen Zentrum und Peripherie zunehmend auf die nationale Ebe-

---

27 Dabei soll das tripartistische Konzertierungspolitik auf der nationalen Ebene und die nationalen wie betrieblichen Tarifverhandlungsstrukturen durchaus beibehalten werden.

ne verschoben ist, so orientieren sich auch die gewerkschaftlichen Strategien in Richtung nationale Bünde (EUREG 1994b, 116ff.).[28]

Dennoch darf die Rolle der regionalen Gewerkschaften als wichtigem Modernisierungsfaktor Kampaniens nicht unterschätzt werden. Sie vertreten zum Teil wesentlich fortschrittlichere Positionen, als sie von den regionalen Institutionen selbst vertreten werden. Mit großem Mobilisierungsaufwand bis hin zum regionalen Generalstreik wurden von den kampanischen Gewerkschaften immer wieder neue regionale Standpunkte und Strategien in die öffentliche Diskussion eingebracht. Mit der Region werden immer wieder Verhandlungen in Gang gesetzt, um diese auf eine politisch aktivere Rolle in den ökonomischen und sozialen Entwicklungsprozessen zu verpflichten. Die Einforderung von Entwicklungsaktivitäten durch die regionalen Institutionen wird so zum strategischen Element des gewerkschaftlichen Engagements auf regionaler Ebene.[29] Darüber hinaus aktivieren die Gewerkschaften beachtliche Ressourcen im Kampf gegen die organisierte Kriminalität (EUREG 1994c, 37).

b) Lombardei

Die lombardischen Gewerkschaft entwickelten im Laufe ihrer in die Zeit der Industrialisierung zurückreichenden Arbeitskampftraditionen eigene Formen der Konfliktführung, in der eine ausgeprägte Konfrontationsbereitschaft mit einem ebenso ausgeprägten Pragmatismus kombiniert wurden, der in der Tendenz zum erfolgreichen Abschluß von Vereinbarungen seinen Ausdruck findet. Dabei erlangte die regionale Ebene und die in der Region angelagerten Großunternehmen mit landesweiter Bedeutung schon früh einen wichtigen Stellenwert. Zum Teil wurden hier gewerkschaftspolitische Verhaltensweisen und Konzertierungsmodelle erprobt, die später auf die nationale Ebene ausgeweitet wurden.[30]

Die Lombardei ist ein Vorreiter der Forderung nach stärkerer regionaler Autonomie der Gewerkschaften, auch gegen einen gewissen Widerstand von seiten der zentra-

---

[28] Dies betrifft auch die größere Disponibilität regional bereits vorhandener oder im Einzelfall mit den politischen Gegenüber verhandelter Ressourcen.

[29] Insbesondere in den 80er Jahren erweitert sich der Einflußrahmen der Gewerkschaften, die die Regionalregierung mit der Frage der industriellen Entwicklung, der landwirtschaftlichen Produktion, der Verkehrsplanung, der Sanierung der historischen Stadtkerne, des Gesundheitswesens, der beruflichen Bildung, der Probleme der Schulen und des tertiären Sektors, und mit spezifischen Problemen der einzelnen Gebiete konfrontieren.

[30] Die Forderungen nach Dezentralisierung werden in der Lombardei in der Regel begünstigt durch das Vorherrschen eines partizipativen Modells der industriellen Beziehungen. Dieses Beziehungsmodell kommt in der Tradition der Beteiligung der Sozialpartner an der Regionalpolitik zum Ausdruck. Es gibt in der Lombardei eine Art "ungeschriebenes Recht" auf beratende Mitsprache der Gewerkschaften bei arbeitspolitischen und industriepolitischen Maßnahmen.
Die Lombardei verfügt auch über eine lange Tradition der Zusammenarbeit zwischen Intellektuellen und der Gewerkschaftsbewegung, welche häufig zu bemerkenswerten politischen Vorschlägen und Programmen geführt hat (EUREG 1994a, 211ff.).

len Organisationsstrukturen.[31] Die lombardische CGIL hat beispielsweise gemeinsam mit dem ligurischen und piemontesischen Regionalverband ein explizit förderalistisches und regionalistisches Reformmodell des italienischen Staates entwickelt (EUREG 1994a, 199ff.). In diesem Modell werden institutionelle und wirtschaftspolitische Fragen mit der Reform der Gewerkschaft verknüpft. Zwar sieht dieser Vorschlag eine wichtige zentralstaatliche Rolle in der Planung und Durchführung strukturpolitischer Maßnahmen vor, vor allem im Bereich der Festlegung von Finanzrahmen und Formen von ausgleichspolitischen Maßnahmen. Der konkrete Einsatz der Mittel soll jedoch in die Kompetenz der betroffenen Gebiete fallen. Auch der lombardische Gewerkschaftsbund CISL unterbreitete zusammen mit den anderen norditalienischen Regionalverbänden[32] den Vorschlag, substantielle Teile der staatlichen Kompetenzen für den Arbeitsmarkt und die Berufsausbildung zu dezentralisieren (EUREG 1994a, 222ff.).[33]

Die Gewerkschaften, ein wichtiger regionaler Handlungsträger mit relevanten Vermittlungsfunktionen zwischen Zivilgesellschaft und politischer Ebene, spiegeln die Konditioniertheit der regionalen Spielräume durch die politischen und sozioökonomischen Rahmenbedingungen wider. Dabei zeigt sich einmal mehr, daß die institutionelle Verfaßtheit nur einen von vielen Rahmenfaktoren darstellt. Eine politische Mobilisierung in der Region beispielsweise kann den regionalen Gewerkschaften zentrale strategische Handlungsmöglichkeiten eröffnen; sie haben in Süditalien bereits heute eine nicht zu unterschätzende Funktion, von der Einforderung von regionalen Fördermaßnahmen durch die regionalen Institutionen bis zum Widerstand gegen die kriminelle Organisationen.

3. POLITISCHE KORRUPTION, KLIENTELISMUS, ORGANISIERTE KRIMINALITÄT

Ab 1992 wird, mit der sogenannte Krise der "Ersten Republik", die Korruption in den öffentlichen Körperschaften und in beinah allen Bereichen der Politik und der öffentlichen Verwaltung in Italien erstmalig wirksam verfolgt und sanktioniert. Waren die 60er und 70er Jahre die des Terrorismus und der politischen Gewalt, so sind die 80er Jahre die der politischen Korruption; diese wird "systemisch", sie wird reguliert und institutionalisiert, und das Unerlaubte wird zur Norm (della Porta/Meny 1995, 49). Politische Korruption stellt die Identifizierung von öffentlichem Gut und privater Verfügbarkeit und die Entwicklung "persönlicher Konsensnetzwerke" zum Zwecke der individuellen Bereicherung dar (ebenda, 52). In den daraus resultierenden Ver-

---

[31] Dies darf allerdings nicht als purer Konservativismus mißverstehen darf. Ein gewisser Grad an Zentralisierung ist notwendig, um eine Gleichbehandlung aller Arbeitnehmer trotz unterschiedlich starker Verhandlungspositionen in den einzelnen Landesteilen und den unterschiedlichen Grundbedingungen in einzelnen Gebieten und Regionen gewährleisten zu können.
[32] Piemont, Venetien, Friaul-Julisches Venetien, Emilia Romagna und Ligurien.
[33] Zum Vergleich der Arbeitskonflikte zwischen Kampanien/Lombardei siehe ISTAT 1991, 94.

haltensdispositionen werden in erster Linie diejenigen prämiert, die illegale Handlungsweisen akzeptieren, während die anderen, die die Normen beherzigen, tendentiell bestraft werden.

Die Verbreitung der politischen Korruption[34] und die Entstehung von illegal verankerten soziopolitischen Konsensmechanismen in Italien geht vor allem auf die Periode des Wiederaufbaus in den 50er Jahren zurück. Begünstigt wurde sie durch die Polarisierung der politischen Kultur des Landes, durch das Klima des kalten Krieges und durch die steigende Verfügbarkeit finanzieller Ressourcen für die wirtschaftspolitischen Maßnahmen (della Porta/Meny 1995, 63). Breitere, gesamtgesellschaftlich getragene Konsense werden in einem solchen System durch spezifische Konsense ersetzt, und Unterstützung erlangt derjenige, der zeitweilig die politische Macht innehat (ebenda, 63). Abgesichert wird dieses System durch Tauschprinzipien, die nicht Opfer, sondern Komplizen schaffen; getauscht werden finanzielle Zuwendungen gegen individuelle oder gruppenspezifische "Gefälligkeiten" oder Genehmigungen.

Die Charakteristik des italienischen politischen Systems, keinem der konstitutiven Organe die Übermacht gegenüber den anderen zu verleihen, hat die Entstehung eines "schwachen Parlaments, einer schwachen Regierung und eines schwachen Staatschefs" (ebenda, 63) und damit eine ausgeprägte Tendenz zur politischen Fragmentierung mit sich gebracht. Diese hat ihrerseits zur Praxis der politischen Parzellisierung aller öffentlichen Bereiche (*lottizzazione*) durch die Koalitionsregierungen geführt. Die Auflösung der politischen Ideologien mit der Überwindung des Ost-West-Konfliktes trug dazu bei, einen ausgeprägten Mangel an breit getragenen ethischen Prinzipien zu produzieren; gerade der Verlust der politisch-ideologischen Zugehörigkeit und der daraus resultierende Verlust an "ideologischem Ansporn" weitet den Raum für materiell orientierte individuelle Zielsetzungen (ebenda, 64). Politische Handlungsträger machen so einer Schicht von "Opportunisten" Raum, die in erster Linie daran interessiert sind, über die öffentlichen Ämter Zugang zu öffentlichen Entscheidungen zu erlangen, mit dem Ziel, ihre persönlichen Gewinne zu maximieren (ebenda, 65).[35]

Politische Korruption stellt vor allem einen Tausch zwischen spezifischen öffentlichen Entscheidungen und finanziellen Zuwendungen (Schmiergeld). Klientelismus dagegen zielt auf den Tausch zwischen Gefälligkeit und Wahlstimmen ab; er ermöglicht damit für den einen den Zugang zum Sozialstaat (Erwerbsunfähigkeitsrenten usw.), und für den anderen die Garantie über politische Konsense (della Porta/Meny 1995, 52). Politische Korruption und Klientelismus schließen sich dabei keineswegs gegenseitig aus, sondern sind im Gegenteil in einer "spiralförmigen Dynamik" eng ineinander verflochten, wobei die Verbreitung der Korruption die des Klientelismus

---

[34] Zur politische Korruption in Italien siehe Cazzola 1988.
[35] Dazu trug im italienischen Fall die niedrige Entlohnung im öffentlichen Dienst als scheinbare Legitimation für illegale "Aufbesserungen" finanzieller Art bei.

ebenso erleichtert wie umgekehrt (della Porta/Meny 1995, 55). Seine spezifische Ausprägung und die Durchdringung sämtlicher gesellschaftlicher Sphären erreicht der Klientelismus in erster Linie in Süditalien, da hier historische Besonderheiten auf kultureller, sozialer, politischer und ökonomischer Ebene einen speziellen Nährboden darstellten.

Die Partei des Klientelismus wurde in Süditalien vor allem durch die Christdemokraten repräsentiert, in der die Notabeln des alten Transformismus nach dem zweiten Weltkrieg ihre "neue Heimat" gefunden hatten.[36] Bereits Ende der 40er Jahre konnte die DC das alte Klientelismus- und Patronage-System im Süden neu etablieren; zu seinem Funktionieren war jedoch ein zentralistischer Staat notwendig. In den 50er Jahren wurde das Klientelsystem modernisiert, und die individuelle Beziehung zwischen Patron und "Klient" mündete in eine moderne "Massenparteimaschinerie" (Keating 1988, 142; Graziano 1984). Die DC richtete im Zuge dieser innerparteilichen Reform ein Büro für die politische und organisatorische Entwicklung der rückständigen Gebiete ein, und die Kontrolle über die Südpolitik und die süditalienische Parteiorganisation ging von den alten Notabeln über zu professionellen und der Parteidirektion direkt unterstehenden Berufspolitikern. Statt einer demokratischen Reform produzierte dies ein neues und effizienteres Patronagesystem, in dem das alte, lockere Netzwerk individueller Patrone durch eine von Rom kontrollierte Parteimachinerie ersetzt wurde (Keating 1988, 142).

Die sogenannte "Kolonialisierung von Staat und Gesellschaft durch die DC" war in Süditalien besonders umfassend. Die DC sicherte sich ein Monopol der Vergabemechanismen von "Gefälligkeiten" (*favori*). Die Hegemonie auf nationaler Regierungsebene - die DC stellte bis 1982 immer den Premierminister und war bis 1994 unangefochtene Regierungspartei - sicherte dem System die Versorgung mit den notwendigen Ressourcen. Die Ausweitung der staatlichen Interventionspolitik und insbesondere die Entwicklungsprogramme für den Mezzogiorno stellte dieser neuen klientelistischen Struktur vorher unvorstellbare Mittel, ein administratives System und Strukturen für das *sottogoverno*[37] zur Verfügung. Die Mittel für die Entwicklung des Südens wurden nicht mehr, wie in der Vergangenheit, für die Unterstützung der alten herrschenden Klassen verwendet, sondern um das Klientelsystem zu "füttern". Der Effekt war die kontinuierliche Blockade des Entwicklungsprozesses, da ein selbsttra-

---

36 Das Ende der nationalen Einheit und damit der Regierungsbeteiligung der Linken auf der nationalen Ebene, der kalte Krieg und die antikommunistische Politik der Regierung bewirkte einen neuen Transformismus auf der nationalen Ebene, in der die süditalienischen Notabeln in der DC die Vermittlerrolle übernahmen. Der süditalienische Klientelismus wird so zum territorialen Ausdruck des Transformismus (Keating 1988, 54f.).
37 Unter *sottogoverno*, Unterregierung (weil unterhalb der Regierungsebene), wird das nach Parteienproporz eingesetzte Personal in der staatlichen, halbstaatlichen und parastaatlichen Unternehmen und Institutionen verstanden. Das *sottogoverno* ist ein wichtiges Element der *partitocrazia*, der Parteienherrschaft.

gendes Wachstum in der Region die Abhängigkeitsmechanismen unterminieren würde, auf denen die gesamte Maschinerie basierte (ebenda, 154).

Das "Massenpatronagesystem" entmutigte so im Mezzogiorno das Entstehen kollektiver Interessenvertretungen außerhalb des Parteiensystems oder regionalistischer Bewegungen. Die Macht der Parteien, die die tragende Säule des Systems darstellte, fing jede Transformation auf institutioneller Ebene auf, verkehrte sie zum eigenen Vorteil und blockierte so echte politisch-administrative Reformansätze (ebenda, 156). Langfristig mußten die enormen Kosten und die hohe Ineffizienz dieses Verteilungssystems von "Gefälligkeiten" nach politischen Kriterien jedoch zu seiner Erosion beigetragen (ebenda, 144). Vor allem die Verringerung der verfügbaren öffentlichen Ressourcen und die politischen Veränderungen auf der nationalen Ebene beraubten auch die tragenden Parteien und Politiker des Klientelismus nach und nach ihrer Legitimität.[38]

a) Ineffizienz der öffentlichen Institutionen

Eine mangelnde Funktionsfähigkeit der öffentlichen Institutionen und die Ineffizienz der öffentlichen Verwaltung begünstigt die Ausbreitung von Korruption, Klientelismus und Kriminalität. Die Spielräume der Politiker vergrößern sich durch Ausnahmeregelungen und Notstandsmaßnahmen, die eine Einschränkung der öffentlichen Kontrollen notwendig machen. Geringe interne Planungsfähigkeiten der Verwaltung führen zudem zu einer verbreiteten Praxis externer Beratungsverträge oder zu administrativen Improvisationen in letzter Minute, jenseits jeglicher globaler und längerfristiger Planung. Das Vertrauen von Bürgern und Unternehmern in gesetzlich garantierte Rechte wird dabei zunehmend ausgehöhlt; dadurch wird die Notwendigkeit privilegierter Zugangskanäle verstärkt, sei es zu öffentlichen Dienstleistungen oder zur Vergabe von öffentlichen Aufträgen. Das daraus resultierende System ist durch "selektive Einbeziehungsmechanismen" für diejenigen, die zur Zahlung von Schmiergeldern und ähnlichem bereit sind, und dem progressiven Ausschluß der anderen charakterisiert (della Porta/Meny 1995, 58).

Die allgemeine Situation der Rechtlosigkeit und die daraus folgende "Institutionalisierung des Ausnahmezustandes" haben in den Südregionen dazu geführt, daß in manchen Bereichen und Gebieten die Norm durch ihre Ausnahme und die demokratischen Spielregeln des politischen Lebens durch Notstandsprozeduren und -befugnisse weitgehend ersetzt wurden (Barbagallo 1988, 64). Die Aushöhlung der institutionellen und repräsentativen Autoritäten hat zu einer wesentlichen Verschlechterung der sozialen und zivilgesellschaftlichen Beziehungen und einer zunehmenden Repräsentanzkrise der politischen Parteien und der Institutionen geführt,

---

[38] Zur Verhinderung von Reformprozessen im Süden durch süditalienische Parlamentarier selbst im nationalen Parlament siehe Keating 1988, 118.

die die weitere Machtzunahme der kriminellen Organisationen begünstigte, die in den offenen Wettbewerb mit dem Staat treten (Barbagallo 1988, 64).

Das Beispiel der Region Kampanien zeigt, daß die Durchführung und die Abstimmung von regionalen und staatlichen Programmen durch öffentliche politisch-administrativen Instanzen häufig kaum gewährleistet ist. Bürokratische Verzögerungen sind an der Tagesordnung, und die Region ist kaum in der Lage, eine Planung und Teilfinanzierung von Fördermaßnahmen zu bewerkstelligen; so werden bereits von den europäischen Strukturfonds bereitgestellte Gelder nur unvollständig ausgeschöpft. Dazu trägt die Unfähigkeit der Region bei, eine angemessene Verbreitung von Informationen über die Politik der Gemeinschaft und die Prozeduren der Mittelvergabe zu gewährleisten (EUREG 1994b). Die Planungsdefizite führen außerdem dazu, daß die Fördermittel nicht zweckorientiert genug eingesetzt werden, daß sie lokalem politischen Druck unterliegen, und daß sie sich nach dem Gießkannenprinzip in Tausende kleiner Beiträge aufsplittern, statt integrierte Maßnahmenbündelungen zu ermöglichen. Darüber hinaus beeinflußt die Camorra die Förderkulisse, indem sie den Zugang zu politischem Schutz, administrativen Beziehungen und Finanzierungen verwaltet (Commissione parlamentare antimafia 1994, 180f.).

b) Kriminalität und Politik

Die Ausbreitung der organisierten Kriminalität im Mezzogiorno ist nicht ohne Beteiligung der politischen Kräfte auf höherer politischer Ebene denkbar.[39] Die Kontrolle von Wählerstimmen durch die Mafia und ihre Orientierung hin auf bestimmte Politiker erfolgt auf lokaler, regionaler und nationaler Ebene, wobei auf der Basis von Partei- oder Fraktionszugehörigkeit direkte Beziehungen gegenseitiger Funktionalität entstehen (della Porta/Meny 1995, 59). Die Besonderheit der organisierten Kriminalität ist allerdings die Verfügbarkeit von Machtmitteln, die den Politikern im Rahmen von systematischen Tauschbeziehungen sozusagen "geliehen" werden. Der "Schutz von Seiten der organisierten Kriminalität bietet den Politikern eine Gewaltressource, die, jenseits ihres effektiven Einsatzes, die politische oder gewerkschaftliche Opposition einschüchtert und die Anzeigen bei der Justiz entmutigt" (ebenda).

Der Kontrolle von Wählerstimmen[40] hat gerade in Kampanien, Kalabrien und Sizilien relevante Dimensionen erlangt und erfolgt über Einschüchterungen, über die Kontrolle von Wahllokalen oder sogar direkte Wahlmanipulationen (ebenda, 60). In der Vergangenheit genügte häufig sogar der einfache "gute Rat", da die Stimmabgabe nicht als demokratischer Akt, sondern als Ausdruck der Zugehörigkeit zu einem bestimmten Klientel verstanden wurde (ebenda, 60). Im Tausch erhalten Mafia und Camorra

---

[39] Zur Camorra und zur Korruption siehe Sales 1988, Cazzola 1988. Zur Repräsentanzkrise des Staates durch die organisierte Kriminalität siehe Sabella 1994, 187ff.
[40] Diese Art von politisch-kriminellen Tauschbeziehungen wird durch Gesetz Nr.356 vom 7.8.1992, Art.11 sanktioniert.

Straffreiheit für verübte Verbrechen, Kontrollmöglichkeiten über die öffentlichen Ausschreibungsmechanismen und Einflußmöglichkeiten auf politische und administrative Entscheidungen der öffentlichen Hand (ebenda, 61).

Den Parteien geht damit ihre konstitutive Vermittlungsfunktion zwischen Zivilgesellschaft und politischen Institutionen mittels ideologischer und ideeller Inhalte verloren (Barbagallo 1988, 65). In dieser politischen Logik darf das normale demokratische System nicht funktionieren, da seine "Ersetzung" durch Vermittlungsagenten politischer und camorristischer Herkunft sonst nicht möglich wäre. Die Abwesenheit von Regeln ist somit im Interesse der regionalen Politiker wie der Camorra (Commissione parlamentare antimafia 1994, 202f.). Die kriminellen Organisationen füllen so eine Lücke zwischen Gesellschaft und Staat (Calise 1988, 75). "In den Gebieten camorristischer Herrschaft tendieren Gesellschaft, Unternehmen und öffentliche Kräfte dazu, abhängige Variablen der camorristischen Organisationen zu werden. Die Camorra stellt sich als einziger großer Vermittler dar, sie ist das existentielle Verbindungselement für die Kommunikation zwischen Gesellschaft und Staat, zwischen Markt und Staat, zwischen Gesellschaft und Markt, handele es sich um Dienstleistungen, um finanzielle Ressourcen, um Wählerstimmen, um An- und Verkauf von Waren. Ihre Präsenz und Aktivität bedingt einen generellen 'rechtlosen Zustand', in dem sich sowohl die camorristischen Aktivitäten wie die der puren Spekulation verorten. Zwischen den einen und den anderen verstrickt sich eine perverse Synergie, die in erster Linie die öffentlichen Ausgaben, das Territorium und die Umweltressourcen betrifft" (Commissione parlamentare antimafia 1994, 55).

1993 war Kampanien diejenige Region, aus der die meisten nationalen Parlamentarier (8) stammten, die sich vor der Justiz aufgrund von Verbindungen mit kriminellen Organisationen zu verantworten hatten: Cirino Pomicini, Conte, del Mese, Gava, Mastrantuono, Meo, Raffaele Russo, Alfredo Vito (Commissione parlamentare antimafia 1994, 5).[41] Besonders verheerende Auswirkungen zeitigt die Verwicklung mit der organisierten Kriminalität in den öffentlichen Institutionen. Die Region weist die höchste Zahl von aufgrund von Verwicklungen mit der Mafia aufgelösten Stadträten (32) des Landes[42], die höchste Anzahl von entlassenen Verwaltungsangestellten (64) aufgrund von verfassungswidrigen Handlungen, schweren bzw. kontinuierlichen Gesetzesübertretungen oder schwerwiegenden Störungen der öffentlichen Ordnung (Art.40 von Gesetz Nr.142 von 1990)[43]. Wegen Regierungsunfähigkeit sind außer des neapolitanischen Stadtrates diejenigen aller Provinzhauptstädte der Region (ausgenommen Avellin) aufgelöst worden. Allein in Neapel sind aufgrund von Vergehen gegen die öffentliche Verwaltung oder von mafiösen Verbindungen ein Ex-Bürgermeister und 16 Stadträte, ein Ex-Präsident der Provinz und ein ehemaliger

---

[41] Weitere vier stammen aus Kalabrien, drei aus Sizilien, und einer aus dem Latium (Commissione antimafia 1994, 5).
[42] Gegenüber 19 in Sizilien, 11 in Kalabrien, 6 in Apulien; ebenda.
[43] In Kalabrien waren es nur 37, in Sizilien 26 und in Apulien 29; ebenda.

Dezernent für Ökologie und Umwelt der Provinz entlassen worden; in der Provinz von Caserta aus denselben Gründen 36, in Salerno fünf Stadträte; in der Provinz Caserta sind ein Bürgermeister, drei städtische Dezernenten, 17 Stadträte und ein Provinzrat verhaftet worden; in der Provinz Salerno ein Bürgermeister und ein Dezernent. In Kampanien ist die Anzahl der strafrechtlich verfolgten Richter die höchste in Italien: 16 von insgesamt 41 (Commissione parlamentare antimafia 1994, 5).[44]

Die Camorra eroberte vor allem in den 80er Jahren den Markt; sie wird zu einer einzigen großen Holding und in allen legalen wie illegalen Bereichen, vom Geldverleih zum Zigarettenschmuggel und Waffen- wie Drogenhandel, dem Rennsport und dem Betrug mit EG-Fördergeldern, zur Protagonistin des ökonomischen Lebens der Region[45] (D'Agostino 1988, 87). Ausschlaggebend für die Entstehung dieser "neuen" Camorra war das Erdbeben Anfang der 80er Jahre und die durch Gesetz Nr.219 vom 14.5.1981 für den Wiederaufbau nach dem großen Erdbeben bereitgestellten Mittel[46]. Dadurch wurde eine Korruptionswelle ungeahnten Ausmaßes ausgelöst, die die Aufbaubemühungen scheitern ließ. Die relevante Rolle der organisierten Kriminalität in Planung und Durchführung der Erdbebenmaßnahmen und ihre enge Verstrickung mit Politikern, Unternehmern und Bürokraten führte dazu, daß eine wichtige Entwicklungsgelegenheit für die gesamte Region vertan wurde (ebenda, 168).

Die Camorra fungiert als Kontrollstruktur des soziopolitischen Konsenses und verfügt als einzige der mafiösen Organisation in Italien über eine Massenverankerung (ebenda, 89).[47] "Die Camorra wird zu Beginn des letzten Jahrhunderts geboren, in Neapel, eine der größten Städte Europas; sie ist eng mit der Zivilgesellschaft verstrickt: sie tendiert dahin, mit allen, Einzelne, Parteien, Institutionen, permanente Tauschbeziehungen zu haben" (Commissione parlamentare antimafia, 11).[48] Im Unterschied zur Mafia stellt sie allerdings keine alternative Ordnung zum Staat dar,

---

[44] Neben 11 in Apulien, 9 in Sizilien, 3 in der Lombardei (!), einer jeweils in Piemont und in Venetien; ebenda.
[45] Zur Entwicklung eines neuen Unternehmensmodells der Camorra siehe Commissione parlamentare antimafia 1993, 117ff., 168ff.
[46] Insgesamt waren 50.620 Milliarden Lire für den Widerauflbau bereitgestellt worden, die größtenteils in undurchsichtigen Kanälen verschwanden (ebenda, 117).
[47] 1983 wurden 12 Gruppen gezählt, 1992 bereits 108 Gruppen mit circa 5000 Mitgliedern; heute sind in Kampanien insgesamt 111 Familien und über 6.700 Mitglieder aktiv (Commissione parlamentare antimafia 1994, 10). Die jahrhundertealte Illegalität als existentielle Erfahrung der ärmsten Schichten der Gesellschaft in vielen Teilen der Region, die Verfügbarkeit von Kindern und Minderjährigen als Boten, als Rauschgifthändler oder Transporteure von Waffen lassen jedoch darauf schließen, daß die reale Mobilisierungsfähigkeit der Camorra in den aktuellen sozialen Verhältnissen Neapels und Kampaniens sehr viel größer ist (Commissione parlamentare antimafia, 10).
Die Camorra ist durch die Abwesenheit von Aufnahmeritualen und selektiven Kriterien charakterisiert, die sowohl für die kalabresische 'ndrangheta und die sizilianische Mafia wesentliches Charakteristikum darstellten. Ein weiteres wichtiges Unterscheidungskriterium ist die urbane Verankerung der Camorra, während sowohl Mafia als auch 'ndrangheta agrarische Wurzeln haben.
[48] Die Camorra charakterisiert eine Abwesenheit ideologischer Elemente; sie tritt in Verbindung mit Personen, die "bereit sind, sich unterstützen zu lassen und den Gefallen zu vergelten", nicht mit bestimmten Parteien als solchen (Commissione parlamentare antimafia 1994, 14).

sondern "regiert die soziale Unordnung", vor allem als Arbeitgeber und einziges Dienstleistungs- und Verdienstunternehmen für Tausende von Arbeitsplätzen der Unterschichten in den illegalen ökonomischen Unternehmen.

Kriminalität, Korruption und Klientelismus hängen eng mit der sozioökonomischen Situation in der Region zusammen. Die Beibehaltung der bestehenden Verhältnisse liegt weit mehr im Interesse der Entscheidungsträger als eine Entwicklung der Region, die ihre Vermittlerrolle und damit ihre Privilegien und Verdienstmöglichkeiten in ideeller wie in materieller Hinsicht in Frage stellen würde.

VI.4. REGION UND SOZIOPOLITISCHES HANDELN IN DER REGION AUS SÜD- UND NORDITALIENISCHER SICHT

Die kaum ausgeprägte Bereitschaft der regionalen Akteure in Süditalien, die Region zum prioritären Rahmen ihres politischen Handelns zu machen, resultiert nicht zuletzt aus dieser Abwesenheit regionaler Bewußtseinsstrukturen und einer Identifikationsbereitschaft mit der Region. In Kampanien wurde die Entwicklung autonomer politischer Aktionsformen und eigenständiger politischer Handlungsträger historisch erschwert. Ursächlich erscheint in erster Linie die Dominanz extern verankerter Herrschaftsstrukturen und die relative Abhängigkeit von exogenen "Entwicklungshilfen", die gerade aufgrund ihrer Funktionalität für die Erhaltung der bestehenden Herrschaftsstrukturen überleben konnten und erstaunliche Anpassungsprozesse durchliefen. Darüber hinaus ist ein relevanter Kooptationsprozeß regional relevanter Akteure und Eliten im Rahmen des "Transformismus" ebenso wie eine klientelistische Interessenrepräsentanz auf der nationalen Ebene festzustellen. Regionenorientiertheit der Politik und Dezentralisierung der politischen und sozialen Strukturen ließen in einem solchen Kontext zu wünschen übrig, da sie in Widerspruch mit den Interessen der politischen Akteure an einer Aufrechterhaltung des Status Quo geraten mußten.

Die Einrichtung der Regionen in den 70er Jahren hat kaum zur Entwicklung Süditaliens beigetragen. Allerdings bleibt zu vermuten, daß sich die Situation ohne jegliche Dezentralisierung noch weit dramatischer entwickelt hätte. Die Entwicklung von Solidaritäts- und Gemeinsinnmechanismen benötigt historisch ausgedehnte Entwicklungszeiträume, denn die "Geschichte der Institutionen bewegt sich langsam" (Putnam 1993, 218); insgesamt erscheinen fünfundzwanzig Jahre regionaler Existenz vergleichsweise kurz, wenn an keine vorher vorhandenen ausgeprägten "nationalen Charakteristiken" angeknüpft werden kann.

Im Mezzogiorno hat die Zunahme der Autonomie und der Dezentralisierung durch die Regionalisierung nicht zu mehr Demokratie, Partizipation und Entscheidungstransparenz, sondern zur Entstehung von neuen "politischen Vermittlern" geführt, die partikularistische Interessen zum Ziel des politisch-administrativen Handelns machten. Sie nutzten vor allem die Kontrolle der öffentlichen Gelder als Mittel der politischen Konsensherstellung und waren der Beeinflussung durch kriminelle Gruppen ausgesetzt.

Die klientelistischen Strukturen und die Verbreitung der Tauschwählerstimmen erhöhten dabei den Preis der Politik, da er für die beteiligten Politiker die ständige Verfügbarkeit materieller Ressourcen als notwendige "Machtinvestitionen" voraussetzte (della Porta/Meny 1995, 55). Schmiergelder verteuern öffentlichen Dienstleitungen und Aufträge und mindern gleichzeitig ihre Qualität; treffen Klientelismus, Korruption und organisierte Kriminalität - wie in Süditalien - zusammen, so potenzieren sich die zusätzlichen Kosten des Systems. Die öffentliche Haushaltspolitik wird manipuliert, da die Ausgaben in Sektoren mit leichten und höheren "Renditen" gelenkt werden, unabhängig von ihrer Notwendigkeit oder ihrem Nutzen für die Gemeinschaft.

Die Abwesenheit eines modernen und partizipativen politischen System, die immer wieder als zentraler Faktor für die mangelnde Effizienz der Südförderung herausgestellt wird, reproduziert sich durch die Unfähigkeit der regionalen Institutionen, eigenständige politisch-institutionelle Artikulierungsmöglichkeit von Interessen für die Bevölkerung bereitzustellen. Politik wurde so auf Patronagebeziehungen reduziert, die sich um sich selbst drehten; die Bündelung von politischen Forderungen und sozioökonomischen Entwicklungsimpulsen wurde dadurch immer wieder entmutigt.

Die spezifischen Zentrum-Peripherie-Beziehungen, die sich aufgrund der besonderen Rolle der politischen Sphäre im italienischen System herausbilden konnten, lassen sich heute allerdings immer weniger auf Süditalien begrenzen. Mafiöse Strukturen sind inzwischen in Norditalien wie in allen anderen europäischen Ländern verbreitet, ebenso wie politische Korruption und Patronage.[49] Süditalien unterscheidet sich dennoch durch die spezifische Verankerung dieser Phänomene und ihre Durchdringung aller öffentlicher Strukturen, die mit einer besonders ausgeprägten Kontrollunfähigkeit des Staates und einem besonders ausgeprägten Mißtrauen der Bevölkerung den staatlichen Institutionen gegenüber einhergeht.

Die Lombardei stellte aufgrund ihrer wirtschaftlichen Relevanz schon früh ein Gebiet dar, das auf der nationalen Ebene "zählte" und deshalb über unmittelbarere Möglichkeiten der Einbringung regionaler Interessen verfügte. Die Bevölkerung verfügte über Bewußtseinsstrukturen, die - bei aller für kulturelle und soziokulturelle Faktoren typischer "Ungreifbarkeit" - durchaus eine Abgrenzung nach außen und ein regionales Selbstverständnis als "arbeitsamer Lombarde"[50] erlaubte. Diese Grundlage konnten die Ligen aufgreifen, die ihr das politische Kalkül und das ideologische Moment hinzufügten, das sie gezielt zur Durchsetzung ihrer spezifischen politischen Ziele nutzten. Die Suche nach regionalen Unterscheidungsmerkmalen konnte so mit einem

---

49   Dazu hat nicht zuletzt die süditalienische Immigration beigetragen.
50   Vergleichbar dem "Schaffe schaffe Häusle baue" der Schwaben!

ökonomischen und politischen Eigeninteresse der Region verknüpft werden. Die Absage an eine ausgewogenen ökonomischen Entwicklung des ganzen Landes mittels interregionaler Umverteilung konnte so zum internen Identifikationsfaktor hochstilisiert werden. Diese lombardische Verankerung ist vor allem in den letzten Jahren mit einer Ausdehnung des Interessenvertretungsanspruches auf ganz Norditalien einhergegangen, die gerade nach den nationalen Wahlen 1996 wieder verstärkt separatistische Züge annimmt und bis zur Wahl des "Parlaments der Po-Ebene" ging.

Die Entwicklung der letzten Jahre hat dennoch deutlich gemacht, wie stark die politisch-administrative Ineffizienz auch im Norden des Landes durch korrupte Mechanismen und Degenerationen des politisch-administrativen Lebens geprägt werden, bei allen analytischen Unterschieden zwischen politischer Korruption und organisierter Kriminalität. Im Süden zeigt die politische Entwicklung der letzten Jahre dagegen, daß durchaus ein "harter Kern" an alternativen politischen Bewegungen und Akteuren immer mehr Raum gewinnt, wie beispielsweise die linke Stadtregierung und ihre Erfolge in Neapel zeigt. Zwar scheint die politische Mehrheit weiterhin die potentiellen Nachfolgeorganisationen der klientelistischen Parteien zu prämieren. Die politische Opposition dagegen formiert sich allerdings immer entschiedener, wenn sie auch, wie gerade das Beispiel der Gewerkschaften zeigt, in ihren Prioritätensetzungen stark durch die ökonomische und soziokulturelle "Notlagensituation" beeinflußt wird. Je mehr Raum sich allerdings Effizienz und Funktionsfähigkeit auf der legalen Ebene schaffen, um so weniger unausweichlich wird der Rückgriff auf ehemals rationale, aber illegale, klientelistische oder korrupte Überlebensstrategien.

VII. DIE PERSPEKTIVEN DES ITALIENISCHEN STAATES. MÖGLICHKEITEN EINER FÖDERALISTISCHEN ENTWICKLUNG UND GEFAHREN EINES NORDITALIENISCHEN SEZESSIONISMUS

Eine dezentralisierte Regierungsstruktur bis hin zur föderalen Eigenständigkeit der regionalen Untergliederungen als institutionelle Voraussetzung verbessert die Möglichkeiten einer selbständigen, regiozentrierten Interessenartikulation und die Fähigkeit der regionalen Akteure, für ihre eigene Entwicklung verantwortlich zu zeichnen. Nur eine Dezentralisierung nach föderalen Prinzipien, die über die politische Dezentralisierung der Regionalmodells der 70er Jahre hinausgeht, kann die Entscheidungsverantwortung in Italien wirksam in die Region verlagern. Dies kann allerdings keineswegs heißen, den Zentralstaat oder andere übergeordnete Systeme aus ihrer Verantwortung zu entlassen, das Ziel des Ausgleichs struktureller Nachteile und der Verwirklichung der Gleichheit der Lebensverhältnisse über eine ausgewogene Förder- und Umverteilungspolitik zu sichern.

Im strukturpolitischen Bereich wird besonders deutlich, was allgemein für die Funktionsfähigkeit staatlichen politischen Lebens gilt: regionenexterne Faktoren in Form von staatlichen und europäischen Rahmenstrukturen, die eine Beteiligung der Regionen an der Gesetzgebung und eine interregionale Solidaritätspolitik erst ermöglichen, sowie regioneninterne Charakteristiken - das Vorhandensein endogener Faktoren, die Nutzung der Region als Bezugsrahmen für das politische Handeln der regionalen Akteure und ähnliches - müssen ineinandergreifen, um wirklich effektive strukturpolitische Maßnahmen zu verwirklichen. Ein solche Verzahnung benötigt eine politische Struktur, die nach dem Subsidiaritätsprinzip von unten nach oben gestaltet ist.

1. Regionenexterne Einflußfaktoren auf die regionale Mesoebene

Das italienische Modell des Regionalstaats, als Kompromiß zwischen Föderalismus und Zentralismus, sollte ursprünglich den zentralstaatlichen Funktionen - vor allem die Umsetzung des Gleichheitsprinzips - ebenso wie den regionalen Interessen und Besonderheiten gerecht werden. In Gegenwart großer Entwicklungsdifferenzen kann der Regionalstaat durchaus eine angemessene Struktur für die notwendigen Entwicklungsmaßnahmen bieten. Allerdings ist dazu die Beteiligung der regionalen Kräfte notwendig, deren unzureichende Einbindung in die politischen Strategien sie zum Entwicklungshemmnis werden läßt.

Die Einrichtung institutioneller Strukturen, die eine Beteiligung der Regionen an der gesamtstaatlichen Politik in Form eines Bundes- oder Regionenrates ermöglicht, ist allerdings nur in einem föderalen Modell vorgesehen. In Italien erscheint diese Perspektive unumgänglich, um die Funktionsmängel des regionalen Systems auszugleichen. Regionen können nur funktionieren, wenn sie eine effektive Rolle im politisch-institutionellen System spielen; nur dann können sie sich zu relevanten Akteuren des politischen Geschehens entwickeln und einen wichtigen politischen Handlungsrahmen darstellen. Eine verbesserte Kommunikation und Interessenvertretung der Regionen untereinander, ohne Beteiligung und "Beaufsichtigung" durch den Zentralstaat, wie derzeitig im Falle der "Ständigen Konferenz", ist darüber hinaus ein wichtiges Element der Bündelung und politischen Durchsetzung regionaler Interessen.

Die formalen institutionellen Voraussetzungen müssen allerdings durch die Handlungsmotivation der Regionen und ihrer Repräsentanten selbst ergänzt werden; allein stellen sie nicht mehr als externe Voraussetzungen eines regional oder föderal dezentralisierten Staates dar. Die innere Funktionsfähigkeit der Regionen hängt dagegen mit von den endogenen Verhältnissen und der regionalen Reformfähigkeit ab, die nur unzureichend durch externe Eingriffe beeinflußt werden können.

2. Regionenfrage europäische Entwicklung

Insbesondere die europäische Entwicklung und der zunehmend damit verbundene Transfer von Aufgaben an die übergeordneten Ebenen macht die Regionen zu wichtigen Schaltstellen zwischen der kommunalen Zersplitterung und den supranationalen Regulierungsinstanzen. Die regionale Mesoebene kann als Vermittlungsinstanz zwischen zentralen und lokalen Belangen und zwischen globalisierenden Tendenzen und lokalen Partikularinteressen vielfältige Einzelforderungen zusammenfassen und auf einer übergeordneten Ebene vertreten. Zudem bietet sie demokratische Kontrollmöglichkeiten der öffentlichen Politik, die über die der zentralen Ebene weit hinausgehen.

Mit der Gründung der europäischen Gemeinschaft wurde Europa ein relevanter Bezugsfaktor auch für die innere Entwicklung des Gründungsmitglieds Italien. Die Rolle der Regionen, die im Verlauf des europäischen Binnenmarkt- und Einigungsprozesses immer mehr aufgewertet wurde, blieb durch diese Entwicklung nicht unbeeinflußt.[1] Allerdings wurde die Wirtschafts- und Regionalpolitik der EWG und später der EG bzw. EU lange von den italienischen Zentralorganen als Vorwand benutzt, um Kompetenzen und Vollmachten der Regionen sowie ihre wirtschaftspolitische Handlungs- und Entscheidungsfreiheit einzuengen, sobald diese europäische und damit internationale Fragen betrafen und somit formal aus dem Kompetenzbereich der Regionen hinausfielen (Chiti-Batelli 1977, 4).[2] Vor allem seit Ende der 70er Jahre wurden EG-Fragen, mit bezug auf seine ausschließliche Kompetenz für internationale Fragen, zunehmend vom Zentralstaat übernommen oder zurückgenommen. Dies geschah auch dann, wenn diese Kompetenzen verfassungsrechtlich abgesichert waren. Auch wenn in diesem Verständnis die Europapolitik unter die internationalen

---

1 Zur Rolle der Regionen als "Verlierer" bzw. "Gewinner" des Europäisierungsprozesses sowie die Entwicklung und Rolle der europäischen Regionalpolitik siehe EUREG 1994, 20ff.
2 Zur "Enteignung" von Kompetenzen der Regionen durch die EG-Entwicklung vgl. Voss 1990, 120.

Beziehungen subsumiert und damit zur ausschließlich zentralstaatlichen Angelegenheit erklärt wurde, so veränderte sich diese Orientierung im Laufe der Zeit; regionale Kompetenzen betreffende Verantwortlichkeiten in der Implementierung der europäischen Maßnahmen wurden zunehmend auch den Regionen zugewiesen. Die Kompetenzabgrenzung blieb dennoch bis heute schwierig und wirkte sich meist zuungunsten der regionalen Ebene aus.

Die Kriterien der Übertragung administrativer Kompetenzen an die Regionen im Bereich der Durchführung von EG-Richtlinien wurde erstmalig durch Gesetz Nr.382 von 1975 festgelegt.[3] Insgesamt blieb die außenpolitische und die Gemeinschaft betreffende Kompetenz der Regionen weiterhin begrenzt. Auch Art.4 von Gesetz Nr.616 von 1977 behielt dem Staat diejenigen Funktionen vor, die mit der europäischen Wirtschaftsgemeinschaft zusammenhingen, und zwar weiterhin auch in den Bereichen, die den Regionen explizit übertragen oder delegiert worden waren (Gizzi 1991, 508). Diese Regelung verhinderte bis heute die Entwicklung einer eigenen Europapolitik und die Institutionalisierung eigener Repräsentanzorgane - wie sie beispielsweise den Ländern der Bundesrepublik unterhalten werden - in Brüssel und den anderen Sitzen der europäischen Union durch die italienischen Regionen.

Das Gesetz zur Einrichtung der Ständigen Konferenz Staat/Regionen Nr.400 vom 1988 führte dann die Konsultation der Präsidenten der Regionalregierungen zu Fragen der "allgemeinen Zielsetzung bezüglich der Ausarbeitung und Durchführung der Gemeinschaftsmaßnahmen" für regionale Kompetenzen betreffende Fragen ein.[4] Mit Gesetz Nr.86 von 1989 wurden darüber hinaus sogenannte "themenspezifische" Schwerpunktsemester der ständigen Konferenz eingeführt, in denen Aspekte der Gemeinschaftspolitik inhaltlich aufgearbeitet und Anregungen für ihre Umsetzung formuliert werden sollen (Gizzi 1991, 504).[5]

Trotz der beschriebenen Einschränkung der regionalen Kompetenzen auf interne Fragen übte die Binnenmarktentwicklung einen prägenden Einfluß auf die Rolle der europäischen und italienischen Regionen im Nationalstaat und in der europäischen Union aus (Keating 1988, 167). Die Reform der Strukturfonds in den 80er und erneut zu Beginn der 90er Jahre bezieht die Regionen weit stärker als vorher in die Planung und Durchführung der Programme ein (Marino 1993, 673ff.). Obwohl die Förderpolitik von den nationalen Regierungen häufig auf eine zusätzlichen Geldquelle reduziert

---

3   Gesetz vom 22.7.1975, Art.1, umgesetzt in Art.6 des Dekrets Nr.616 von 1977; bestätigt durch Art.12 von Gesetz Nr.183 von 1987 („Koordinierung der Politiken die Zugehörigkeit Italiens zur europäischen Gemeinschaft betreffend"; Gizzi 1991, 502). Siehe auch Gizzi 1991, 499ff.; CINSEDO 1989, 311ff..
4   Art.12; vgl.Kap.III.
5   Außerdem wurden darin die Verpflichtung zu einer jährlichen Anpassung der "inneren" Gesetzgebung an die europäische Gesetzesordnung eingeführt. Regionale Kompetenzen für eine direkte Umsetzung der Gemeinschaftspolitik wurden allerdings nur für die Sonderstatutregionen festgelegt. Siehe auch Nuova Rivista giuridica del Mezzogiorno, Nr.3, 1993, 665; Regione e governo locale Nr.4, 1994, 563, 547, 555; 558.

wurde, trat langfristig eine Stärkung der regionalen Ebene und eine direktere Verbindung zwischen Regionen und EU-Ebene ein. Diese Entwicklung ist an der kontinuierlichen Ausweitung des Beteiligungsprinzips an der Strukturpolitik der Gemeinschaft abzulesen, das zwar kaum wesentliche Mitentscheidungsrechte einräumt, aber den untergeordneten Strukturen immer größere beratende Funktionen und Informationsrechte zuweist. Eine effektive Beteiligung der Regionen hängt dabei in erster Linie davon ab, inwieweit es ihnen gelingt, eine "gute Beziehung" auf informeller Ebene zu denjenigen Ministerien aufzubauen, die an den politischen Entscheidungsprozessen der Gemeinschaft beteiligt sind (Desideri 1995, 75).[6]

Der Maastricher Vertrag stellt mit der Anerkennung des Subsidiaritätsprinzips den vorläufigen Höhepunkt dieser Entwicklung dar, die den Regionen Europas indirekt eine wichtige Rolle in der neuen europäischen Ordnung zuweist und eine konkrete institutionelle Reform durch die Einrichtung des Regionenausschusses in Brüssel mit sich bringt. Damit ist ein vorläufiger Höhepunkt einer Politik erreicht, die die exklusive Rolle der Nationalstaaten zunehmend in Frage stellt und die Einbeziehung neuer, subnationaler Akteure ermöglicht und institutionalisiert.[7]

Vor allem das Subsidiaritätsprinzip wurde immer mehr zum grundlegenden Bezugspunkt der zentralen Forderung der europäischen und der italienischen Regionen nach einer Stärkung ihrer Rolle und Kompetenzen.[8] Von Seiten der Regionen wird dabei gefordert, daß ihre Aufwertung in das Recht münden soll, gemeinsam oder einzeln eine direkte Beziehung zu den europäischen Institutionen aufnehmen zu dürfen und so die Subsidiarität zum effektiven Leitprinzip der regionalen Beziehungen zum Staat zu machen (Conferenza dei Presidenti 1991; Regione e governo locale 4/94, 550).[9]

Beispielhaft für die Schwierigkeit, diese Forderungen durchzusetzen, ist die Angelegenheit des neuen Regionalstatuts der Emilia Romagna. Dieses Statut, das die Verfassung der Region darstellt, muß durch das nationale Parlament verabschiedet werden. Da es jedoch die Möglichkeit direkter Beziehungen der Region mit der europäischen Gemeinschaft vorsah, scheiterte es am Widerstand der Regierung und

---

[6] Problematisch ist dabei allerdings zusätzlich die Verteilung solcher Funktionen auf mehrere Ministerien, deren Rollen sich duchaus überschneiden können (ebenda). Eine entscheidende Rolle spielt dabei das Interministerielle Kommitee für ökonomische Planung, CIPE, dessen Aufgabe die Festlegung der allgemeinen Ausrichtung der italienischen Politik in der Gemeinschaft ist (ebenda; siehe auch Buglione/Desideri 1991).
[7] Zum Einfluß dieser Neuerungen auf die internen Strukturen siehe ausführlich Marino 1993, 668ff.
[8] Siehe Kap.V.
[9] Umstritten ist nun allerdings, ob die Einführung des Subsidiaritätsprinzips nicht eine Aufgabe an nationaler Souveränität mit sich bringt, die weit über Art.11 der Verfassung hinausgeht, der die Grundlage der italienischen EU-Zugehörigkeit darstellt und Begrenzungen der eigenen italienischen Souveränität erlaubt, wenn sie zur Errichtung einer Ordnung dient, die dem Frieden und die Gerechtigkeit zwischen den Nationen fördert. Sollte die Subsidiarität diesen Rahmen sprengen, wäre eine Verfassungsänderung notwendig (Marino 1993, 668).

konnte erst verabschiedet werden, als eine Regelung eingeführt wurde, die die Einrichtung von eigenen Repräsentanzbüros der Regionen in den europäischen Regionen ausschloß (Desideri 1995, 76).

Die Beziehungen zwischen italienischen Regionen und der Gemeinschaft, die auf informeller Ebene bereits bestehen, werden von der Zentralregierung in der Praxis allerdings immer mehr toleriert (ebenda). Sie fallen unter die kürzlich vom Verfassungsgericht verabschiedeten Spruch zur Zulässigkeit von "Werbeaktivitäten" (*attività promozionali*) oder von Aktivitäten "geringerer internationaler Relevanz" der Regionen im Ausland.[10] Allerdings bestehen auch von Seiten der Regionen institutionelle Hindernisse für eine europäische Kommunikation und eine effektive Durchführung von Gemeinschaftspolitiken.[11] Vor allem im Süden des Landes fehlen Strukturen und Personal, die Informationen über und Bezüge zur europäischen Ebene aufbauen könnten.[12]

Insgesamt ist festzuhalten, daß der "neue Regionalismus" in Italien sich als ausgesprochen europafreundlich darstellt; wirklich aktiv für die Umsetzung eines "Europas der Regionen" werden allerdings eher die nord- und mittelitalienischen Regionen (Desideri 1995, 78). Hier zeigt sich der Einfluß geopolitischer Faktoren, die durch politische Einflußnahme aufgefangen werden müssen.

Auch in Italien ist zu beobachten, daß die Rolle der Regionen als identifikatorischer Bezugsrahmen mit der zunehmenden Übertragung von Funktionen und Kompetenzen auf europäische Union wichtiger wird und "Verortungsmöglichkeiten" traditioneller Art ersetzt. Der europäische Einigungsprozeß stellte eine Herausforderung für die italienischen Regionen dar, die sie in ihrem Selbstbewußtsein gestärkt und den Zentralstaat immer wieder zu Zugeständnissen veranlaßt hat. Die europäische Union hat damit einen Prozeß unterstützt, der den untergeordneten Körperschaften zunehmende demokratische Rechte und Funktionen zuwies und den Regionen neue Handlungsmöglichkeiten eröffnet.

3. Die Region als Bezugsrahmen für politisches Handeln

Obwohl viele der in der Theorie herausgestellten Determinanten von politischem Regionalismus und regionalem Nationalismus - wachsende Entwicklungsunterschiede, soziale Spannungen und Urbanisierungskrisen, die separaten historischen Tradi-

---

10 Dies gilt auch für die Beziehungen europäischer Regionen untereinander, wie beispielsweise die Initiative der "4 Motoren Europas", d.h. der Regionen Lombardei, Katalonien, Baden Württemberg und Rhône Alpes zeigt (Desideri 1995, 77), und erlaubt die Ausweitung transnationaler Aktivitäten wie die bereits seit den 70er Jahren bestehende Arbeitsgemeinschaft Alpe Adria (Vaitl 1978, 137ff.; Desideri 1995, 77).
11 Zur Unfähigkeit der Behörden, bereits bewilligte EG-Gelder auch wirklich abzurufen, siehe Desideri 1995, 78f.
12 Vgl. auch Kampanien-Fallstudie, EUREG 1994b.

tionen usw. - im Mezzogiorno anzutreffen sind, entwickelte sich im kontinentalen Süditalien kein nennenswerter peripherer Regionalismus.

Die Ursachen dafür sind in erster Linie im politischen System zu suchen. Regionalismus wird auf der politischen Ebene determiniert, durch die Art und Weise, wie politische Akteure sich den sozialen und ökonomischen Bedingungen der Peripherie stellen und sie zur politischen Mobilisierung nützen; sie entstehen nicht "spontan" aus den sozialen und ökonomischen Veränderungen selbst. Aus diesen Veränderungen entwickeln sich zwar neue Interessen, die zur potentiellen Basis einer eventuellen politischen Mobilisierung werden können. Vor allem aber sind es die wirtschaftlichen und soziopolitischen Veränderungsprozesse, insbesondere die Entwicklung einer partizipativen Kultur, die den Schlüssel der politischen Mobilisierung darstellen (Keating 1988, 230).

Das Ziel des "klassischen" Regionalismus der rückständigen Regionen war die politische Unabhängigkeit als notwendige Vorbedingung für eine beschleunigte Modernisierung und allgemeine Wohlfahrtsverbesserung, die sich nichts von der zentralen Ebene versprachen und deshalb regionalistische Perspektiven zu ihrer Strategie machten. Im Mezzogiorno statt dessen versprach die Abkopplung vom politischen Zentrum keineswegs Modernisierungsmöglichkeiten; die Wohlfahrtserwartungen richteten sich im Gegenteil auf das Zentrum. Die Eliten fanden andere Beteiligungsmechanismen an der staatlichen Macht; sie entwickelten kein Interesse daran, historische Bezüge oder Charakteristiken einer regionalen Identität aufzugreifen, regionalpolitisch zu nutzen und so langfristig zur Bildung regionaler Identitätsstrukturen beizutragen.

Nur im prosperierenden Norden gilt die Abkoppelung vom Zentrum heute immer mehr dem Ziel einer angeblichen Wohlstandssicherung, wie sie von den Ligen propagiert wird. Im Süden dagegen wurden die lokalen und regionalen Eliten über transformistische und klientelistische Mechanismen ins nationale politische Geschehen eingebunden, von einer Veränderung des Status Quo hätten sie nur Nachteile zu erwarten gehabt. Die nationale Ausrichtung von Parteien, Institutionen und Interessengruppen reduziert in Süditalien die Voraussetzungen einer effektiven regionalen Interessenvertretung; dabei sind sie durch die klientelistischen, vertikal ausgerichteten Strukturen gegenüber den eher horizontal gekennzeichneten Strukturen in Norditalien im Nachteil, da daraus eine verminderte Kapazität der Interessenbündelung resultiert.

Die verbesserte Aggregations- und damit Durchsetzungsfähigkeit der Interessen der Bevölkerung, die aus der Wahrnehmung einer eigenen regionalen Identität sowie der Bereitschaft resultiert, sich mit der Region zu identifizieren und sie zum Handlungsrahmen des eigenen politischen Handelns zu machen, trifft im engeren Sinn allerdings weder in Kampanien noch in der Lombardei zu. In keiner der beiden Regionen ist eine starke regional ausgerichtete Identifikationsstruktur vorhanden. Es sind eher

Elemente wie die kollektive bzw. individualistische Ausrichtung des Handelns, Mentalitätsfaktoren, sowie die innere Abgrenzung nach außen wie im Falle der Nordregionen gegen den "korrupten Zentralstaat" bzw. den "parasitären" Süden, die nicht einmal streng auf die Regionengrenze begrenzt bleibt, die zur Grundlage von regionalen Zugehörigkeitsgefühlen werden.

Allerdings zeigt gerade das norditalienische Beispiel, daß regionale Elemente von Partizipation und Identifikation durchaus in der Gegenwart iniziiert werden können. In Süditalien existieren heute gesellschaftliche Kräfte, von den nicht-klientelistischen Parteien bis zu den Gewerkschaften und Interessengruppen, die den Rückgriff auf historische und ethische Gemeinsamkeiten zu einem Element der regionalen Kultur machen können, ohne damit separatistische Tendenzen zu verbinden. Identifikationsfaktoren können so längerfristig zu einer wichtigen endogenen Ressource werden.

Politisches Handeln in der Region kann damit zu seinen ursprünglichen demokratischen und partizipativen Charakteristiken zurückfinden, die gerade im Süden einen großen Bedeutungsverlust erlitten haben. Die öffentliche Politik produzierte über einen so langen Zeitraum vor allem Ineffizienz und Korruption, daß sie damit gleichgesetzt wurde und ihre ursprüngliche demokratische Funktion als Interessenorganisation und -repräsentanz verlor. Kollektive Identitäten wurden zugunsten ausschließlicher und opportunistischer Zielsetzungen aufgelöst, nach dem Motto "Demokratie ja, aber bei mir Zuhause und mit wem ich will" (Rusconi 1993, 8). Konzepte wie " `buon governo`[13] und Gemeinwohl gehören der Vergangenheit an; heute macht man Politik mit Geld und für Geld, und die Wahlstimmen werden gekauft" (Bocca 1990, 89). Und da, wo es keinen politischen Wettbewerb ohne Gewalt gibt, existiert die Demokratie nicht mehr.[14]

4. Föderalismus, Regionalismus und Mezzogiornoproblematik

Eine gleichberechtigte Einbindung aller Regionen, eingeschlossen der rückständigen Gebiete, in die staatlichen Entscheidungsstrukturen ist im italienischen Regionalmodell beabsichtigt, aber nur eingeschränkt realisiert. In der Realität garantiert es formal gleichwertige regionale Beteiligungsmöglichkeiten, die aber von den Regionen unterschiedlich wahrgenommen werden. Die unterschiedliche Ausnutzung bestehender und formal gleicher institutioneller Strukturen durch die politischen und sozialen Kräfte resultiert aus den unterschiedlichen Traditionen und aktuellen Problemlagen in den Regionen. Die Analyse der Umweltpolitik beispielsweise hat gezeigt, daß sich auch hier keine innovative Funktion der Politikmechanismen nachweisen lassen.

---

[13] "Gute Regierung".
[14] Norberto Bobbio, zitiert nach Bocca 1992, 89. Schätzungen haben ergeben, daß die Wahlstimme als Ausdruck politischer Meinung im Süden nicht mehr als 20% der abgegebenen Stimmen ausmacht; "der Rest ist in der Hand der Herrscher der Parteiausweise und der Mafia" (ebenda).

In Kampanien hätte eine solche konkrete, das heißt über programmatische und verbale Absichtserklärungen hinausgehende Schwerpunktsetzung durchaus wichtige ökonomische Konsequenzen vor allem für den Bereich der Tourismusindustrie zeitigen können. Zudem handelt es sich um einen Bereich, in dem die Mobilisierung und damit die Relevanz neuer politischer Akteure und Inhalte besonders ausgeprägt ist. Im Gegenteil steht dieser Politikbereich gerade im Süden Italiens hinter andere Probleme zurück, da seine Strategien den traditionellen industriepolitischen Zielsetzungen untergeordnet werden.

Der sozioökonomische Ausgleich zwischen den Regionen, vergleichbar dem im Grundgesetz festgelegten Ziel einer Angleichung der Lebensverhältnisse, wurde im italienischen Regionalmodell zwar angestrebt und das Solidaritätsgebot verfassungsrechtlich verankert. Letztlich hat die Entwicklungsförderung, vor allem durch die *Cassa per il Mezzogiorno*, jedoch mehr Abhängigkeit als Entwicklung geschaffen, auch wenn sie zu mehr Wohlstand der Bevölkerung beigetragen hat. Die verfassungsmäßig sanktionierten Solidaritätsstrukturen der antifaschistischen Koalition der Nachkriegszeit haben sich auf Dauer als nicht funktionsfähig erwiesen; bereits mit der Einrichtung der *Cassa* bei gleichzeitiger Rückstellung der Realisierung der Regionalordnung wurde die Option für eine zentralistische Gestaltung umgesetzt.

Die Analyse des italienischen Systems hat gezeigt, daß insbesondere drei Faktoren zentral sind für Verbesserung der gleichberechtigten Entwicklung der italienischen Regionen: a) eine Stärkung der regionalen Ebene könnte die Entwicklung von eigenverantwortlichen Orientierungen verstärken; b) eine Eindämmung der endogenen Entwicklungshindernisse scheint unumgänglich, um diese Tendenzen zu stützen und demokratische Kontrollmechanismen gegen Klientelismus und organisierte Kriminalität zu ermöglichen; c) der Tatsache, daß sich die prosperierenden Regionen zunehmend ihrer Verantwortung dem Süden gegenüber entziehen, muß entgegengewirkt werden.

Nach der Abschaffung der zentralistischen Südförderung 1993 zugunsten problembezogener Eingriffe unabhängig von der geographischen Lage sind heute Reformmöglichkeiten des Fördermechanismus möglich geworden. Sollte dies jedoch zur Absage an Umverteilungs- und Entwicklungsanschubmaßnahmen werden, wären die Zielsetzungen verfehlt. Nur ein Ausbau und eine verbesserte Funktionsfähigkeit der regionalen Entscheidungsebene bei gleichzeitigem Abbau der bestehenden endogenen Hindernisse kann eine effektive Entwicklungsperspektive eröffnen.

Die Regionen brauchen Autonomie, aber sie brauchen auch den staatlichen Zusammenhang. Die Unterstützung von außen vor allem für die Südregionen muß jedoch als "Hilfe zur Selbsthilfe" konzipiert werden, vor allem in Richtung einer effektiven politischen Selbstorganisation bei Absage an klientelistische und kriminelle Politikmechanismen. Eine Förderung der Wirtschaftsstruktur muß dabei unter besonderer Unterstützung der innovativen und umweltpolitisch verträglichen Bereiche erfolgen. Dem Zentralstaat kommt neben den regionalen Kräften gerade in der Bekämpfung der organisierten Kriminalität eine wichtige Funktion zu, die er zunehmend wahrnimmt.

Im italienischen Fall war es nicht zuviel, sondern zuwenig regionale Autonomie, die eine eigenständige Entwicklung des Südens behindert hat. Die institutionellen Voraussetzungen, die durch die regionale Struktur vorgegeben sind, haben nur scheinbar gleiche Verhältnisse für die nord- und die süditalienischen Regionen geschaffen. In Wirklichkeit bestehen erhebliche Unterschiede, die eine regionale Selbstbestimmung im Süden weit mehr erschweren als im Norden.

Transformismus und Klientelismus stellten zwar ursprünglich durchaus Methoden dar, den rigiden Verwaltungszentralismus "durch die typisch italienische Fähigkeit, einen politischen Kompromiß zu finden" auf manche Weise abzuschwächen (Putnam 1993, 24). Kompromißbereitschaft, Klientelismus und Transformismus wiesen deshalb Elemente auf, die sie zu einem System der "Milderung" des Zentralismus machten. Der Preis dafür lag allerdings in der Selektivität des Zugangs, die jeglichen Gleichheits- und Partizipationsanspruch negierte. "Obwohl die Institutionen stark zentralisiert waren, hatte das italienische Regierungssystem in sich ein gewisses komplizenhaftes Verhältnis (*rapporto di complicità*) gegenüber den lokalen Machtzentren." Für die lokalen und regionalen Politiker führten allerdings "alle Straßen nach Rom" (ebenda). Letztlich resultierte daraus die Unfähigkeit des Systems, eine effektive politische und administrative Gestaltung des Gemeinwesens zu verwirklichen. Die Region als politischer Bezugsrahmen wurde ihrer Relevanz geschmälert und durch die linearen, vertikalen Zugangswege zum Zentrum ersetzt.

Das zentrale Problem der regionalen Eigenständigkeit im Süden ist die Ineffizienz der regionalen Institutionen und die Schwäche der soziopolitischen Rahmenbedingungen, die eine Lösung finden müssen. Sie waren mit verantwortlich dafür, daß das Ziel der meridionalen Entwicklung verfehlt wurde und die Entwicklungsunterschiede zwischen Norden und Süden sich nicht verringerten. "Natürlich ist die Regionalreform nicht verantwortlich für dieses Gefälle, aber eine der besorgniserregendsten Schlußfolgerungen ist, daß die Resultate der Durchführung dieser Reform dem bereits bestehenden Gefälle ein weiteres Element hinzufügen - das der Leistungsfähigkeit der neuen Körperschaft." (Putnam 1985[15]). Die institutionelle Effizienz ist deshalb gerade in den Regionen besonders schwach, wo sie besonders notwendig wäre. In den Südregionen existierte deshalb keine reale Autonomie; die Südförderung ersetzte in vielerlei Hinsicht das normale politisch-administrative Handeln der Regionen. Eine Verbesserung der süditalienischen Lebens- und Entwicklungsbedingungen kann nur aus der Stärkung der Autonomie und der Selbstbestimmung, d.h. der endogenen Faktoren insgesamt resultieren. Die mangelnde Effektivität der italienischen

---

15   Zitiert nach Sales 1993, 132.

Mezzogiornopolitik steht beispielhaft für das Unvermögen einer Entwicklungsförderung, ohne nennenswerte Berücksichtigung der eigenen Ressourcen wirksam zu werden.

Modernisierung und Entwicklung verläuft in vernetzten Systemen nicht zwangsläufig, wie es die Modernisierungstheorien postuliert hatten. Gerade die Kooptation der regionalen Eliten durch die zentralen Organe macht Entwicklung in den "rückständigen" Regionen zum Problem. Nur die Einbeziehung wirklich lokal und regional verankerter Akteure mit politischen Reapräsentanzfunktionen und mit demokratischer Legitimation können die Apathie und den "Immobilismus" auflösen.

Die Dezentralisierung ist deshalb einer der wichtigsten Punkte einer neuen Strategie für den Süden. Vor allem zwei Argumente werden allerdings immer dagegen gesetzt. Zum einen wird den politischen Handlungsträger im Süden die Fähigkeit abgesprochen, mehr Kompetenzen und Ressourcen zu verkraften, ohne daß dadurch die "perversen Effekte" (Trigilia 1992) der Südförderung verstärkt werden. Zweitens wird befürchtet, daß eine Zunahme der subnationalen Autonomie die Abnahme der nationalen Verantwortung für die benachteiligten Gebiete und damit der nationalen Solidarität impliziere. Die Antwort kann nur in der Suche nach einem neuen Gleichgewicht zwischen Verantwortung und Solidarität liegen, bzw. zwischen Solidarität und Effizienz oder zwischen Solidarität und Entwicklung (ebenda, 187).

Mezzogiornofrage und Föderalismus bzw. politische Dezentralisierung hängen eng zusammen. Die Lösungsmöglichkeiten der ersteren werden durch die Überwindung der politischen Abhängigkeit des Südens, der "Kultur der Sonderförderung" und der damit verbundenen "perversen Tauschmechanismen" (Sales 1993, 121) wesentlich verbessert. Zwischen dem Entwicklungsproblem des Südens und der Frage der Demokratie und der Partizipation besteht ein enger Zusammenhang. Der Süden wurde in das bestehende Macht- und Konsenssystem integriert; die Entwicklung einer selbstverantwortlichen, solidarischen Autonomiestruktur wurde dieser ungleichgewichtigen Integration geopfert. Die Südregionen wurden "kleine Südkassen"; ihre Funktion wurde auf die Verwaltung öffentliche Ausgaben reduziert, und die politischen Handlungsspielräume gingen verloren. "Das alte Machtsystem hat sich auf der Basis der Kontinuität der Südregionen mit der Praxis der Geschäftemacherei konsolidiert, verbunden mit den großen und kleinen öffentlichen Maßnahmen" (ebenda, 131). Diese Entwicklung ging zuungunsten der Verfolgung strategischer Planung.

Die Stärkung und Unterstützung der nicht-kompromittierten gesellschaftlichen und politischen Kräfte bei gleichzeitiger Ausweitung der autonomen Gestaltungs- und Verantwortungsbereiche einerseits, und eine neuen wirtschaftspolitischen Strategie, die die eigenen Ressourcen in den Mittelpunkt der Entwicklung stellt und von einer reinen "Wiederholung" des industriellen und umweltpolitisch umstrittenen Entwicklungsmodells absieht, kann die Perspektive der Entwicklung wesentlich verbessern. Dazu könnte eine Neuorientierung der Organisations- und Entscheidungsstrukturen, des Finanzsystems und der politischen Strategien weg von der nationalen Ebene beitragen. Das historisch kurzzeitige Bestehen der Regionen in ihren jetzigen Grenzen hat bisher zwar nicht ausgereicht, um funktionsfähige und effiziente Strukturen herauszubilden. Regionale Identität ist aber ein historisch veränderbares Konzept, und es existieren durchaus Grundlagen und Erfahrungen für eine Reform und politische Handlungsträger mit alternativen Strategien. In erster Linie ist die Linke zu nennen, die in Neapel bereits in der Stadtregierung sichtbare Veränderungen herbeigeführt hat, und bei aller Präsenz der politischen Rechten, die sich als Klientelismus-Nachfolgerpartei zu profilieren sucht, eine breite Basis findet. Die Korruptionsskandale der letzten Jahre haben im Süden das traditionelle klientelistische System erschüttert, und gegen viele der Schlüsselakteure mit nationaler oder lokaler Regierungsverantwortung (wie die ehemaligen Minister Gava, Pomicino u.ä.) wurden Gerichtsverfahren eröffnet.

Auf politischer Ebene steht heute ein konservativer Block einem progressiven gegenüber. Die Gewerkschaften und vielfältige Gruppierungen der Zivilgesellschaft formieren sich zunehmend als Gegenkräfte, und Anfänge einer politisch tragfähigen Organisation der Opposition und der soziopolitischen Kräfte, die bisher keinen Raum gewinnen konnten, sind vielfach zu beobachten. Auch die große Anzahl von Alternativ- und Nichtwählern zeigt das Vorhandensein konstruktiver und nichtklientelistischer oder krimineller Kräfte. Sie stellen eine beginnende Rückbesinnung der Südregionen auf die eigenen Kräfte und den eigenen regionalen Rahmen dar, in Richtung einer "moralischen Revolution", die die Gesellschaft mit dem notwendigen Elan versorgt, um tatsächliche Veränderungen zu bewirken.

Diese Kräfte wirken verstärkt in Richtung einer besseren Kontrolle der verantwortlichen Institutionen und der Effektivität ihrer Dienstleistungen; insbesondere die Forderung, politische Wahlen auf ihre demokratischen Funktionen zurückzuführen, erlangt dabei einen wichtigen Stellenwert. Im klientelistischen System stellen Wahlen nicht mehr den Gradmesser für Zustimmung oder Dissens oder demokratisches Bewußtsein dar. Nicht Zustimmung, sondern Mangel an Alternativen ist ihre Grundlage. Eine verbreitete Unzufriedenheit mit dem bestehenden System und damit eine Basis für eine "demokratische Revolution" wie in Osteuropa Ende der 80er Jahre besteht in Süditalien heute durchaus.

Das nationale Umverteilungssystem kann durchaus mehr regionale Verantwortung implizieren als in der Vergangenheit und der scheinbare Kontrast zwischen Zentrum und Peripherie, zwischen Zentralismus und Dezentralisierung überwunden werden. Die Entscheidung impliziert dabei keineswegs eine Alternative zwischen Zentrum und Peripherie, sondern zwischen "der Entscheidung, den Süden abhängig zu halten vom Staat und vom Produktivapparat des Nordens, und der, ihn in den wirtschaftlichen und industriellen Aktivitäten Autonomie zuzugestehen" (Sales 1993, 136). Eine Trennung der sozialstaatlichen Maßnahmen und Aufgaben von den klientelistischen und illegalen Zu- und Verteilungsmechanismen ist allerdings die Grundlage dafür, die Schwäche der kollektiven Identitäten, die familien- oder gruppenbezogenen Solidaritäten, und der "Statalismus" des Südens zugunsten gesellschaftlicher Prioritäten umzustrukturieren. Solange Fördermaßnahmen als Einkommensintegrationen oder Wohlfahrtsverbesserungen konzipiert und genutzt werden, bleiben die Möglichkeiten gezielter strategischer Interventionen begrenzt (ebenda, 151). Dabei stellt sich ein gravierendes Problem der politischen Kontrolle der Ökonomie und des protektionistischen Systems, als zusätzlichem Absatzmarkt für Norditalien und "geschütztem Markt für Arbeitskräfte und Konsum", der heute ein "durch die Politik und die Parteien geschützter Markt" geworden ist (Sales 1993, 154f.). Zentrales Problem ist dabei die Überwindung der "Kooptation des Südens in die italienische Ökonomie" (ebenda, 153) und ihrer Überwindung zugunsten eigener produktiver Systeme.

Die Abschaffung der traditionellen Südförderung 1993[16] erfolgte bereits auf Druck von progressiven gesellschaftlichen Kräften - und keineswegs der Rechten oder der Ligen - und belegt deren zunehmende Stärke. Der neue Ansatz muß keineswegs das Ende des staatlichen Engagements darstellen, sondern macht sie zum Bestandteil einer neuen wirtschaftlicher Gesamtstrategie des Landes. Den Mezzogiorno mit den anderen rückständigen Gebiete in ganz Italien gleichzustellen birgt allerdings zusätzliche Gefahren, da diese völlig unterschiedliche Situationen wie beispielsweise die Gebiete industriellen Niedergangs im Norden und die traditionelle Rückständigkeit im Süden in dieselben Fördermechanismen einbinden.

5. Entwicklungsperspektiven des italienischen Staates

Die Analyse des italienischen Regionalstaates zeigt, daß neben Staatsform und Kompetenzverteilung psychologische und soziokulturelle Faktoren eine wichtige Rolle im politischen Leben des Landes spielen. Diese Tatsache wird nicht nur durch den unterschiedlichen symbolischen Stellenwert, der der regionalen Ebene zugewiesen wird, sondern auch durch die unterschiedliche Ausnutzung bestehender institutioneller Strukturen durch die sozialen und politischen Kräfte belegt. Insgesamt weisen die politischen Perspektiven jedoch sowohl in den nord- wie in den süditalienischen Regionen in Richtung einer zunehmenden Föderalisierung; selbst der Zentralstaat ist an einer Verlagerung von Funktionen und damit - und das ist das primäre Ziel - finanziellen Belastungen in die Regionen interessiert. Damit erhält das System eine zentrifugale Orientierung, die - gemeinsam mit der mittlerweile ein Vierteljahrhundert andauernde Erfahrung der Regionen, dem Zusammenbruch der herkömmlichen Politikmechanismen und dem Druck der Ligen in Richtung einer Föderalisierung oder gar einer Sezession des Nordens des Landes - eine föderale Umstrukturierung der staatlichen Struktur zur wahrscheinlichen Entwicklungsperspektive macht. Gerade die norditalienischen Regionen verstehen sich als europaorientierte

---

16 Durch Regierungsdekret zur Vermeidung des vom progressistischen Giannini-Kommitees angestrengten Referendums; vgl. Kap.IV.

ökonomische und soziokulturelle Modernisierungsträger; allerdings sehen sie den Süden in diesem Prozeß eher in der Funktion eines Bremspedals. Die geographische und strukturelle Benachteiligung des Südens macht allerdings seine derzeitige "Europatauglichkeit" tatsächlich fraglich; dies erscheint jedoch nicht zuletzt eine Frage der unzureichenden Informations- und Kommunikationssysteme. Allerdings zeigen die neueren Entwicklungen eine zunehmende Bereitschaft lokaler und regionaler Kräfte, die eigenen Belange selbst zu regeln; alte Klientelistische Strukturen werden abgebaut, und im Kampf gegen die organisierte Kriminalität scheint der Staat zunehmend erfolgreich zu sein.

Die innere Entwicklung Italiens wird sicherlich durch den Kontext der potentiellen Entwicklungsszenarien Europas mit konditioniert, die die Regionen insgesamt aufwertet. Die interne Situation und der politische Umbruch in der ersten Hälfte der 90er Jahre haben in Italien allerdings zu einer langanhaltenden politischen Unsicherheit und Desorientierung geführt, die durch das neue Wahlsystem und das völlig veränderte Parteienspektrum noch verstärkt wurde. Die Basis des traditionell auf der Parteienherrschaft aufgebauten Systems, das sich durch alle gesellschaftlichen Sphären gezogen hatte, ist damit weggebrochen. Dabei sind die überlieferten politischen Praktiken bisher keineswegs durch neue ersetzt, wie etwa die Zuteilung von Gütern oder Einflußbereichen nach Proporzkriterien. Die Akteure des politischen Spiels handeln allerdings gegenwärtig auf der Basis unzureichender Informationen über die Spielregeln. Aus dieser Situation resultiert eine große Instabilität der Strategien und Vereinbarungen und ihr kurzfristiger Charakter. Längerfristige Planungen und Reformen, wie sie eine föderale Reform des Staates verlangen würde, mußten ausbleiben. Das Handeln der politischen Handlungsträger wurde durch kurzfristige Partikularinteressen bestimmt, zuungunsten systemischer, nur langfristig lösbarer Probleme. Die "Unbestimmtheit der Transition hängt vom Mangel an Klarheit der systemischen Planungsfähigkeit ab, die durch politisch-institutionellen Opportunismus mit teilweise pathetischen Züge ersetzt wird" (Pasquino 1995, VIIb, VII).

Die Wahlen vom April 1996 haben eine Beruhigung des politischen Szenarios mit sich gebracht. Der Wahlsieg des gemäßigten Romano Prodi und der Mitte-Links-Koalition "Olivenbaum" macht eine Rückbesinnung auf Dezentralisierungstraditionen in der Linken und in der christlichen Tradition möglich. Damit wird die föderalistische Tradition wiederaufgenommen, die die demokratische Linke in Italien im Gegensatz zu vielen anderen europäischen Ländern gekennzeichnet hatte, auch wenn sie - wie die föderalistischen Theorien Cattaneos und Ferraris, die im 19. Jahrhundert wichtige Alternativen zum unitarischen Einigungskonzept darstellten - meist Minderheitenpositionen bildeten und sich nicht durchsetzen konnten. Während sich in Deutschland aus dem Zollverein in der zweiten Hälfte des 19. Jahrhunderts - wenn auch unter preußischer Vormachtstellung - ein föderaler Staat bildete, war das Ergebnis der italienischen Einigung deshalb ein auf politischer wie administrativer Ebene zentralistisch organisierter Staat.

Auch die andere Besonderheit der italienischen Föderalismustradition, die enge Verbindung von föderalistischen und meridionalen Fragestellungen - wie beispielsweise in den Theorien Salveminis und Sturzos - zeigt die Relevanz, die der politischen Dezentralisierung in der italienischen Tradition immer wieder zugewiesen wurde, obwohl sie letztlich nicht durchsetzungsfähig waren. Die großen linken Parteien waren gegen die Sonderförderung, zugunsten zentral organisierter ökonomischer Planung (Guaita 1981, 133). Nach dem zweiten Weltkrieg vertrat die politische Linke durchweg einen "nationalen" Ansatz der Süditalienfrage; die die Entwicklungsförderung sollte dabei durch eine gezielte Umstrukturierung der staatlichen Wirtschaftspolitik erfolgen.

Die Abspaltungsideologie der Ligen stellt allerdings eine vehementen Angriff auf die interregionale Solidarität dar, auch wenn ihre Positionen vor allem durch folkloristische und wirtschaftlich keineswegs fundierte Elemente gekennzeichnet sind und auf reinem politischen Kalkül jenseits jeglicher Umsetzungsmöglichkeit basieren; das Projekt des Poebenenstaates stellt keinesfalls eine realisierbare ökonomische Größenordnung dar. Der "virtuelle Föderalismusentwurf" der Ligen (Espresso 23.5.1996, 59) mit seinem "Poebenen-Befreiungskomitee" (*Comitato di liberazione della Padania*), der "Freistaat Padanien"[17] mit seinem Scheinparlament und seinen Schattenministerien in Mantova, und das Ziel der Ligen, zum "Bezugspunkt aller Autonomiebewegungen Europas" zu werden (ebenda, 58) haben wohl kaum Aussicht auf Erfolg, da ein solcher Staat über keinerlei stabile Strukturen verfügen würde und sich in einer Volksabstimmung kaum eine Mehrheit für seine Verwirklichung fände.

Allerdings sind in diesem Entwurf durchaus Elemente vorhanden, die eine Annäherung zwischen dem "Olivenbaum" und den Ligen ermöglichen, da erstere langfristig durchaus auf die Stimmen der Ligen im Parlament angewiesen sein wird.[18] Dazu gehört die Diskussion um eine Wahlreform, die das deutsche Modell zum Vorbild haben soll, sowie der Rückzug auf legale und friedliche - und damit verfassungskonforme - Modalitäten der beabsichtigten Sezession vom Einheitsstaat. Der Slogan Sezession wurde nach der Wahl weit schlagkräftiger als der des Föderalismus; damit wurde eine extreme Position eingenommen, aus der die darauffolgenden Verhandlungen mit dem Mehrheitsbündnis geführt werden sollten.

Letztlich ist es also gerade die separatistische Strategie der Ligen, die der Linken und ihren verbündeten Parteien die Möglichkeit geben, den Föderalismus wieder zu "ihrem" Thema zu machen und die unumstrittenen Reformnotwendigkeiten mit einer

---

17   Die Ligen nehmen so unter all den diskutierten "möglichen Föderalismen" das ursprüngliche Miglio-Modell wieder auf, das neben dem Nordstaat der Poebene noch weitere zwei italienische Staaten, Etrurien und Süd, vorsieht und einen jederzeitigen Austritt der Teilstaaten aus der Föderation eralubt; vgl. Kap.IV.
18   Nach den Wahlen vom April 1996 kommen den Ligen auf der rechten und der *Rifondazione Comunista* auf der linken Seite des Parteienspektrums die "Zünglein an der Waage-Funktion" im Parlament zu.

konstruktiven gesellschaftlichen Modernisierungsstrategie zu verbinden, die sich von der Sezessionismusinszenierung der Ligen abgrenzt. Zwar hat die Analyse des italienischen Systems gezeigt, daß institutionelle Veränderungen allein keineswegs Automatismen auslösen. Andererseits stellen sie jedoch eine notwendige Voraussetzung für die Einleitung längerfristiger soziopolitischer Veränderungsprozesse dar, denen sonst jegliche formale Basis damit Durchsetzungsmöglichkeit fehlen würde. Die Realisierungmöglichkeit eines Föderalismus oder eines kooperativen Regionalismus mit gleichberechtigter Beteiligung der Regionen am nationalen Politikprozeß, und die Überwindung der Krise umverteilungspolitischer oder entwicklungsinduzierender Maßnahmen und der interregionalen Solidarität, die dem Bedürfnis der konfliktfreien Einbindung der Peripherie in das europäische Einigungsprojekt widerspricht, ist deshalb gegenwärtig besser denn je.

Ein Hindernis für einen italienischer Föderalismus als neue Form der Organisation und Aufteilung der politischen Macht stellt - heute wie in der Vergangenheit - die Tatsache dar, daß damit konsolidierte politische Interessen in Frage gestellt würden. Wichtiger als die formelle Ebene erscheint allerdings die Existenz einer starken regionalen *leadership* und eine Verankerung politischer Interessen auf der regionalen Ebene, die neben dem Zentralstaat immer noch unter der traditionellen Vorherrschaft der Kommunen in der politischen Tradition des Landes leidet. Denn "gesellschaftliche Rahmenbedingungen, politische Kultur, Institutionen- und Parteiengefüge können die Politik im Föderalismus aufgrund ihres je besonderen Wirkungszusammenhangs sehr unterschiedlich bestimmen und die ursprünglich angelegte zentripetale oder zentrifugale Orientierung entweder verstärken oder ihr auch entgegenwirken" (Schultze 1985, 101). Nur eine grundlegende Reform der Regierungs- und Verwaltungssysteme der Regionen kann diesen mehr Funktionsfähigkeit garantieren - ob in einem föderalen oder weiterhin regionalen Staatssystem. Dabei bleibt die Ausnutzung der formalen Spielräume durch die endogenen Interessen und Initiativfähigkeit beinflußt, diese mit Leben zu füllen.

BIBLIOGRAPHIE

Abromeith, H. 1992, Der verkappte Einheitsstaat, Opladen

Adams, P. 1990, La politica industriale, in: Dente, B. (Hrg.), Le politiche pubbliche in Italia, Bologna, S.221-235

Agnew, J. 1987, Place and Politics. The geographical Mediation of State and society, Boston

Albers, D. (Hrg.) 1993, Regionalpolitik der europäischen Gewerkschaften. Eine vergleichende Bestandsaufnahme, Köln

Albertini, M. 1963, Il Federalismo e lo Stato federale. Antologia e definizione, Mailand

Alf, S. G. 1977, Leitfaden Italien. Vom antifaschistischen Kampf zum historischen Kompromiß, Berlin

Aliberti, G. 1975, La questione meridionale, Bergamo

Allegretti, U. 1995, Autonomia regionale e unità nazionale, in: Le regioni, Nr.1, Februar

Almirante, C. 1986, Federalismo, sistemi regionali e governo locale, Cosenza

Amato, G. 1991, L'autonomia rafforza l'Unità nazionale, in: Regioni e governo locale, Nr.1-2, S.11-18

Ambrosini, G. 1932, Rivista di Diritto pubblico e della pubblica amministrazione

Ambrosini, G. 1954, Lo Stato regionale: tipo intermedio di Stato tra l'unitario e il federale caratterizzato dall'autonomia regionale, in: L'ordinamento regionale, Bologna

Amendola, G. 1950, Contro l'istituzione della Cassa per il Mezzogiorno, Intervento del 20.6.1950, in: Villari 1978, S.562ff.

Andreoli, M., Cantore, R., Carlucci, A., Tortorella, M. (Hrg.) 1993, Tangentopoli. Le carte che scottano, I documenti più importanti dell'inchiesta che in un anno ha cambiato l'Italia, Panorama Libri inchiesta, Rom

Aniasi, A. 1982, Rapporto 1982 sullo stato delle autonomie del Ministro per gli Affari regionali, Aldo Aniasi, Rom

Annuario delle Autonomie locali, verschiedene Jahrgänge, Hrg. von Cassese Sabino, Vol.1 "Voci" und Vol.2, "Rubriche", Rom

Aubert J.F. 1994, Les cantons suisses: une position assez solide, in: Kramer, J. (Hrg.) 1994, S.281-288

Bagnasco, A. 1977, Tre Italie. La problematica territoriale dello sviluppo italiano, Bologna

Banfield, E. C. 1958, The Moral Basis of a Backward Society, Chicago

Barbagallo, F. 1980, Mezzogiorno e questione meridionale 1860-1980, Neapel

Barbagallo, F. (Hrg.) 1988, Camorra e criminalità organizzata in Campania, Neapel

Barber, B. 1994, Il successo del federalismo americano, in: Sabella/Urbinati 1994, S.157-168

Barbera, A, 1991, Per una rifondazione regionalista dello Stato, in: Regioni e governo locale, Nr.1-2, Januar-April 1991, S.19-49

Barbera, A. 1994, Federalismo democratico e regionalismo, in: Sabella/Urbinati (Hrg.) 1994, S.29-49

Barschel, U. 1982, Die Staatsqualität der deutschen Länder, Heidelberg

Bartole, S. 1984, Il caso italiano, in: Atti Conferenza Regioni e regionalismsmo in Europa, Le Regioni Nr.3, Mai-Juni 1984, S.411-429

Bassand, M. 1993, Culture and regions of Europe, Straßburg

Bassanini, F. 1976, Le regioni tra Stato e Comunità locali, Bologna

Battisti. R. 1992, Gli effetti delle politiche per il Mezzogiorno. Lo sviluppo perverso, in: Nuova Rassegna Sindacale, Nr.34, 28.9.1992, Rom

Bauer, J. (Hrg.) 1991, Europa der Regionen. Aktuelle Dokumente zur Rolle und Zukunft der deutschen Länder im europäischen Integrationsprozeß, Berlin

Bevilaqua, P. 1994, Questione meridionale, in: Ginsborg (Hrg.) 1994

Biorcio, R. 1991, La Lega come attore politico: dal federalismo al popolismo regionalista, in: Mannheimer 1991, S.34-82

Bobbio, N. 1988, Die Zukunft der Demokratie, Berlin

Bobbio N., Matteucci N., Pasquino G. 1992, Dizionario di politica, Turin

Bocca. G. 1990, La disunità d'Italia, Mailand

Boccella, N. 1994, Occupazione, investimenti, crescita: si apre il divario. Mezzogiorno più lontano dal Nord, in: Ginsborg (Hrg.) 1994, S.428-431

Boccella, N. 1994b, Squilibri territoriali. Tre Italie, due modelli di regionalizzazione, in: Ginsborg (Hrg.) 1994, S.427-428

Bothe, M. 1977, Kompetenzstruktur des modernen Bundesstaates

Bothe, M. 1994, Föderalismus: ein Konzept im geschichtlichen Wandel, in: Evers (Hrg.) 1994, S.19-33

Boudon, R. 1985, Il posto del disordine, Bologna

Braun, M. 1994, Italiens politische Zukunft, Frankfurt/Main

Briasco, L. 1993, Il dibattito parlamentare sulla riforma dell'intervento statale nel Mezzogiorno, in: Rivista giuridica del Mezzogiorno Nr.2, S.299-314

Brindani, D., Vimercati U. (Hrg.) 1991, Il Bossi Pensiero, Panorama Documenti, Rom

Brindani, D., Vimercati U. 1991a, "Il primo Programma", in: Il Bossi Pensiero, Panorama Documenti, S.24-25

Brutti, P. 1991, E' tempo di tornare alla gestione ordinaria, in: Nuova Rassegna Sindacale Nr.37, 21.10.1991, Rom

Buglione E., Desideri C. 1991, Le regioni nell'ordinamento comunitario: Stato di attuazione e prospettive della partnership, Istituto delle regioni, Rom

Cacciari, M. 1994, Federare per participare, in: Sabella/Urbinati 1994, S.99-111

Cacciari, M. 1994b, Senza leader la sinistra non vince, in: La Repubblica, 6.4.1994

Cacciari, M. 1996, Ci vuole subito il federalismo, in: Corriere della Sera 23.4.1996, S.15

Caciagli, M. 1988, Quante Italie? Persistenza e trasformazione delle culture politiche subnazionali, in: Polis, Nr.3, Dezember 1988

Calise, M. 1988, Le categorie del politico nella criminalità organizzata, in: Barbagallo (Hrg.) 1988, S.72-79

Camera dei deputati 1987, Costituzione della Repubblica. Regolamento della Camera, Rom

Camera dei Deputati 1991, Conferenza permanente per i rapporti tra lo Stato, le regioni e le province autonome di Trento e Bolzano. Normativa di organizzazione, Servizio Studi, Ricerche e documenti Nr.26, X. Legislatur, Oktober 1991

Cantaro, A. 1994, Cooperazione e separazione. L'ambivalenza del principio federativo, in: Quale federalismo. Proposte e modelli, Convegno della CGIL, Mailand, 7.7. 1994, in: Nuova Rassegna Sindacale Nr.37, 24.10.1994, Rom

Cantaro, A., Degni, M. 1995, Il principio federale. Federalismo e Stato sociale, Molfetta

Capotosti, M. 1981, La Conferenza permanente per i rapporti Stato-Regioni: una tendenza verso il regionalismo cooperativo?, in: Le Regioni 1981

Caracciolo, A. 1950, L'occupazione delle terre in Italia, Rom

Caracciolo, A. 1960, Stato e società civile, Bologna

Caracciolo, A. 1973, Storia d'Italia, Band 3

Caretti, P. 1994, Proposte di riforma dell'autonomia regionale e limiti della revisione costituzionale, in: Regione e governo locale, Juli-August 1994, S.567-582

Cassese, S. 1983, La regionalizzazione economica, in: Studi in memoria di Vittorio Bachelet, Bd.3, Amministrazione e economia, Mailand, S.167-177

Cassese, S. 1984, La regionalizzazione economica in Italia: un sistema alla ricerca di un equilibrio, in: Le regioni Nr.1-2, Januar-April 1984, S.9-17

Cassese, S. 1994, Federalismo e regionalismo: un falso problema, in: Sabella/Urbinati 1994, S.51-76

Castellucci, F. 1993, Presentazione di "La riforma elettorale per le regioni", in: Regione e governo locale, Juli-August 1993

Castronovo, V. (Hrg.) 1975, L'Italia contemporanea. 1945-75, Turin

Castronuovo, V. 1975b, La storia economica, in: Romano/Vivanti (Hrg.)

Cazzola, F. 1988, Della corruzione. Fisiologia e patologia di un sistema politico, Bologna

CENSIS 1991, Italy today. Social pictures and trends, Mailand

CENSIS 1994, Le identità territoriali degli italiani: Verso un federalismo "soft", Verso un federalismo dal basso?/1, 24.10.1994, Rom

CENSIS 1995, I confini del Welfare. Logiche di decentramento e logiche di riequilibrio, Verso un federalismo dal basso?/5, 23.2.1995, Rom

CESPE/CRS 1980, La programmazione regionale, Nr.1, 1980

Chiti-Batelli, A. 1977, Eine föderalistische Struktur für Italien als Bestandteil einer föderalistischen Gliederung Europas, in: Esterbauer u.a. 1977, Wien

Ciemniewski, S. 1993, Between Unity and Separation, in: Kramer (Hrg.) 1994, S.59-63

Cingari, G. 1981, Osservazioni su Federalismo e autonomia nell'ultimo trentennio, in: Raniero 1981, S.70-77

CINSEDO 1989, Rapporto sulle regioni, Centro interregionale studi e documentazione, Mailand

Clement, W. 1991, Auf dem Weg zum Europa der Regionen, in: Hesse, Rentsch (Hrg.) 1991, S.15-28

Cocchi, R. 1995, La politica ambientale della regione Emilia-Romagna, in: Regioni e governo locale, Nr.3, Mai-Juni 1995, Bologna, S.307-318

Commissione parlametare antimafia 1994, Camorra e politica. Relazione approvata dalla Commissione il 21 dicembre 1993, Rom/Bari

Conferenza dei Presidenti dell'assemblea e dei consigli delle regioni e delle province autonome 1991, Per uno nuovo Stato regionale, Bologna, 26.6.1991

Convegno nazionale del PDS 1992, Regionalismo, federalismo, secessione. Contro lo Stato centralista per unire e non per dividere l'Italia (vorläufige Fassung), 1.12.1992, Varese

Corriere della Sera 1994, "Miglio: o tre repubbliche o tre cantoni. E' l'unica via per diminuire i troppi pidocchi, i parassiti impiegatizi del sud", 6.2.1994, S.7

Corriere della Sera 1996, "Bossi: Basta. Resistenza e secessione", 5.5.1996, S.3

Craven, A. 1994, Australian Federalism - Holding the balance, in: Kramer (Hrg.) 1994, S.267- 280

D'Agostino, G. 1988, Voto e camorra, in: Barbagallo (Hrg.) 1988, S.86-91

D'Onofrio, F. 1991, Le premesse di un regionalismo autenticamente pluralistico, in: Regioni e governo locale, Nr.1-2, Januar-Februar 1991, S.66-75

Dahrendorff, R. 1976, Föderalismus, Regionalismus, Separatismus - Europa im Widerstreit von Integration und Dezentralisation, in: Haus Rissen (Hrg.), Internationale Politik, Konferenzprotokoll vom 4. bis 9. Oktober 1976

De Biase, L., Moretti, V. 1994, La seconda rivoluzione napoletana. Sud e federalismo, Neapel

De Fiores, C. 1995, Il neofederalismo. Aspetti teorici e profili costituzionale, S.81-98

de Rougement, D. 1970, Lettres ouverte aux Européens, Paris

De Siervo, U. 1995, Ipotesi di revisione costituzionale: Il cosidetto regionalismo "forte", in: Le regioni, Nr.1, Februar 1995, S. 27-68

de Tocqueville, A. 1967, Über die Demokratie in Amerika, in: de Tocqueville, Das Zeitalter der Gleichheit. Auswahl aus Werken und Briefen, Klassiker der Politik, Band 4, Köln/Opladen

Degni, M., Iovinella, G. (Hrg.) 1995, Federalismo modello Germania, Rom

Della Peruta E. 1994, Lombardia: primato economico e proposte politiche, in: Stato dell'Italia, S.126-131

Della Porta, D., Meny, Y. (Hrg.) 1995, Corruzione e democrazia. Sette paesi a confronto, Neapel

Delperée, F. 1994, Le federalisme de confrontation à la belge, in: Kramer, J. (Hrg.), S.133-144

Desideri, C. 1995, Italian regions in the European Community, in: Keating/Barry 1995, S.65-88

Deuerlein, E. 1972, Föderalismus, München

Deutsch, K. 1966, Nationalism and social communication. An inquiry into the foundation of nationality, Cambridge

di Gaspare, G. 1988, L'accordo di programma: strutture, efficacia giuridica e problemi di gestione, in: Le regioni, Nr.2, April 1988

Di Rienzo Renzo 1996, Travolti da un insolito Nord, in: L'Espresso Nr.18, 3.Mai 1996, S.62-63

Documento di indirizzo e proposte delle regioni: Riforma regionalista dello Stato e riforma elettorale delle regioni del 30.9.1993, Conferenza dei presidenti delle regioni e delle provincie autonome, Conferenza dell'Assemblea e dei Consigli delle regioni, Viareggio, in: Regioni e governo locale, Juli-August 1993

Documento di sintesi della Conferenza dei presidenti delle regioni e province autonome sulle riforme istituzionale, 11.3.1988, in: Regioni e governo locale, Januar-Februar 1991

Documento unitario CGIL/CISL/UIL 1992, in: Nuova Rassegna Sindacale Nr.47, 5.12.1992

Dossier Nuova Rassegna sindacale 1993, Il Mezzogiorno dopo l'intervento straordinario, Nr.6, 22.2.1993

Eisenstadt, S.N., Roniger, L. 1980, Patron-Client-Relations as a model of structuring Social Exchange, in: Comparative Studies in Society and History, Nr.22, S.42-77

Eisenstadt, S.N, Lemarchand, R. (Hrg.) 1981, Political Clientelism, Patronage and Development, Beverly Hills

Elkar, R. (Hrg.) 1981, Geschichtsbewußtsein und europäischer Regionalismus, Stuttgart

Engel, C. 1991, Regionen in der europäischen Gemeinschaft: Eine integrationspolitische Rollensuche, in: Integration, Beilage zur Europäischen Zeitung Nr.1, 1991

Eser, T. W. 1991, Europäische Einigung, Föderalismus und Regionalpolitik, Trier

Esterbauer, F., Hérault, G., Perntaler, P. (Hrg.) 1977, Föderalismus als Mittel permanenter Konfliktregelung, Wien

Esterbauer, F. 1976, Kriterien föderativer und konföderativer Syteme, Wien

Esterbauer, F. 1978, Regionalismus. Phänomen, Planungsmittel, Herausforderung für Europa, München 1978

EUREG 1994, In der Region für die Regionen Europas. Über die Aneignung eines neuen gewerkschaftlichen Arbeitsfeldes, Abschlußbericht Projekt EUREG, Bremen

EUREG 1994a, Fallstudie Lombardei, Mailand/Bremen (unveröffentlichtes Manuskript)

EUREG 1994b, Fallstudie Kampanien, Neapel/Bremen (unveröffentlichtes Manuskript)

EUREG 1994c, Fallstudie Kampanien: Kurzfassung, Neapel/Bremen (unveröffentlichtes Manuskript)

Europäisches Parlament 1988, Sitzungsdokument, PE DOK A 2-218/88 B vom 21.10.1988

Evans, R. 1980, Italy, in: International Handbook on lokal government reorganisation, London

Everling, U. 1991, Zur Aufteilung der Kompetenzen in einer föderal gegliederten Europäischen Union, in: Weidenfeld (Hrg.) 1991, S.41-50

Evers, T. (Hrg.) 1994, Chancen des Föderalismus in Deutschland und in Europa, Deutsches Institut für Föderalismusforschung, Baden Baden

Evers, T. 1994a, Durch Teile Eins. Nationalstaat, Republik und Demokratie als Kategorien des Föderalismus in der Moderne, in: Evers 1994, S.45-76

Farneti, P. 1976, I Partiti politici e il sistema di potere, in: Castronovo 1975, S.99-100

Farneti, P. 1985, The Italian Party System (1945-1980), London

Federazione regionale degli industriali della Campania/Centro Studi Confindustria 1991, Dalla 'Questione meridionale' alle 'questioni nazionali'. Quale politica industriale per la Campania?, Rom

Fidanza, M., Gamba, M., Martinalli, A., Treu, T., La mediazione della regione nei conflitti di lavoro. L'esperienza lombarda, Bologna

Fisichella, D. 1994, Federalismo: una forzatura, non una soluzione, in: Sabella/Urbinati 1994, S.65-76

Fondazione, A. 1994, Un federalismo unitario e solidale per l'Italia. Rapporto conclusivo del programma di ricerca della Fondazione Giovanni Agnelli, Oktober (Manuskript)

Franco, M. 1990, Il diritto dell'ambiente. Lineamenti e materiali, Padova

Franzmeyer, F. 1991, Die Auswirkungen des Binnenmarktes auf die Entwicklung der Regionen in der EG, Berlin

Friedrich, C.J. 1968, Trends of Federalism in Theory and Practice, New York

Galasso, G. 1978, Passato e presente del meridionalismo, Neapel

Galasso, G. 1978a, L'altra Europa. Per una storia antropologica del Mezzogiorno d'Italia, Mailand

Galasso, G. 1982, Motivi, permanenze e sviluppi della storia regionale in Campania, in: Galasso 1982

Galasso, G. 1994, Campania: l'eredità della storia, in: Ginsborg (Hrg.) 1994, S.192-195

Galgano, F. 1972, Introduzione alla comparazione, in: Gargano F., Pellacani F. (Hrg.) 1972, Statuti regionali comparati, Bologna

Ganci, M. 1981, Aspetti storici del federalismo e dell'autonomia, in: Rainero 1981, Mailand, S.17-36

Garzanti, E. 1982, La nuova enciclopedia universale, Garzanti Editore

Gerdes, D. 1985, Regionalismus als soziale Bewegung. Westeuropa, Frankreich, Korsika: Vom Vergleich zur Kontextanalyse, Frakfurt/New York

Gerstenlauer, H. G. 1995, German Länder and the European Community, in: Keaing/Barry 1995, S.190-213

Giancane, A. 1991, L'iniziative del comitato Giannini contro l'intervento straordinario. Già è rissa sul referendum, in: Nuova Rassegna Sindacale, Nr.37, 21.10.1991, Rom

Giannini, M. S. 1981, La lentissima formazione dello Stato repubblicano, in: Regioni e governo locale, Nr.6, Bologna, S.17-40

Giannuli, A., Petrucci, P. (Hrg.) 1995, Come si vota il 23 aprile. Le nuove leggi e la spiegazione. Guida alle elezioni dei Consigli regionali, in: I libri dell'Altritalia, Supplemento al Nr.13, Avvenimenti 1995, Rom

Ginsborg, P. (Hrg.) 1994, Stato dell'Italia. Il bilancio politico, economico, sociale e culturale di un paese che cambia, Bologna

Giugni, G. 1991, Diritto sindacale, Bari

Gizzi, E. 1991, Manuale di diritto regionale, Mailand

Graf Kielmansegg, P. 1991, Einige historische Bemerkungen zum Thema "Föderation", in: Weidenfeld 1991, S.50-61

Gramsci, A. 1966, La questione meridionale, Rom

Graziano, L. (Hrg.) 1974, Clientelismo e mutamento politico, Mailand

Graziano, L. 1984, Clientelismo e sistema politico. Il caso italiano, Mailand

Graziano, L., Katzenstein, P.J., Tarrow, S. 1982, Centro e peripheria nelle regioni industriali, Rom

Graziano, L., Tarrow, S. (Hrg.) 1979, La crisi italiana, Turin

Gribaudi, G. 1980, Mediatori, Turin

Gruner, W. D. 1991, Italien zwischen Revolution und Nationalstaatsgründung 1789-1861, in: Trautmann 1991

Guaita, E. 1981, Intervento straordinario e autonomie locali, in: Mori 1981, S.95-148

Guarnieri, C. 1992, Questione meridionale, in: Bobbio u.a. 1992, Turin, S.906-914

Habermas, J. (Hrg.) 1979, Stichworte zur "geistigen Situation der Zeit", Band 1, Frankfurt/Main

Hamilton, A., Madison, J., Jay, J. 1958, Der Föderalist, Wien

Hausmann, F. 1989, Kleine Geschichte Italiens seit 1943, Berlin

Hechter, M. 1975, Internal colonialism. The celtic fringe in british National Development, 1536-1966, London

Héraud, G. 1967, Die Völker als die Träger Europas, Wien/Stuttgart

Hesse, J. J., Rensch, W. (Hrg) 1991, Föderalstaatliche Entwicklung in Europa, Baden Baden

Hesse, J. J., Rensch, W. 1991b, Zehn Thesen zur Entwicklung und Lage des deutschen Föderalismus, in: Hesse/Rensch (Hrg.), S.29-48

Hirscher, G. (Hrg.) 1991, Die Zukunft des kooperativen Föderalismus in Deutschland, München

Hobsbawm, E. 1990, Nationen und Nationalismus. Mythos und Nationalität seit 1780, Frankfurt

Hrbek, R., Weyand, S. 1994, betrifft: Das Europa der Regionen, München

Huber, S., Perntaler, P. 1988, Föderalismus und Regionalismus in europäischer Perspektive, Wien

Il Manifesto 1995, 25.April, Rom

IRER Notizie 1993, Nr. 45, März, Mailand

IRER, La legislazione lombarda in campo economico nei vent'anni dell'esperienza regionale, Mailand

IRER, La legislazione lombarda in campo economico nei vent'anni dell'esperienza regionale, Mailand

ISTAT 1991, Le regioni in cifre, Istituto nazionale di statistica, Rom

ISTAT 1993, Le regioni in cifre, Istituto nazionale di statistica, Rom

Istituto di Studi sulle regioni/CNR 1988, Autonomia politica regionale e sistema dei partiti, Band I-III, Mailand

Jesse, E. 1989, Gewaltenteilung, in: Nohlen/Schultze 1989, S.298f.

Kant, I., Zum ewigen Frieden

Keaton, M. 1988, State and Regional Nationalism. Territorial Politics and the European State, New York/London

Keating, M., Jones, B. (Hrg.) 1985, Regions in the European Community, Oxford

Keating, M., Jones, B. 1996, The European Union and the Regions, Oxford

Kedourie, E. 1966, Nationalism, London

Kinsky, F. 1977, Integraler Föderalismus als Mittel permanenter Konfliktregelung, in: Esterbauer/Hérault/Perntaler 1977, S.43ff.

Kinsky, F. 1994, Das Scheitern des tschechoslowakischen Föderalismus, in: Kramer Jutta (Hrg.) 1994, S.125-130

Kommission der Europäischen Gemeinschaften 1989, Leitfaden zur Reform der Strukturfonds in der Gemeinschaft, Luxemburg

Kommission der Europäischen Gemeinschaften 1991a, Die Regionen in den 90er Jahren. Vierter periodischer Bericht über die sozioökonomische Lage und Entwicklung der Regionen der Gemeinschaft, Luxemburg-Brüssel

Kommission der Europäischen Gemeinschaften 1991b, Europa 2000 - Perspektiven der künftigen Raumordnung der Gemeinschaft, Luxemburg

Kommission der Europäischen Gemeinschaften 1992, Die EG fördert die Regionen. Europa in Bewegung, Brüssel/Luxemburg

Kommission der Europäischen Gemeinschaften 1993, Strukturfonds der Gemeinschaft 1994-99, Brüssel-Luxemburg

Kommission der europäischen Gemeinschaften 1993b, Portrait der Regionen, Band 1-3, Büssel/Luxemburg

Konvention der Europarates über die Probleme der Regionalisation, Bordeaux (Frankreich), 20. Januar - 1. Februar 1978, in: Esterbauer 1978, S.209-221

Köpp, K. 1995, I principi fondamentali del federalismo tedesco, in: Degni/Iovinella 1995, S.99-104

Kramer, J. (Hrg.) 1994, Föderalismus zwischen Integration und Sezession. Chancen und Risiken bundesstaatlicher Ordnung, Baden Baden

Kreckel, R. 1986: Regionalistische Bewegungen in Westeuropa. Zum Struktur- und Wertwandel in fortgeschrittenen Industriestaaten, Opladen

Kristan, I. 1994, Zerfall der jugoslawischen Föderation, in: Kramer (Hrg.) 1994, S.73-84

La politica di sviluppo regionale nella relazione previsionale e programmatica per l'anno 1994, 30. September 1993, in: Rivista giuridica del Mezzogiorno, Nr.4, 1993, S.1216-1224

La Repubblica 1994, La nuova Italia del Cavaliere e soci, 2.4.1994, S.5

Lafont, R. 1967, La Révolution regionaliste, Paris

Lafont, R. 1971, Décoloniser la France. Les regions face à l'Europe, Paris

Laufer, H. 1991, Das föderative System der Bundesrepublik Deutschland, München

Lega Nord 1994, Proposta di riforma federalista della Costituzione della Repubblica, Genua, 6. November 1994

Legambiente 1995, Il sonno della regione. Ecosviluppo, federalismo, efficienza: nuoi percorsi per le politiche regionali, Indagine preliminare sullo stato di attuazione delle politiche ambientali nelle regioni italiane, Convenzione nazionale, 1. April 1995, Rom

Legge Nr.488, 19 dicembre 1992, in: Nuova Rassegna Sindacale 1993, Nr.6, 22.2.1993, Rom

Leonardi, R. 1984, Riflessioni conclusive sulle ragioni dello sviluppo del regionalismo nell'Europa occidentale, in: Le regioni in Europa, Le regioni, Nr.3, S.505-510

Levi, L., Pistone S. 1973, Trent'anni di vita del movimento federalista europeo, Mailand

Levi, L. 1983, Federalismo, in: Bobbio u.a 1983, S.375-385

Levi, L. 1987, Il federalismo, Mailand

Lhotta, R. 1993, Der "verkorkste Bundesstaat" - Anmerkungen zur bundesdeutschen Reformdiskussion, in: Zeitschrift für Parlamentsfragen, Nr.1, S.117-132

Lill Rudolf 1991, Italien als liberaler Nationalstaat, in: Trautmann 1991, S.157-179

Lipset, S.M., Rokkan, S. (Hrg.) 1967, Party Systems and Voter Alignments, New York

Lipset, S.M., Rokkan, S. 1967, Cleavage Structures, Party Systems and Voter Alignment, in: Lipset/Rokkan (Hrg.) 1967

Maccanico, A. 1991, Il neoregionalismo, in: Regioni e governo locale, Nr.1-2 1991, Januar-Februar 1991, S.77-81

Mack Smith, D. 1994, La "casualità" del centralismo italiano, Sabella/Urbinati 1994, S.135-153

Macmahon, A. W. 1955, Federalism - Mature and emergement, Garden City

Manifesto elettorale delle Regioni italiane, approvato dalla Conferenza delle regioni, 2.3.1994, Rom, in: Regioni e governo locale, Juli-August 1993

Mannheimer, R. (Hrg.) 1991, La Lega Lombarda, Mailand

Marcello, F. 1991, Tutela dell'ambiente dagli inquinamenti: in particolare la disciplina dello smaltimento dei rifiuti

Marchi, M. 1995, Il ruolo della provincia in campo ambientale, in: Regioni e governo locale, Nr.3, Mai-Juni 1995, Bologna, S.319ff.

Marino, M. 1993, Le regioni del Mezzogiorno d'Italia e l'integrazione europea nella prospettiva dei nuovi regolamenti dei fondi strutturali, in: Rivista giuridica del Mezzogiorno, Nr.3, S.663- 675

Mariucci, L. 1993, La riforma elettorale der Consigli regionali, in: Regione e governo locale, Juli-August 1993, S.749-754

Mariucci. L. 1994, Per una repubblica delle regioni. Disegno strategico della riforma istituzionale e riforme a breve termine, in: Regione e governo locale, Bimestrale di studi giuridici e politici della regione Emilia Romagna, Juli-August 1994, S. 409-438

Marongiu. G. 1988, La l. 1° marzo 1986, N.64: una soluzione ancora sospesa tra nuovo e vecchio, in: Le regioni, Nr.2, April 1988, S.253-277

Mastropaolo, A. 1992, Clientelismo, in: Bobbio u.a. 1983, S.147-149

Mastropaolo, A. 1992a, Transformismo, in: Bobbio u.a. 1983, S.1181-1182

Mazzini, G. Allgemeine Unterweisung für die Verbrüderung des Jungen Italien, in: Politische Schriften, Leipzig 1911, S.101-111

Miglio, G. 1991, Per un Italia federale (erstmalig erschienen als: Ma è nel federalismo che emerge la modernità, in: Il Sole 24 ore del 10.7.1990)

Miglio, G. 1992, Come cambiare, Mailand

Miglio, G. 1994, Un federalismo forte, in: Sabella/Urbinati 1994, S.77-96

Miglio, G. 1994b, O tre repubbliche o tre cantoni. E' l'unica via per diminuire i troppi pidocchi, i parassiti impiegatizi del sud", Corriere della Sera 6.2.1994, Mailand, S.7

Mischalsky, H. 1989, Subsidiarität, in: Nohlen/Schultze (Hrg.), Band 1, S.1003

Mori, G. (Hrg.) 1981, Autonomismo meridionale: Ideologia, politica e istituzioni, Bologna

Morra, G. 1993, Breve storia del pensiero federalista, Terni

Mutti, A. 1995, Politiche di sviluppo per le regioni meridionali, in: Il Mulino Nr.1, 1995, S.83-97

Myrdal, G. 1959, Ökonomische Theorie und unterentwickelte Regionen, Stuttgart

Nohlen, D., Schultze, R.-O. (Hrg.) 1985, Ungleiche Entwicklung und Regionalpolitik in Südeuropa: Italien, Spanien, Portugal, Bochum

Nohlen, D., Schultze, R.-O. (Hrg.) 1989, Pipers Wörterbuch zur Politik: Politikwissenschaft. Theorien, Methoden, Begriffe, Band 1 und 2, München

Nohlen, D. (Hrg.), Wörterbuch Staat und Politik, München

Nuova Rassegna Sindacale, Monatszeitschrift der CGIL, verschiedene Jahrgänge, Rom

Nuova Rassegna Sindacale 1991, Gli organismi nel mirino dei promotori della consultazione. Cosa succedde se vince il sì, NRS Nr.37, 21.10.1991, S.14

Occhetto, A. 1992, Intervento conclusivo, in: Convegno nazionale del PDS 1992, S.1-25

Occhiocupo, N. 1989, Le regioni in parlamento. Attualità di una antica proposta: la camera delle regioni, in: Le regioni, Nr.5, Oktober 1989

Offe, C. 1979, "Unregierbarkeit". Zur Renaissance konservativer Krisentheorien, in: Habermas 1979

Onida, V. 1990, Föderalismus und Regionalismus in Europa. Landesbericht Italien, in: Ossenbühl 1990

Ortino, G. 1995, Per un federalismo funzionale. Note introduttive e progetto di revisione della costituzione italiana, Turin

Ossenbühl, F. (Hrg.), Föderalismus und Regionalismus in Europa, Baden Baden

Pacini, M. 1992, La nuova geografia economica e la riforma dello Stato, Unveröffentlichtes Manuskript

Pacini, M. 1994, Scelta federale e unità nazionale. Estratti per un programma in itinere della Fondazione Giovanni Agnelli, Turin

Pacini, M. 1994a, La nuova geografia economica e la riforma dello Stato, in: Pacini 1994a, S.23-45

Pagliara, P. 1995, Le regioni nelle proposte di riforma della Commissione bicamerale, in: Cantaro/Degni (Hrg.) 1995, S.241ff.

Pasquino, G. (Hrg.) 1995, La politica italiana. Dizionario critico 1945-95, Rom-Bari

Pasquino, G. 1995a, Un sistema politico che cambia. Tarnsizione e restaurazione?, in: Pasquino 1995, S.V-XV

Pasquino, G. 1996, Lo Stato federale, Mailand

Pastori, M 1993, Introduzione, in: IRER 1993, S.13-28

PDS 1992, L'Italia verso il 2000. Analisi e proposte per un programma di legislatura, Rom

Perntaler, P 1988, Föderalismus und Regionalismus: ein Ansatz zur Überwindung ihrer Gegensätze, in: Huber/Perntaler 1988, S.13-22

Pistone, S. 1991, Italien und die westeuropäische Integration nach dem Zweiten Weltkrieg, in: Trautmann 1991, S.219-256

Pizzetti, F. 1995, Il federalismo e i recenti progetti di riforma del sistema regionale italiano, in: Le regioni, Nr.2, April 1995, S.225-254

Pontida 1991, Resoconti stenografici del discorso di Bossi, zitiert nach: Il giuramento di Pontida, in: Brindani/Vimercati, Rom

Praussello, F. 1979, Il Mezzogiorno e l'Europa, Mandaria

Presidenza del Consiglio dei Ministri 1990/91, Relazione sull'attività della Conferenza per i rapporti tra lo Stato, le regioni e le province autonome, Art.12 Gesetz Nr.400 von 1988, Jahrgänge 1989-1990

Prima Relazione del Presidente del Comitato dei Ministri per il Mezzogiorno 1960, Rom

Programma di Governo del PDS. Per ricostruire un'Italia più giusta, più unita, più moderna, Unità, Februar 1994, Rom

Prokla 98 1995, Italienische Verhältnisse, Nr.5, März 1995

Proposte politiche delle regioni italiane per una nuova prospettiva dei rapporti e delle azioni pubbliche nel paese, 24.11.1990, in: Regione e governo locale, Nr. 1, 1991

Proposte politiche delle regioni italiane per una nuova prospettiva dei rapporti e delle azioni pubbliche nel paese, in: Regioni e governo locale, Juli-August 1993

Proudhon, P.-J. 1992, Über das Föderative Prinzip und die Notwendigkeit, die Partei der Revolution wieder aufzubauen, Teil 2, Einheitspolitik, Frankfurt

Pugliese 1983, L'Intervento pubblico nel Mezzogiorno, in: Studi in memoria di Vittorio Bachelet, Bd.3, Amministrazione e economia, Mailand, S.451-461

Putnam, R. D., Leonardi, R., Nanetti, R. Y. 1993, La tradizione civica nelle regioni italiane, Mailand

Putnam, R. D., Leonardi, R., Nanetti, R. Y. 1985, La pianta e le radici, Bologna

Rainero, R. 1981, L'Italia unita. Problemi ed interpretazioni storiografiche, Mailand

Raith, W. 1992, Parasiten und Patrone, Frankfurt/Main

Regione Lombardia 1990, Assessorato Industria e artigianato, Interventi regionali nel settore industriale, Mailand

Regioni e governo locale, Bimestrale di studi giuridici e politici della regione Emilia Romagna, verschiedene Jahrgänge, Bologna

Regioni e governo locale, Proposte per un nuovo Stato regionale, Januar-Februar 1991

Regioni e governo locale, Nuovo regionalismo e riforme istituzionali, Atti del convegno di Firenze del 7.-8.5.1993, Mai-Juni 1993

Regioni e governo locale 1993, La riforma elettorale per le regioni, Atti della tavola rotonda tenuta a Bologna il 16 luglio 1993, Juli-August 1993

Regioni e governo locale, Stato regionalista e sistemi elettorali: la riforma elettorale per le regioni, Atti del convegno di Firenze del 22.-23. ottobre 1993, November-Dezember 1993

Regioni e governo locale, Le proposte delle regioni per le riforme costituzionali, Atti del convegno di Firenze, 30.Juni- 1.Juli 1994, Juli-August 1994

Reissert, B. 1989, Föderalismus, in: Nohlen/Schultze (Hrg.) 1989, Band I, S.238-244

Reissert, B. 1995, Politikverflechtung, in: Nohlen (Hrg.) 1995, S.555-57.

Rentsch, W. 1995, La soluzione di una questione federale: l'estensione ai länder orientali del sistema di prerequazione fiscale a partire dal 1995, in: Degni/lovinella S.136-146 (Original in: Zeitschrift für Parlamentsfragen, Heft Nr.1, 1994)

Rivista giuridica del Mezzogiorno 1993, Nr.2, Le vicende del referendum abrogativo, S.400-428

Romano, R., Vivanti, C. (Hrg,) 1975, Storia d'Italia, Turin

Romano S. 1977, L'Istoire de l'Italie du Risorgiment à nos jours, Paris

Rosenfeld, A. 1994, The failures of Federalism in the United States, in: Kramer (Hrg.) 1994, S.247-266

Rotelli, E. 1979, Le regioni dalla partecipazione al partito, in: Graziano/Tarrow 1979 (Hrg.), S.423-446

Rotelli, E. 1980, Le istituzioni politiche e administrative, in: Il blocco di potere nell'Italia unita, Storia della società italiana 15, Mailand, S.357ff.

Rotelli, E. 1983, Regionalismus, in: Bobbio u.a. 1983, S.944ff.

Rousseau, J.-J. 1977, Vom Gesellschaftsvertrag oder Grundsätze des Staatsrechts, II.Buch, Stuttgart

Rusconi, G. E. 1993, Se cessiamo di essere una nazione, Bologna

Sabella, M., Urbinati, N. (Hrg.) 1994, Quale federalismo? Interviste sull'Italia del futuro, Florenz

Sales, I. 1988, La camorra le camorre, Rom

Sales, I. 1993, Leghisti e sudisti, Rom/Bari

Salvadori, M. 1976, La questione meridionale, Turin

Salvatore, M. 1993, Le regioni all'esame della bicamerale. Silvano Labriola illustra lo schema di una possibile riforma della Costituzione, in: Europaforum, Mensile di economia e diritto comunitario, Nr.2, März 1993, S.36-38

Sappino, Carlo 1994, La soppressione dell'intervento straordinario nel Mezzogiorno ed il passaggio delle competenze nel settore degli incentivi alle attività produttive, in: Rivista giuridica del Mezzogiorno, Nr.2, 1994

Scharpf, F.W. 1976, Politikverflechtung. Theorie und Empirie des kooperativen Föderalismus in der BRD, Kronenberg

Scharpf, F.W. 1985, Die Politikverflechtungsfalle: Europäische Integration und deutscher Föderalismus im Vergleich, in: Politische Vierteljahreszeitschrift, Nr.26, S.323ff.

Scharpf, F.W. 1990, Zwischen Baum und Borke: Deutsche Einheit und europäische Einigung bedrohen den Föderalismus, in: Die Zeit, Nr.38, 14.9.1990

Schmidt, H.D. 1970, Nationalismus. Einige psychologische Aspekte, in: Politische Studien Nr.21, 1979

Schmitt, C. 1928, Die Diktatur. Von den Anfängen des modernen Souveränitätsgedankens bis zum proletarischen Klassenkampf, München

Schubert, K. 1994, Föderalismus im Spannungsfeld von Politik und Wissenschaft, in: Evers (Hrg.) 1994, S.33-44

Schultze, R.-O. 1985, Entwicklungen des Föderalismus in Deutschland, Kanada und Australien: Wider den Fatalismus unbefragter Unitarisierungsbewegungen, in: ders., Das politische System Kanadas im Strukturvergleich, Bochum, S.89-102

Schultze, R.-O. 1995, Föderalismus, in: Nohlen 1995, S.155-163

Senato della Repubblica/Camera dei Deputati 1980, Documento approvato della Commissione parlamentare per le questioni regionali nella seduta del 12.2.1980, Doc. XXXIV-bis, Nr.1, in: CESPE/CRS 1980, S.243-46

Sgroi, M. 1993, Industria, in: IRER 1993, S.95-102

Sintesi della Relazione del Ministro del bilancio e della programmazione economica sulle linee della politica economica per lo sviluppo delle aree territoriali 1993, in: Rivista giuridica del Mezzogiorno, Nr.4, 1993, S.1203-1215

Spaventa, L. 1993, I conti del Mezzogiorno, Intervento del Ministro del bilancio e della programmazione economica alla "Giornata del Mezzogiorno" alla Fiera di Levante, Bari, 18. September 1993, in: Rivista giuridica del Mezzogiorno, Nr.4, S.1225-1232

Spinelli, A. 1989 (Hrg. von Pistone Sergio), Una strategia per gli Stati uniti d'Europa, Bologna

Spreer, F. 1980, Der ländliche Raum. Raumordnungsprobleme in den 80er Jahren, in: ARL Arbeitsmaterial, Der ländliche Raum: Entwicklung, Raumordnungskonzepte, Zielkonflikte in der Planungspraxis, Hannover, S.15-56

Statuti regionali 1971, pubblicati nella Gazzetta ufficiale N.148 del 14 giugno 1971, Suppl. ord., Rom

Stern, K., Schmidt-Bleibtreu, B. (Hrg.) 1990 und 1991, Verträge und Rechtsakte zur deutschen Einheit, Bd.1 und 2

Stuby, G. 1994, Die sowjetische Föderation (UDSSR): Entstehung und Zerfall, in: Kramer (Hrg.) 1994, S.85-98

Sturm, R. 1981, Nationalbewußtsein und nationalistische Wahlerfolge in Schottland, in: Elkar 1981, S.164ff.

Sturm, R. 1992, Regionalisierung der Industriepolitik? Die Suche der Bundesländer nach einer flexiblen Antwort auf den neuen europäischen Wirtschaftsraum, in: Aus Politik und Zeitgeschehen, Nr.10/11, S.25-35

SVIMEZ (Associacione per lo sviluppo dell'industria nel Mezzogiorno) 1993, La "trasformazione" dell'intervento straordinario nel Mezzogiorno, Bologna 1993

SVIMEZ 1975, Il Mezzogiorno alla Costituente, Hrg. von Barucci P., Varese

SVIMEZ 1976, Il Mezzogiorno e il Parlamento repubblicano (1948-72), Hrg. von Bini Piero, Mailand

Tarrow, S. 1977, Between Center and Periphery. Grassroot Politicians in Italy and France, New Haven/London

Terzi, R. 1995, Federalismo e Mezzogiorno. Un convegno della CGIL calabrese, in: Nuova Rassegna Sindacale, Nr.8, 6.3.1995, S.42-46

Torchia, L. 1984, La collaborazione tra Stato e regioni nella politica di intervento straordinario del Mezzogiorno, in: Le regioni Nr.5, Mai 1984

Torchia, L. 1990, Una Conferenza pleno jure: Prime osservazioni sul decreto legislativo 418/1989, in: Le regioni, Nr.4, August 1990, S.1037-1049

Trautmann, G. 1991, Italien in den neunziger Jahren, in: Trautmann/Gruner (Hrg.) 1991, S.279-315

Trautmann, G., Gruner W. D. (Hrg.) 1991, Italien in Geschichte und Gegenwart, Hamburg

Trigilia, C. 1992, Sviluppo senza autonomia, Bologna

Troccoli, A. 1960, Il federalismo in Italia dopo l'Unità, in: Amministrazione civile, Nr.32, Januar 1960, S.62

Tullio-Altan, M. 1986, La nostra Italia. Arretratezza socio-culturale, clientelismo, trasformismo e ribellismo dall'Unità ad oggi, Mailand

V. Brünneck, A. 1994, Thesen zum Stand des Föderalismusproblems, in: Kramer (Hrg.) 1994, S.291-94

Vaitl, H. 1978, Die Arbeitsgemeinschaft Alpenländer/Arge Alp - Beispiel für grenzüberschreitenden Regionalimus, in: Esterbauer 1978, S.137-148

Venti, J. C. 1990-91, Les region italiennes e la Communaute europeenne, Travail de Maitrise de licence speciale en etudes politiques europeennes,Institut DÉtudes Europeenne, Annee academique 1990-91

Viafora, E. 1995, Federalismo e Mezzogiorno/Autonomia e nuovo sviluppo del Sud: I limiti del decentramento, in: Nuova Rassegna Sindacale Nr.9, 13.3.1995, S.27ff.

Villari, M. 1981, La Cassa per il mezzogiorno e il problema dell'autonomia meridionale, in: Mori 1981, S.149-188

Villari, P. 1920, Le prime lettere meridionali, Rom

Villari, R. (Hrg.) 1978, Il sud nella storia d'Italia, Bari

Vinciguerra, S. (Hrg.) 1995, La legislazione vigente. Repertorio delle norme legislative vigenti 1995, 2/Le leggi delle regioni, Stand vom 1.1.1995

Violini, L. 1989, Bundesrat e camera delle regioni. Due modelli alternativi a confronto, Mailand

Vitali, W. 1994, Federalismo fiscale, in: Sabella/Urbinati 1994, S.213-229

von Bredow, W. 1995, Nation, Nationalstaat, Nationalismus, in: Nohlen 1995, S.453-456

Voss, D. H. 1990, Regionen und Regionalismus im Recht der Mitgliedsstaaten der Europäischen Gemeinschaft. Strukturelemente einer europäischen Verfassungsordnung, Frankfurt/Bern/New York/Paris

Waschkuhn, A. 1995, Was ist Subsidiarität? Ein sozialphilosophisches Ordnungsprinzip: Von Thomas von Aquin bis zur "civil society", Opladen

Weidenfeld W. (Hrg.), Wie Europa verfaßt sein soll. Materialien zur europäischen Union, Bertelsmann Stiftung, Arbeitspapiere 7, Gütersloh

Wieser, T., Spotts, F. 1988, Der Fall Italien. Dauerkrise einer schwierigen Demokratie, München

Yuill, D., Allen, C., Bachtler, J., Wishlade, F. 1989, European regional incentives: a survey of regional incentives in the countries of the European Community and Sveden, Strathclyde

Ziemer, K. 1995, Klientelismus, in: Nohlen (Hrg.) 1995, S.315-17

Zucchetti, A. 1990, Il sistema giuridico della tutela ambientale, Rimini